Praxishandbuch
Gestaltungsraster

Impressum

Praxishandbuch
Gestaltungsraster
Ordnung ist das
halbe Lesen
Andreas Maxbauer
Regina Maxbauer

© 2002 Verlag
Hermann Schmidt Mainz
und bei den Autoren

Gestaltung, Typografie:
Karin Girlatschek,
Hamburg
Schriften: ITC Quay Sans
und ITC Slimbach
Reproduktionen:
Cross Media Studio,
Hannover
Druck:
Universitätsdruckerei
H. Schmidt, Mainz
Papier:
LuxoSamtoffset, 135 g/qm,
SchneiderSöhne, Kelkheim
Bindung:
Buchwerk, Darmstadt

ISBN 3-87439-571-5
Printed in Germany

Andreas und Regina Maxbauer

Praxishandbuch
Gestaltungsraster

Ordnung ist das halbe Lesen

Verlag
Hermann Schmidt
Mainz 2002

Vorwort – Die Harke zeigen

Wenn ich an den Begriff »Raster« denke und nach einer Entsprechung suche, fällt mir das Wort »Takt« ein. Der Takt ist zum Leben elementar dazugehörig, sozusagen die Voraussetzung des Lebendigen.

Mein Herz schlägt
Ich atme
Ich gehe
Ich wache und schlafe
Tag und Nacht
Montag und Dienstag
Frühling, Sommer und so weiter.

Als kleines Mädchen habe ich ausprobiert, wie lange ich die Luft anhalten kann. Sechzig Sekunden habe ich es ausgehalten, dann pulste das Blut in meinen Ohren – im Takt. Ich musste es einsehen, dass Atemholen eine Notwendigkeit war, und es war allzu anstrengend, sich dagegen aufzulehnen.

Was wäre die Musik ohne den Takt?! Viele Töne zugleich ergeben nichts als eine ohrenbetäubende Geräuschkulisse, erst die Sortierung, Strukturierung, Beschränkung, Gestaltung machen Herzschmerz, Blues oder Schwäche im Knie erlebbar. Ein Musiker benutzt den Takt. Der schafft die Voraussetzung, mit anderen Musikern in Einklang zu spielen, ein Miteinander erkennbar zu machen, einen gemeinsamen Drive zu entwickeln. Mozart liebte die Klarheit des Viervierteltaktes und jubelte darin herum, Penderecki bremst keine dissonante Variante aus, Synkopen waren schon Liszt ein Genuss. Aller Musik ist ein Maß zu eigen.

In diesen Vergleich möchte ich auch die Bewegung einbeziehen. Takt, von einem hölzernen Metronom erzeugt oder von einem elektronischen Zähler gesendet, hat als Produkt einer Mechanik ein monotones Gleichmaß. Nur im Takt kann sich Rhythmus entwickeln. Aber niemand würde mit Rhythmus Schwere, Starre, Langeweile assoziieren. Ich habe tanzende Menschen vor Augen, afrikanische Trommler, zuckende Füße, Lebenslust.

Wenn all diese Vorstellungen als Voraussetzung in die Betrachtung zum Raster einbezogen werden, sind wir auf der richtigen Seite.

[Vorwort] *Die Harke zeigen*

Das Wort Raster leitet sich vom lateinischen Rastrum ab und bedeutet Harke. In die Druckindustrie kam es 1865 durch v. Egloffstein, der es im Zusammenhang mit der Autotypie verwendete.

Also Raster nicht als unüberwindbare, eingrenzende Mauer, sondern als selbst gewählter taktvoller Maßstab, der das Natürlichste von der Welt ist. Raster als Gerüst, das mir Halt beim Spielen und Bewegen gibt, in das ich Schwere oder Leichtigkeit einbauen kann, Härte oder Verzauberung.

Ein Raster hilft mir, den Betrachter durch meine Eindrücke und Schöpfungen zu führen. Immer der Bewegung, dem Fluss des Schauens, des Lesens entsprechend.

Da gibt es Seiten, die bringen mich durch ihre Erscheinung zur Entspannung, noch ehe ich einen Satz gelesen habe. Sie zeigen mir Weite, edel gestaltete Räume, bieten angenehme Lesbarkeit und leichtes Erfassen. Wenn ich so hineingezogen werde in Ruhe und Muße, bin ich am Ende des Lesens – für ein paar Minuten wenigstens – ein besserer Mensch geworden.

Dann springen mir Seiten ins Auge, die erschrecken mich, die schreien mich an, die verhauen mich, lärmen herum – aber nach dem fünften Umblättern langweilen sie mich mit ihrer angestrengten Wildheit.

Oder mir laufen Seiten über den Weg, die halten mich für blöd, sie stören mich. Sie sind aufgeblasen und eingebildet. Dass ich mit ihnen Zeit verplempert habe, ärgert mich.

Andere entführen mich in galaktische Gegenden, ich fliege begeistert mit und kann nicht genug kriegen oder ich bleibe abgehetzt und atemlos zurück und sage: »Ach, nein, nicht noch weiter.«

Und dann gibt es Seiten, die sind mit Liebe gemacht, die bringen mich zum Klingen, die schütten mir ein Lachen ins Gemüt.

Besonders gern treffe ich auf kluge Seiten, sie haben gesammeltes Wissen messerscharf für mich vorgedacht, sie machen steile Wege für mich begehbar. Ich bin dankbar für jeden weggelassenen Schnörkel, kann am Ende klarer denken, habe einen Zipfel von Weisheit erfasst.

Auf Ihre Einsicht warten hier 240 Seiten, die zeigen, wie Seiten entspannen, erschrecken, entführen, zum Klingen bringen, stören und helfen; wie Seiten Wissen und Botschaften mit Rastern aufbereiten und bewegen.

Dieses Buch will neue Seiten aufziehen.

Regina Maxbauer

Einleitung

Ich finde Gestaltungsraster doof. Ich habe Gestaltungsraster noch nie gemocht und werde sie wohl nie mögen. Aber ich arbeite gerne mit ihnen. Ein guter Raster ist einem festen, aus wenigen Stangen gebauten Gerüst auf dem Spielplatz vergleichbar, das die Kinder zum Spielen und Toben einlädt. Das Gerippe selbst ist für die Kinder uninteressant, weil es brunzdumm ist – aber es gibt der Fantasie Raum, fördert soziale Interaktion und ermöglicht das Messen der eigenen Kräfte.

Ein guter Gestaltungsraster sollte nach unserer Ansicht ebenso beschaffen sein: Ein möglichst einfaches und stabiles Gerüst, das uns das Spielen ermöglicht, das den Kopf für das Design freihält, das nichts vorgibt, was beim Layouten stören könnte. Ein Raster soll uns bei der Arbeit unterstützen, indem er einen selbst entwickelten Stil festigt. Er soll uns helfen, das Format wirtschaftlich so zu nutzen, dass die Inhalte hineinpassen und das Ergebnis dennoch gut aussieht. Ein Raster soll das schnelle Arbeiten fördern, zum Beispiel das Umstellen von Texten und Bildern ohne großen Aufwand oder das zügige Erledigen ungeliebter Aufträge.

Grafikdesigner erzeugen Werke, die von anderen betrachtet und meistens angenommen werden. Diese Akzeptanz beruht im Wesentlichen auf dem, was die Betrachter über die Inhalte, ihr Umfeld und deren grafische Präsentation gelernt haben. Dieser Komplex, der auch »Raster in den Köpfen« genannt werden kann, ist ein umfangreicher Bestandteil dieses Buches, weil wir als Gestalter immer wieder darauf zurückgreifen können. So beginnt jedes Kapitel mit einem vom Grafikdesign weitgehend losgelösten Exkurs, der sich mit den Gestaltungsgrundlagen der darauf folgenden Materie aus einem anderen Blickwinkel befasst.

[Einleitung]

Ein Raster darf auf keinen Fall die Gestaltung einengen oder sich selbst wichtig machen. In diesem Punkt haben wir erhebliche Probleme mit der viel gerühmten, aber bisher eher langweiligen »Schweizer Rastertypografie«. Schweizer Schokolade, die ja auch einen Raster hat, ist uns lieber.

Vom Prinzip her ist das Buch unserer Arbeitsweise entsprechend aufgebaut. Wir beginnen mit dem Großen und gehen zum Kleinen vor, indem zuerst das Format, der Satzspiegel, die Spalten- und Bildanordnung sowie das Typografische behandelt werden. Dabei wenden wir uns zuerst den technischen und unveränderlichen Gestaltungsfaktoren und -standards zu, dann den Variablen. In Bezug auf die Textstruktur wird erst das Allgemeingültige für den jeweiligen Abschnitt beschrieben; dem folgen einige Beispiele, die Umsetzungsmöglichkeiten im Detail vorstellen. Die Abbildungsbeispiele sind in der Regel jedermann zugängliche Arbeiten aus der normalen Produktion tätiger Designer. Sie sollen – ebenso wie dieses Buch – dazu beitragen, den Arbeitsalltag zu erleichtern und darüber hinaus Anregungen für die Gestaltung üblicher Aufträge geben. Manche der Arbeiten sind rastermäßig gesehen nicht ohne Fehl und Tadel, aber sie veranschaulichen das, was im jeweiligen Kapitel behandelt wird. Andere Beispiele sind für das Arbeiten mit Rastern so interessant, dass sie in so genannten Exkursen und Beispielen gesondert vorgestellt werden.

Dies ist ein Gestaltungsbuch, das sich mit dem Schwerpunkt Seitenlayout an Grafikdesigner und Mediengestalter wendet. Es ist kein Lehrwerk für Mikrotypografie oder Fachrechnen. Aus diesem Grunde wurden beide Teile nur in dem Umfang behandelt, der zum Arbeiten mit Gestaltungsrastern unentbehrlich ist. Weiterführende Fachliteratur wird im Anhang genannt. Gestaltungsraster sind, ebenso wie Mikrotypografie und Fachrechnen, bloße Werkzeuge. Werkzeuge allerdings, die uns das Erkunden eigener und neuer Gestaltungswege erleichtern sollen.

Andreas Maxbauer

Inhalt

4	Vorwort – Die Harke zeigen
6	Einleitung

Kapitel 1 **Ordnung als Gestaltungsfaktor**

12	**Exkurs Gestaltungsgrundlagen:** Ohne Raster gibt's Rührei
14	Inhalt und Aufgabe bestimmen das Design – das Design bestimmt den Raster
17	Schöner, besser und schneller durch Gestaltungsraster

Kapitel 2 **Gestaltungsraster entwerfen**

Exkurs Gestaltungsgrundlagen:

24	Gestaltung hat immer ein Umfeld – nie wieder allein
26	Der äußere Rahmen
27	Papierformate – angeDINt?
31	Proportionen und Formatlagen
32	**Exkurs:** Das typografische Maßsystem – Esoterik für Kenner?
34	Der Gestaltungsraster – Form follows fun
35	Konstruktion eines Gestaltungsrasters
48	Satzspiegel – das Spielfeld
52	Raster nach Einsatzzwecken anlegen
56	Der Gestaltungsraster im Buch
62	Der Gestaltungsraster in der Zeitschrift
66	Der Gestaltungsraster in der Broschüre
72	Der Gestaltungsraster in der Geschäftsausstattung
84	Der Gestaltungsraster in digitalen Medien
88	Der Gestaltungsraster im Leitsystem

Kapitel 3 **Gekauft wie gesehen – Seiten planen und entwerfen**

Exkurs Gestaltungsgrundlagen:

94	Wo uns der Kopf steht – wie wir uns räumlich orientieren
98	Die Seitenwirkung – gekauft wie gesehen
103	Die Heft- und Seitenstruktur – Anfang und Ende
108	Die Wahl der richtigen Spaltenanzahl – die Qual der Zahl
123	Die Umbruchprinzipien – gleich und gleich gesellt sich nicht

[Inhalt]

Kapitel 4 Freiheit und Bindung –
Konstanten und Variablen im Layout

Exkurs Gestaltungsgrundlagen:
130 Die Wohnung im Kopf – wie wir unser Umfeld gestalten
Exkurs Farbwahrnehmung:
132 RGB einmal anders – Liebe, Hoffnung, Glaube
141 Rubriken: Strukturelemente – das Spiel mit dem Ähnlichen
142 Rubriktitel und Infokästen – das Leitsystem
144 Flächen: Freiräume, Farb- und Rasterflächen – die Raumordnung
146 Balken: Linien und Balken – das Gleissystem

Kapitel 5 Das Große zuerst – die Abbildungen platzieren

150 **Exkurs Gestaltungsgrundlagen:** Bildungshunger – wie Bilder wirken
154 In allen vier Ecken soll Liebe drin stecken – Bilder im Layout anordnen
172 Vom Mikro- zum Makrokosmos – Bildelemente als Impulsgeber im Layout

Kapitel 6 Den Raster mit Leben füllen –
die Typografie als Variable

176 **Exkurs Gestaltungsgrundlagen:** Bitte, geben Sie es mir schriftlich
178 Drum prüfe wer sich ewig bindet – die Wahl der richtigen Schrift
184 Aktiv oder integriert – Schriftauszeichnung mit System
204 Und die Inhalte? – Typoelemente im Raster
216 Eingenordet – die Satzausrichtung
223 Absatzgestaltung

Kapitel 7 Halten oder weichen? – der Umgang mit Rastern

Kapitel 8 Zu guter Letzt: der Anhang

234 Abbildungsverzeichnis
236 Stichwortregister
237 Literaturverzeichnis
238 Autorenvorstellung
239 Danksagung
240 Der Gestaltungsraster in diesem Buch

Kapitel 1
Ordnung als Gestaltungsfaktor

Ordnung ist das halbe Lesen [Exkurs Gestaltungsgrundlagen]

Exkurs Gestaltungsgrundlagen
Ohne Raster gibt's Rührei

Diese Schilder erfüllen nur dann ihre Aufgabe als Ordnungskomponenten, wenn sie vor einer Ausfahrt angebracht sind. Das linke ist in der zu DDR-Zeiten üblichen Schreibweise gesetzt, das rechte in BRD-Orthografie. Sicher ist sicher.

Dicht an dicht: Sobald wir das Gesamte erkannt haben, wissen wir auch schon, was das Einzelne ist. Das ist eine Ordnung, die sich sofort erschließt. Typisch gruseliger Schaukasten mit Anzeigen örtlicher Betriebe.

Es wird immer mal wieder behauptet, ich sei chaotisch. Das stimmt überhaupt nicht. Da ich als geübte Mutter mehrere Sachen gleichzeitig machen kann, sozusagen voll multitaskingfähig bin, muss ich nur immer alles zur gleichen Zeit zur Hand haben. So macht mein Büroschreibtisch einen außerordentlich fleißigen Eindruck mit seinen übereinander liegenden Manuskripten, CD-ROMs, geöffneten Briefen, die ich noch bearbeiten werde, Protokollen von Kundengesprächen und Arbeitslisten, farbigen Scribbles, Stiften aller Art, Telefonen und Kalender.

Weil der Tisch nicht alle benötigten Gegenstände und Papiere fassen kann, bin ich zur Bodenhaltung übergegangen. Dort liegen nun zwischen meinen Füßen, den Beinen meines Schreibtisches und mehreren Papierkörben in trauter Runde: Bücher, die ich dringend brauche, Aktenordner, Mappen und verschiedene Blocks. Diese Ansammlung fordert mich täglich zu meinem großen Vorteil zu ballettöser Beweglichkeit heraus. Tänzerisch bahne ich mir den Weg und bleibe so fit und froh. Gefährlich wird es nur, wenn das Reinigungspersonal anrückt. Dann ist meine Anwesenheit unabdingbar, weil meine Materialmenge fehlinterpretiert und entsorgt werden könnte. Aber sonst geht es mir gut. In Wirklichkeit liebe ich die Ordnung. Am liebsten sortiere ich wichtige Unterlagen in transparente Aktenschalen und

kleine Sachen in Schubladen, klebe Schildchen mit der Inhaltsangabe darauf, eröffne neue Ordner für Zeitungsausschnitte, die mich inspiriert haben und für wichtige Notizen, die ich alle irgendwann einmal bestimmt verarbeiten werde. Wenn ich für eine Sache keinen geeigneten Platz finde, werde ich unglücklich und bin ganz gegen meinen Willen gezwungen, Haufenbildung zuzulassen. Schuld hat also folgerichtig der Innenarchitekt, der neben meinem Schreibtisch kein zweites Regal vorgesehen hat.

Wie viele begnadete Architekten gibt es, die unsere Landschaft mit ästhetischen, futuristischen Gebäuden bereichern möchten, die jedoch ihrer eigenen Bescheidenheit wegen nicht in der Lage sind, einer jungen Familie einen übersichtlichen Hauseingang zu entwerfen, weil sie selbst nur ein Paar Schuhe und eine Jacke besitzen. Mit dem Öffnen der Haustüre poltert einem aus abertausenden von Reihenhäusern ein privatpersönliches Rumpelkammer-Ensemble entgegen, weil kein Platz dafür vorgesehen wurde. Turnschuhe, Anoraks, Schulranzen, Inliner – all das und mehr türmt sich vor den Füßen des Eintretenden. Kein Wunder, dass die jungen Leute lieber Karriere machen als ein Familie zu gründen. Im Büro gibt es wenigstens eine anständige Garderobe mit Schirmständer und Hutablage. Wenn auch mancherorts noch ein zweites Regal fehlt.

12

[Exkurs Gestaltungsgrundlagen] *Ordnung ist das halbe Lesen*

Sieht aus, als ob sich hier jemand verkalkuliert hat. Ordnende Behälter müssen zur Menge des Inhalts passen, sonst verfehlen sie ihre Wirkung. Ort mit stark ausbaufähigem Gewerbegebiet.

Der gestaltende Mensch tut gut daran, sich vor der Planung umfassend zu informieren. Dem Menschen als Nutzer bleibt nichts anderes übrig, als sich nach den gegebenen Maßen zu richten. Wenn ich versuche, in meinem Auto in die Abstellmulde für 0,3-Liter-Flaschen eine 1-Liter-Colaflasche zu stellen, muss ich kapitulieren. Die Stellfläche dieser Flasche lässt sich nicht per Händedruck verformen.

Ordnungseinrichtungen werden also geschaffen für eindeutig definierte Zwecke. Niemand würde versuchen, Bierflaschen in Eierkartons zu transportieren. Für jede Biersorte und erst recht für jede Getränkesorte gibt es unverwechselbare, eigene Flaschenformen und dazugehörige Kästen. Jede Bierflasche ist bekleidet mit dem entsprechenden Etikett, an dem ich schon vor dem Probieren erkenne, welche Qualität und welchen Wirkungsgrad ich erwarten kann. Jeder Flaschenkasten ist bedruckt mit dem Namen des Bierherstellers. Niemand würde dagegen Eier in Bierkästen suchen. Form und Größe eines Eies und seine höchst zerbrechliche Schale erfordern eine andere Verpackung als eine Flasche. Ein Eierkarton muss auch nicht 10 Kilo Gewicht transportieren können. Ob ich in einem Raster Texte unterbringen muss oder Pfannen einsortieren soll:

So entsteht Ordnung: vorhandene Beziehungen erkennen und einander zuordnen. Hier wurde Gleiches gleich behandelt und in einem spannungsreichen Arrangement zueinander gestellt.

Nicht jedes System muss sich jedem erschließen, es gibt auch Ordnungssysteme für Eingeweihte. Wir vermuten einen Spielzeugschrank, doch zu diesen Regalen hat nur die Therapeutin Zugang. Die Figuren gehören zum Werkzeug einer Psychologischen Praxis.

Raster funktionieren immer dann gut, wenn sie für den vorgesehenen Zweck eingesetzt werden. Hier finden wir den Raster als Behälter respektive im Behälter den Raster. In der Fortsetzung zeigen sich die Ordnungssysteme von Regalen als flexible Raster: Holzlatten sind in Baumärkten hochkant untergebracht, Zementsäcke liegen ganz unten auf Paletten, Kleinwerkzeuge werden hängend positioniert und wieder anders präsentiert als Elektrogeräte. In jeder Art von Verkaufsraum werden Produkte und Materialien einander so zugeordnet, dass das Gesuchte leicht zu finden ist. Ich liebe es, wenn ich vor dem drohenden Wochenende fünf Sekunden nach Ladenschluss den eigenen Rekord übertroffen habe und im Triumph das fehlende Regal zum Auto schieben kann. Das aber kann nur klappen in einem übersichtlich eingerichteten Möbelmarkt.

13

Inhalt und Aufgabe bestimmen das Design – das Design bestimmt den Raster

Ein Gestaltungsraster hat die Aufgabe,
alle Gestaltungselemente nach eigenen Vorlieben
zu ordnen.

Die meisten Designer sind Genussmenschen, deshalb nehmen Sie bei ihrem nächsten Einkauf doch gleich mehrere Packungen Buchstabenkekse mit. Erstens weil ihr Verzehr suchthafte Erscheinungen auslösen kann, zweitens können Sie einen kleinen Versuch starten: Schütten Sie die Buchstabenkekse auf eine große Schale oder ein Tablett und beobachten anschließend Ihre Lieben beim Verzehr. Sie werden einem kleinen Lehrstück in Sachen Ordnungsprinzipien beiwohnen. Die einen sortieren die Kekse nach heilen und kaputten Buchstaben. Oder sie bringen diese in eine alphabetische Reihenfolge. Oder sie drehen die Buchstaben so, dass die matte Seite unten liegt. Oder richten sie fein säuberlich aus, um dann ihre eigenen Initialen zuerst zu verspeisen. Ganz Harte knabbern die Versalien zu Minuskeln oder Ziffern um …

Ein anderer »Test«: Vor Beginn einer Lehrveranstaltung stand ein Haufen aus sechs unterschiedlichen Espressotassen mit den dazugehörigen Untertassen auf dem Platz einer seinerzeit sehr chaotischen Studentin. Der kleine Porzellanstapel aus verschiedenen Formen und Farben war bewusst durcheinander aufgestellt und sah aus, als sei er einfach liegen geblieben. Zirka eine Minute nach Beginn der Vorlesung (Thema: Gestaltungsprinzipien) begann sie, scheinbar unbemerkt und den Ausführungen mit höchstem Desinteresse nicht folgend, ihr Werk. Zunächst stellte sie alle Tassenpaare fein säuberlich so zusammen, wie es sich wohl ihre Mutter zu Hause gewünscht hätte. Danach wurden die Tassen-/ Untertassenpaare nach diversen, formal einfachen Kriterien von ihr umgestellt: gleiches Muster, aber wechselnde Farben – oder gleiche Formen, aber wechselnde Größen. Nach einigen weiteren Minuten setzte der Spieltrieb ein. Nun wurde das Geschirr farblich umgruppiert, nach Größen geordnet, kunstvoll gestapelt … Die Studentin – allgemein als ebenso ordnungsmeidend wie strukturresistent bekannt – bewies, dass sie zumindest reflexartig gestalterische Ordnungssysteme versteht: Sie schuf sich erst einmal die »richtige« Ordnung, dann untersuchte sie die Kombinationsmöglichkeiten dieser »richtigen« Kriterien, um sie anschließend als ungenügend zu verwerfen und eigene Gestaltungsansätze zu entwickeln. Dabei hat sie sich immer innerhalb von Ordnungsprinzipien bewegt und sogar neue erzeugt.

Ordnung schaffen, das zeigen diese Beispiele, ist immer ein Ergebnis des Vergleichens, des Bewertens und des Entscheidens. Nur die Beurteilungsmaßstäbe, mit denen der Grad und die Notwendigkeit von Ordnung festgelegt werden, sind höchst unterschiedlich – wie der Blick auf Designerschreibtische oder -festplatten beweist. Unsere Werteskala ist da sehr individuell und hängt von vielen Faktoren ab, besonders vom persönlichen Verhältnis zu Freiheit, Einordnung und Sicherheit. In der gewesenen DDR gab es einen Satz, der den Intellektuellen das Maul stopfen sollte: »Freiheit ist die Einsicht in die Notwendigkeit.« Eine provokante These, die man für sich persönlich ablehnen mag, als elterliches Argument aber immer dann für sich instrumentalisieren muss, wenn die eigene Brut zur vorgegebenen Zeit nicht nach Hause zurückkehren will.

[Ordnung ist das halbe Lesen] *Das Design bestimmt den Raster*

Unser Verhältnis zur Freiheit und zu einer sie begrenzenden Ordnung ist höchst ambivalent. Im Großen und Ganzen sind wir der Überzeugung, dass Ordnung kein Selbstzweck sein darf und dass eine allgemein gültige Grundordnung die individuelle Freiheit garantiert. Deshalb rufen wir bei Verstößen zuerst nach der Ordnung, nach der sie garantierenden Ordnungsmacht und nach Mitteln, diese Ordnung durchzusetzen.

Ordnungsmittel oder -maßstäbe garantieren eine stetige, normierende Sicherheit, die unser Handeln für uns selbst kalkulierbar machen soll. Sei es der Straßenverkehr, die Zusammensetzung von Bleifrei-Super, die regalkompatible Größe eines Ordners, die Deckenhöhe des Büros oder die Millimetereinteilung auf einem Lineal: Wir können uns darauf verlassen, dass die Dinge funktionieren und haben damit den Kopf frei für andere Sachen, die uns persönlich wesentlich wichtiger sind. Das Grafikdesign zum Beispiel.

Wir Grafikdesigner würden ohne normierende Ordnungsmittel ziemlich orientierungslos agieren, weil sie zugleich unsere essenziellen Gestaltungsmittel sind. Das beginnt – wie immer, wenn es um Gestaltungsraster geht – beim Papierformat, denn die Normmaße garantieren uns einheitliche Entwurfsserien, ermöglichen verbindliche Abmachungen mit der Druckerei und der Buchbinderei sowie den reibungslosen Versand unserer Endergebnisse. Auch wenn unser Entwurf nicht den Formatnormen entspricht, so haben die Druckbogen doch feste, mit den Maschinen abgestimmte Maße.

Unsere Entwurfsarbeit wäre ohne Normen völlig undenkbar, auch wenn vieles aufgrund seiner Marktmacht oder Technologie eine Quasinorm ist – ein Datenaustausch und -import ohne definierte Dateiformate geht eben nicht. (Manchmal staunt man allerdings, wie lange sich etwas hält und gar normierend wirkt, obwohl es kaum etwas importieren oder exportieren kann und eigentlich Quark ist.) Die Designer von Websites können ein trauriges Lied davon singen, wie ihre Arbeit durch Nichtnormung kompliziert und unrentabel wird. Hier schlägt nie versiegender Erfindergeist (»Dem Ingenieur ist nichts zu schwör«) dem eigentlichen Normierenwollen des Compu-

ters ein teures Schnippchen. Immerhin arbeiten alle Computer auf der Maßbasis des Inch. Auch wenn uns Festlandeuropäern der Inch so fremd bleibt wie die Beteigeuze, so haben wir uns in einem Punkt daran gewöhnt: Dieses merkwürdige Normsystem garantiert, dass eine 14 Point hohe Baskerville in allen Programmen und Betriebssystemen die gleiche Größe aufweist.

Auch normscheue Kollegen legen Wert darauf, dass ihre Layouts den eigenen Vorstellungen gemäß gedruckt werden. Ein immer wieder beliebter Diskussionspunkt zwischen Druckern, Reproiden und Grafikdesignern ist dabei das Farbmanagement. Hier tut eine einheitliche und vor allem beherrschbare Normung Not – gar nicht auszudenken, wenn es weder HKS noch Pantone oder Euroskala gäbe. Ähnliches ist bei den, allerdings genormten technischen Rastern der Fall, denn das Ignorieren von Rasterweiten und -frequenzen kann ordentlich ins Geld gehen.

Das alles und noch etliches mehr sind Ordnungssysteme, ohne die unsere Arbeit undenkbar wäre. Nicht, dass sie dadurch einfacher würde. Ein gut angelegter Gestaltungsraster kann aber helfen, diese Normwerke so in Form zu bringen, dass der Kopf für die Gestaltung frei wird. Wenn die Formate gut mit dem Gestaltungsraster harmonieren, die Schriften und Bilder prima hineinpassen, alle wichtigen Parameter in Stil- und Farbvorlagen fixiert sind, und wenn im Programm sowohl die Rasterwerte als auch die sinnvollen Import-/Exportfilter eingestellt sind, können wir uns nahezu unbeschwert dem Entwerfen zuwenden.

Ein Gestaltungsraster hat ausschließlich die Aufgabe, alle Gestaltungselemente nach eigenen Vorlieben so zu ordnen, dass Sie, liebe Kollegin und lieber Kollege, mit geringem Aufwand zu genau dem Ergebnis kommen, das Ihnen vorschwebt. Das kleine Problem dabei ist, dass Sie eine zumindest vage Vorstellung Ihres Endproduktes entwickelt haben sollten, sei es im Kopf oder sei es als grobes Scribble auf dem Papier. Der Versuch, erst den Raster anzulegen und dann zu hoffen, dass das Design von selbst auf die Seite kommt, funktioniert nicht. Wer das versucht, wird zu Recht mit einem Layout

Das Design bestimmt den Raster [Ordnung ist das halbe Lesen]

bestraft, das merkwürdig nach Rastertypografie aussieht und den Charme einer Schrankwand hat. Ergo: Wenn Sie vorher wissen, wie Ihr Produkt später aussehen soll, kann Ihnen der Gestaltungsraster wertvolle Dienste leisten. Der Raster muss in seiner Funktion Ihren Formvorstellungen folgen, nicht umgekehrt.

Die komplexesten Ordnungssysteme, denen wir uns stellen müssen, sind die Erwartungen der Kunden und die Sehgewohnheiten der Leserschaft. Die Sehgewohnheiten beruhen zum Großteil auf der natur- und der kulturgeprägten Wahrnehmung. Die erste Wahrnehmung bestimmt unseren Bezug zu Gestaltungsgesetzen, die von den meisten Menschen visuell gleich empfunden werden, zum Beispiel, ob ein Entwurf Ruhe, Leichtigkeit oder Harmonie ausstrahlt. Das Zweite ist durch das in unserer Kultur oder dem persönlichen Umfeld Gelernte normiert, zum Beispiel das Wissen um das Aussehen und Benutzen einer Zeitung, eines Briefbogens oder eines Prospektes.

Diese Ordnungssysteme sind unser Spannungsfeld als Gestalter, hier wird die Arbeit spannend. Zum einen müssen wir an dem Gelernten anknüpfen, denn sonst werden die Zeitung und der Prospekt nicht als solche erkannt. Zum anderen müssen wir das Bekannte weiten, indem wir Neues, Interessantes, Überraschendes oder einfach Schönes anbieten, weil unsere Arbeit sonst langweilig wird und unbeachtet bliebe. Der Gestaltungsraster muss wiederum unseren Vorstellungen folgen. Unter diesem Aspekt betrachtet lässt sich Louis Sullivans berühmtes »Form follows Function« kürzen: »Form follows Fun«.

Das schwierigste Ordnungssystem ist das im eigenen Kopf, insbesondere in Bezug auf die Aufgabe, den Auftraggeber und unsere eigenen Ansprüche. Hier eine Beobachtung: Als erfahrene Designer begegnen wir in unserem Büro ständig jungen, aufstrebenden Grafikdesignern, die hochinteressante Entwürfe machen und damit unsere Aufmerksamkeit erregen. In den Gesprächen kommt mitunter die Ansicht zum Vorschein: »Ich mache das anders als meine Kollegen. Ich verstehe mehr vom Design als meine Kunden.« Und nahezu alle Youngster verbiegen

des öfteren die Aufgaben und Inhalte, damit sie besser zum Design passen.

Das ist schade, weil hier unproduktiver Stress erzeugt wird und der Maßstab verrutscht ist. Das Design wird von der Aufgabe und vom Auftraggeber bestimmt, der dafür zahlt, dass seine Inhalte nach seinen Vorstellungen umgesetzt werden. Nach unserer Erfahrung honorieren Kunden stilistisch gute und inhaltlich stimmige Entwürfe, die gerne einfallsreich sein dürfen. Erziehen lässt sich ein Kunde jedoch ebenso wenig wie ein Ehemann – zudem reagiert er allergisch, wenn Designer besser zu wissen glauben, was für ihn richtig ist. Im Prinzip ist es auch o. k., anders als seine Kollegen zu arbeiten – wenn es die Aufgabe zulässt und das Team einen mitträgt. Ansonsten hat man einfach schlechte Karten, zumal im Team die einsamen Genies mit ihren punktuellen Spitzenleistungen weniger gefragt sind als die leistungsstabilen Zweitplatzierten.

Und nun zu den Routiniers, die sich mit den Funktionen gut auskennen, die das Wissen darüber haben, was ankommt, was geht, was realisierbar und was bezahlbar ist. Zu den Kollegen, die »Nase haben« und wissen, was den Kunden umtreibt, wie die Zielgruppe reagieren wird. Die Ärmsten: Sie müssen immerzu Designer sein, aber aufpassen, keiner zu werden. Sie müssen immer neugierig sein und dürfen nicht müde werden, immer wieder den produktiven Stress, den gestalterischen Kick zu suchen. Eine Möglichkeit ist, sich mit den Jungen und Unbequemen herumzuschlagen.

Die Jungen brauchen also zum wirklich guten Design die mentalen Raster der Aufgabe, des Inhaltes, des Kunden und des hilfreichen Teams aus Kollegen und Realisierern. Die Erfahrenen brauchen junge Kollegen, die den Raster ihres Expertenwissens hinterfragen und bisweilen fröhlich ignorieren. Sie sollten sich mit frechen Designern umgeben, die sie gestalterisch ärgern und mit ihren Entwürfen den Adrenalinpegel hochschnellen lassen.

Und beide brauchen reine Gestaltungsraster, die nur eines dürfen: den schrägen und den geraden Ideen in die Realität verhelfen. Dann ist alles in Ordnung.

Schöner, besser und schneller durch Gestaltungsraster

Einige stramm eingehaltene Konstanten erlauben ein freches und freies Design.

Wir Menschen sind Serientäter, die dazu neigen, einmal Erlerntes und Ausprobiertes auch anzuwenden und zu wiederholen. Die Gründe dafür mögen mannigfach sein: Gut nachvollziehbar ist unser Wunsch, erfolgreiche Situationen noch weitere Male zu erleben. Jede Ehefrau, die einen Witz das 38. Mal gehört hat, kann dies bestätigen. Ein weiterer Grund für unser Reproduzieren ist die schlichte Faulheit, zum Beispiel bei der Arbeit. Die Wiederholung einer Arbeit minimiert den Aufwand, auch für den Betrachter unserer Entwürfe: ist eine neue Werbelinie erst gelernt, ist sie leichter zuzuordnen. Haben wir etwas als wahr und richtig erkannt, neigen wir durch unsere Wiederholungen dazu, das Ergebnis zu verstetigen. Manche Naturen wollen dann unbedingt ihre Umwelt daran teilhaben lassen (und arbeiten künftig als Prediger oder als Verfasser von Designmanuals).

Alle diese – zugegeben herzlich überflüssigen – Erkenntnisse treffen auf unseren Umgang mit Gestaltungsrastern zu, den wir als Designer treiben. Nur, dass das erfolgreiche Repetieren für uns das Schaffen eines Stiles ist, dass die Arbeitsreduktion der Zeitersparnis und Wirtschaftlichkeit des Rasters entspricht und dass die Teilhabe bei uns Arbeitsteilung heißt.

Überhaupt ist ein Raster für alle Arten serieller Gestaltung gedacht, weil er nur dann richtig Sinn macht. Wobei die Serie schon dort beginnt, wo unser Entwurf mehr als eine Doppelseite umfasst, denn es hat unbestreitbare Vorteile, wenn der Satzspiegel immer an der gleichen Stelle

steht. Dies gilt erst recht bei aufwändigeren und freieren Seriengestaltungen, zum Beispiel den von Broschürenreihen, Zeitschriften, Plakaten oder im Webdesign. Hier bildet der Gestaltungsraster eine Klammer, die den Betrachtern die Zuordnung und den Designern damit das freie Arbeiten erleichtert. Gestaltungsraster stehen zwar in dem Ruf, nur den etwas quadratischer handelnden Kollegen der Rotis-Fraktion zu dienen – aber eigentlich ist es genau umgekehrt: Einige wenige, aber stramm eingehaltene Konstanten erlauben ein freches und freies Design.

Neben den Serien sind vor allem die auf das Zusammenwirken von äußeren Komponenten angewiesenen Druckobjekte eine klassische Rasterdomäne. Bekanntestes Beispiel dürfte der klassische Normbriefbogen sein, der auf mehreren Rastersystemen basiert. Das DIN-A4-Format hat als ergänzende Komponenten u. a. die Aktenordner und -schalen, diverse Büromaschinen und Versandhüllen, die die Positionen der Falzmarken, der Absenderzeile und des Adressfeldes vorgeben. Der Stand für »Ihr Zeichen/Unser Zeichen« und die Warnmarke wurde seinerzeit gemäß den Schreibstellen der auf Inch-Basis funktionierenden Schreibmaschinen positioniert. Bei einem Gestaltungsraster, der auf mehreren fixen Komponenten beruht, liegen daher Fluch und Segen nahe beieinander: Diese äußeren, überall eingeführten Komponenten bestimmen das Design mit, aber sie sind uns bekannt und können selbst durch eigenwillige Kunden nicht verändert werden.

Stile brauchen Raster

Der eigentliche Grund, warum wir mit Rastern arbeiten, ist die Möglichkeit, die eigenständige Gestaltungsleistung zu normieren und langfristig zu fixieren. Dadurch wird sie zum einen wiederhol- und besser variierbar, zum anderen lassen sich Zusammenspiel und visueller Zusammenhalt der gewählten Gestaltungselemente steuern. **Kurz:** Es entsteht ein eigener Stil, der durch den Raster verstärkt wird. Ein Stil, der einen unverwechselbaren Auftritt, Orientierung und Identifikation bieten soll, braucht nur wenige, im Zusammenklang besonders markante Konstanten.

Die einzelnen Komponenten können sich am besten dann entfalten, wenn sie einen festen, ihrer Aufgabe entsprechenden Stand im Layout erhalten. Sind die Positionen innerhalb eines Gestaltungsrasters fest definiert, zeigt sich die eigentliche Stärke und Funktion des Rasters: Es bietet den variablen Inhalten – einem neuen Slogan, einem neuen Motiv – einen festen Halt. Dadurch kann der Betrachter das Neue besser und schneller verstehen und einordnen. Das Wichtigste für uns Gestalter ist, dass der Raster uns hilft, gemäß den üblichen Gestaltungs- und Positionskriterien zu entwerfen (siehe Seite 98 ff.). Dabei muss der Raster auch kriterienresistente Kollegen beim Layouten unterstützen.

Einer der wichtigsten Träger für eine Wiedererkennung ist die Farbe (siehe Seite 132) oder genauer gesagt: die Farbkomposition. Viele Auftraggeber gehen dazu über, neben ihren zwei bis drei Hausfarben ein Farbklima zu definieren, das auf erwünschten Farbempfindungen beruht, so dass die dazugehörige Werbung und die Bildsprache durch ein weiteres Instrument verstärkt werden können.

Immer wichtiger wird der Umgang mit Bildern, das Entwickeln eines Stil bis hin zur Bildsprache als Komposition bevorzugter Raumaufteilungen, Bildfarben, Helligkeits- und Kontrastwerten sowie Stilen. Die immer häufiger anzutreffende Definition eigener Bildsprachen dient nicht nur der Orientierung. sondern eröffnet darüber hinaus die Möglichkeit, viele sehr unterschiedliche Inhalte mittels einer hohen atmosphärischen Dichte miteinander zu verbinden. Gleiches gilt für die Proportionen der Bilder und ihre wirkungsvolle Anordnung im Gestaltungsraster (siehe Seite 154).

Zu den für uns interessantesten Themen gehört die Bestimmung der Typografie und ihrer Funktion im Zusammenklang mit den Gestaltungselementen. Klar ist, dass sie die Grundvoraussetzungen an Lesbarkeit, technischer Umsetzbarkeit und an atmosphärischer Stimmigkeit erfüllen muss (siehe Seite 178 ff.). Hinzu kommt immer häufiger – auch außerhalb der Werbung – die Forderung, dass sie zur Identitätsbildung und Wiedererkennung beiträgt. Beliebte Beispiele von Kundenseite sind hier IKEA, Telekom und Marlboro. Einerseits ist die Forderung, alles zu einer Marke und dann bloß Kasse damit zu machen bedauerlich, andererseits zwingt es uns Typografen dazu, mit Schriften zu arbeiten, die weder im Trend liegen (derzeitige Seuche: die Schrift Dax), noch als Die-Schrift-für-alle-meine-Kunden zwangszubeglücken. Es gibt Kollegen, deren Schriftmenü umfasst die schmale Univers, die Monaco, die Geneva und die Chicago – die letzten drei aber nur deshalb, weil sie sich als Systemschriften nicht vom Macintosh löschen lassen.

[Ordnung ist das halbe Lesen] *Stile brauchen Raster*

In der Regel sind die Anforderungen an die Schrift nicht durch eine einzige Schriftfamilie zu leisten, weshalb fast immer zwei sich ergänzende Familien bestimmt werden. Bei dieser Komponentenlösung sollte möglichst definiert werden, wie die Aufgaben der einzelnen Schnitte und Familien verteilt sind. Über diese Funktionen ist dann in der Regel auch der Stand innerhalb des Gestaltungsrasters vorgegeben.

Eine klassische Kombination aller genannten stilistischen Raster ist das Corporate Design. Der Vorteil seiner Fixierung in Manuals (neuerdings auch Styleguides genannt) ist, dass sich hier grober Unfug unterbinden lässt. Verbieten kann man zum Beispiel das Unterstreichen im Fließtext, das Sperren von Schriften, das Verwenden der Arial oder des Wortes Styleguide.

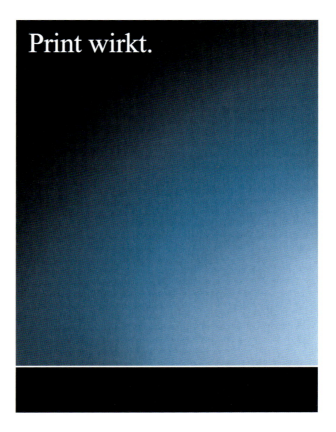

Raster sparen Geld und Zeit

Die Wirtschaftlichkeit eines Gestaltungsrasters zeigt sich in zwei Bereichen: der Raumnutzung und der Zeitersparnis beim Entwerfen. Die kostengünstige Raumaufteilung durch einen Gestaltungsraster wird im wesentlichen durch das Zusammenwirken mehrerer Faktoren bestimmt. Wichtigstes Kriterium ist hierbei die Wahl des Papierformates, wobei seine Größe und die Formatlage etwas von der Norm abweichen dürfen, da Druckbögen, Versandhüllen, Ordner etc. in geringem Maße Toleranzen zulassen (siehe Seite 26 ff.). Da sich der Gestaltungsraster immer am Papierformat ausrichten muss, sind also auch der Satzspiegel (Seite 48) und die Spalteneinteilung (Seite 108) von ihm abhängig. Die klassischen und großzügigen Aufteilungen lassen sich sicherlich etwas reglementieren, allerdings ist zu bedenken, dass die Betrachter ein Werk auch danach beurteilen, wie es sich im Vergleich mit »gelerntem« ausnimmt. Werke, die mit einem allzu wirtschaftlich berechneten Raster stark »auf Knirsch« gestaltet wurden, wirken voll und leicht unübersichtlich. Das mag je nach Drucksache und Zielgruppe sinnvoll und erwünscht sein, meistens ist es allerdings nicht der Fall. Die Wirtschaftlichkeit eines Gestaltungsrasters zeigt sich auch in der Wahl der Bildgrößen und -proportionen (Seite 43), wobei Bilder, deren Bemaßungen dem Satzspiegel entsprechen, aber aus diesem bis zum Anschnitt herausgezogen werden, ein wenig zusätzlichen

Raum frei machen. Manchmal sind auch spezielle Bildspiegel anzutreffen, die den Satzspiegel durch weitere Bemaßungen ergänzen oder den Anschnitt bewusst mit einbeziehen. Ein weitere Möglichkeit, den Gestaltungsraster wirtschaftlich zu nutzen, besteht in der Anpassung der typografischen Parameter (Seite 35). Besonders beliebt ist hier die Reduzierung der Zeilenabstände. Wird dabei die Unterbringung einer größeren Textmenge angestrebt, ist die bloße Reduzierung der Schriftgröße (unter Beibehaltung des Zeilenabstandes) oft effizienter und führt zudem zu einer deutlich besseren Lesbarkeit.

Ein guter Gestaltungsraster macht sich auch in Bezug auf die Entwurfskosten bemerkbar – wer innerhalb eines Rastersystems entwirft, ist in der Regel flotter als beim freien Arbeiten. Die Positionierung der Bilder und Texte, die Anlage von Rasterflächen und Einbindung von Diagrammen geschieht anhand vordefinierter Orte einfacher, numerisch sauberer und verlangt weniger Aufmerksamkeit bei eventuellen Veränderungen. All diese Vorbereitungen steigern in der Zeitsumme die Geschwindigkeit. Dies schlägt sich besonders beim letzten Part, der Variation nieder: Änderungen können zum einen Layoutalternativen sein, die einer Entscheidung bedürfen oder sie sind unangenehme Korrekturen von fertig aufgebauten Seiten mit Text- und Bildumstellungen. In beiden Fällen hilft ein Gestaltungsraster Zeit einzusparen, also die Kosten zu senken.

[Seiten planen und mittels Raster aufbauen] *Gestaltungsgrundlagen*

1-3 »Print wirkt« ist eine Werbekampagne des Verbandes Deutscher Zeitschriftenverleger. Sie zeigt, wie sich mehrere grafische Komponenten zu einem unverwechselbaren, auf eine Marke bezogenen Stil verbinden. Die Serie zeigt weder die Marken und Produkte, noch deren Logos und Claims. Selbst die uns bekannt erscheinenden Fotos entstammen nicht den Originalkampagnen. Dennoch weiß jeder, welche Marke gemeint ist. Diese sehr guten Markenführungen funktionieren, weil sie sich auf ein klares Erscheinungsbild in einem ebenso einfachen Raster konzentrieren.

Dies gilt auch, wenn Arbeiten von mehreren Kollegen parallel zu schultern oder einfach wegzudelegieren sind. Ein guter, nicht zu diffiziler Raster spart Einarbeitungszeit und sorgt für homogene Ergebnisse. Das gemeinschaftliche Arbeiten muss nicht unbedingt mit absolut exakten Musterdateien geschehen: Dort wo Serien mit gestalterischen Freiräumen entwickelt werden, reicht es, wenige aber absolut verbindliche Essentials zu definieren. Diese gemeinsame »visuelle Sprachregelung« schafft ein Bündel abwechslungsreicher, aber zusammengehöriger Layouts in kurzer Zeit und trotz knapper Budgets.

Wir reden nicht mathematischen Formeln nach der Nase, die nur für die jeweilige Aufgabe aufgerufen werden können. Aber wir beobachten im Zuge der fortlaufenden Computerisierung unserer Arbeitswelt, dass Grafik Design aus Sicht der Kunden immer mehr zum normalen Business wird. Letzten Endes geht es bei immer höher wachsenden Anforderungen darum, in kürzerer Zeit bessere Ergebnisse zustande zu müssen. (Das Schlimme ist ja, dass Kunden, die nicht mehr eine Woche auf ihre Entwürfe warten müssen, irgendwann wissen, dass die Arbeit in drei Stunden geschafft wurde und setzen daraufhin immer kürzere Termine). Wir müssen aber nicht mehr acht Entwürfe machen, wenn sich mit maximal drei Entwürfen das Ziel erreichen lässt. Das meinen wir mit Effizienz. Eine bessere Arbeitsvorbereitung (was ist ein Gestaltungsraster denn anderes?) hilft, weniger Zeit im Design aufzuwenden und bessere Ergebnisse zu erzielen. Und alles ganz natürlich. Natürlich!

Kapitel 2
Gestaltungsraster entwerfen

Exkurs Gestaltungsgrundlagen
Gestaltung hat immer ein Umfeld – nie wieder allein

Wir wissen: Die Krankenschwester aus den sechziger Jahren ist im Begriff, die Medikamente zu verteilen. Das wissen wir deshalb, weil wir ein atmosphärisches Umfeld auch dann wahrnehmen, wenn es nicht abgebildet wird.

Kultur-, Geistes- und Naturwissenschaften – nichts steht für sich allein, ist nur aus sich heraus und ohne den Zusammenhang von Ideen, von Strömungen und Prägungen zu sehen. Alle diese Disziplinen haben eine Geschichte, können nur mit dem Wissen über das Umfeld, in dem sie sich entwickeln konnten, verstanden und interpretiert werden. Handwerk, Landwirtschaft, Architektur, Medizin, Kunst, Juristerei – jede dieser Disziplinen schafft sich ihr eigenes Ambiente, ihre spezifische Kleidung, ihre Regeln und Riten, ihre Fachsprache. Wir treffen den Klempner im Blaumann, den Architekten im schwarzen Rollkragen, den Mediziner im weißen Mantel, den Künstler individuell leger gekleidet, den Staatsanwalt im Talar.

Alles in der Natur Gewachsene hat seinen eigenen Kosmos. Jeder Gegenstand, mit dem wir uns umgeben, existiert in Bezug auf etwas, hat sein Wieso, Weshalb, Warum.

Auch unsere Wahrnehmung funktioniert so. Um uns auf das Äußere zu beschränken: Wir sehen nicht nur das Objekt, das uns interessiert, sondern immer gleichzeitig auch das Umfeld, in dem es sich befindet. Ich betrachte die Brille im Gesicht meines Gegenüber und registriere gleichzeitig, wie die Form im Oval seines Gesichtes wirkt, wie sie die Farbe und den Schwung der Augenbrauen unterstützt, die Linie der Nase zur Geltung bringt und so weiter. Sein Gesamteindruck – ist er Absicht oder Zufall?

Gestaltung kommt nie allein, sie tritt immer – aktiv oder passiv – in Interaktion mit ihrer Umgebung auf. Sie wirkt in Bezug zu etwas, hat sozusagen ein Verhältnis. Die Brille soll zum Gesicht passen, das Kleid zur Figur, zur Jahreszeit und zum Anlass, der Bucheinband zum Vorsatzpapier.

Oder wie reagieren wir in einer freien Landschaft, etwa am Meer? Die Aussicht auf kilometerweite Flächen zieht den Blick in die Weite, vermittelt Ruhe und Entspannung. Kommt aber eine Möwe angeflogen, so folgen ihr die Blicke. Die Weite hat ein Stück bewegte Nähe bekommen. Wir lassen uns nicht nur schnell ablenken, sondern interessieren uns vor allem für die Beziehung des Objektes zum Umfeld: Wohin fliegt die Möwe, was pickt sie auf? Nicht anders im Grafikdesign: Das platzierte Foto eines Baumes wirkt mitten auf dem Cover anders als im Anschnitt. Ist er freigestellt, richtet sich die Wirkung auch danach, wie groß der Weißraum im Verhältnis zum Baum erscheint. Zu viel weißer Raum ist nicht unbedingt die eleganteste Variante, er kann den Baum zur bloßen Requisite reduzieren.

Eine Person sucht etwas am Strand. Eigentlich wissen wir das nicht sicher, nehmen es aber an, weil wir in unserer Vorstellung jede erkennbare Figur in einer Beziehung zu ihrem Umfeld sehen.

[Exkurs Gestaltungsgrundlagen] *Gestaltung hat immer ein Umfeld – nie wieder allein*

Schlechter Geschmack, auf die Spitze getrieben: Die knusprig-goldbraunen Brötchen vor kobaltblauem Himmel nehmen nur einen geringen Teil der Titelseite ein. Surreale Objekt-zu-Objekt-Beziehungen lassen das Umfeld verblassen.

Objekte, die sich nur leicht unterscheiden, werden von uns unmittelbar in einen harmonischen Bezug gesetzt. Und auf Hochzeiten sowieso.

Kommen auf dem Strand zwei kleine Hunde hinzu, die herumrennen und miteinander spielen, sind sofort alle Blicke auf die Tiere und ihre Kabbelei gerichtet. Der Strand, die Möwe – Nebensache im Wortsinn. Denn sehen wir zwei ähnliche Dinge, verknüpfen wir sie auf der Stelle miteinander, achten auf die Aktion von Objekt zu Objekt, bei der die Beziehung des einzelnen Objekts zu seinem Umfeld ins Hintertreffen gerät. Zwei Portraits auf einer Doppelseite werden von uns sofort in Beziehung zueinander gesetzt, sie ziehen die Aufmerksamkeit auf sich und lassen das Papier, den Satz, die Bildunterschriften zum bloßen, nur noch mitwirkenden Träger werden.

Unser Maßstab ist das, was wir kennen. Der Mensch steht uns am nächsten. Wir wissen um das Verhältnis der Länge seiner Beine zur Größe seiner Füße und so weiter. Hat jemand ein verkürztes Bein, so stimmt der Bewegungsablauf für ihn nicht mehr, sein ganzer Körper ist schief. Carl Valentin machte sich bei clownesken Auftritten seine eigenwilligen Körperproportionen zu Nutze und überzeichnete sie: Durch riesige Schuhe und zu kurze Hosen wirkte er noch lächerlicher. Es gibt Menschen im Quer- und im Hochformat und solche, die quadratisch sind. Sie werden von uns mit den gleichen Werturteilen versehen, mit denen wir auch Gestaltung betrachten: Alles Hochformatige ist elegant oder dynamisch, querformatiges hingegen ruhig, gelassen und inaktiv, während das Quadrat der Inbegriff von bewegungsloser, unkaputtbarer Statik ist.

Ob etwas harmonisch wirkt oder Disharmonie ausstrahlt, hängt von verschiedenen Faktoren ab. Zum Beispiel die Proportionen eines Buches: Sind sie ausgewogen, empfinden wir sie als angenehm. Deutlicher wird es am Beispiel einer Raumausstattung: In einem kleinen Zimmer, das offen und licht wirken soll, streichen wir nicht nur die Wände hell, sondern wir statten es auch mit leichten, hellen Möbeln aus. Harmonie bedeutet für uns, dass etwas ähnlich, aber nicht absolut gleich ist, dass die Beziehung von Objekt zu Objekt und von beiden zum Umfeld stimmig und ruhig funktioniert. So achten wir beim Satzspiegel darauf, dass er zum Buchformat passt, dass beide Kolumnen gut zueinander stehen, dass der Grauwert der Schrift zu den Papierrändern im Format ausgeglichen gestaltet ist.

Der Mensch als Maß aller Dinge: Decken wir die Personen und Fahnen im Hintergrund ab, können wir aus den übrigen Proportionen nicht mehr auf die realen Maßstäbe schließen.

Formate
Der äußere Rahmen

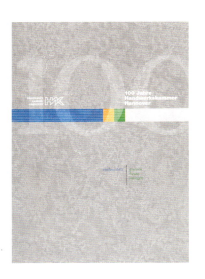

Wir entwerfen – egal ob digital oder von Hand – grundsätzlich vom Großen zum Kleinen: Zuerst zeichnen wir das verkleinerte Papieraußenmaß und beachten dabei seine Proportionen und die Formatlage. Nun kommen innerhalb des Formates die großen Abbildungen und Textblöcke, gefolgt von den Headlines und kleinen typografischen Ergänzungen. Vieles davon machen wir dabei unbewusst »richtig«: Die Größen der einzelnen Layoutbestandteile werden ihrer Bedeutung gemäß so gewählt, wie sie im späteren Druckerzeugnis am besten zum Tragen kommen. Auch das Format liegt beim manuellen Scribbeln oft ganz automatisch zwischen den Proportionen des DIN-Formates und dem Goldenen Schnitt.

Für die Größe des Papierformates und seiner Proportionen sind viele, höchst unterschiedliche Beweggründe ausschlaggebend. Da wären zunächst wirtschaftliche Faktoren wie eine kostengünstige, das Format ausnutzende Produktion. Dann kommt die Sichtung des vorhandenen Materials, zum Beispiel die Formatlagen und Proportionen zu verwendender Fotografien. Oder übergeordnete Stilvorgaben, ungewöhnliche Prospektformate oder spezielle Buchgrößen etwa, die aus Marketingaspekten heraus gewählt wurden. Berücksichtigt werden die Gewohnheiten und Erwartungen der Zielgruppen sowie der Einsatzzweck des Druckerzeugnisses, beispielsweise bei der Gestaltung von Speisekarten und Gesangbüchern. Die mit Abstand meisten Einschränkungen sind jedoch technisch bedingt: Die Größe der unbedruckten Papierrohbögen oder der Versandhüllen, die Vorlageneinzüge und Papierkassetten von Faxgeräten, Laserdruckern und Fotokopierern. Oder, im digitalen Bereich, Bildschirmdiagonalen und -größen oder etwa die Pixelanzahl.

Ein Basisdesign, viele mögliche Formate und Ausprägungen. Das Design der Handwerkskammer Hannover in DIN A4, DIN A5, DIN-Lang, DIN A7 und mit 1024 x 768 Pixeln.

[Formate] *Papierformate*

Papierformate – angeDINt?

Briefpapiere, Broschüren und Fachzeitschriften: Die mit Abstand häufigsten, auf fast allen Ebenen der Druckerzeugnisse etablierten Papierformate hat das Deutsche Institut für Normung e.V. bereits 1922 in der DIN-Norm 476 festgeschrieben – die jedem Kind von den Schulheften her bekannten DIN-Formate für Schreib- und Druckpapiere.

Am eindeutigsten durchstrukturiert sind Geschäftsdrucksachen, weil es einfach praktisch ist, wenn alles Geschriebene in Briefumschläge und genormte Briefkästen passt und sich ordentlich abheften lässt. Nahezu die gesamte Büroumgebung ist auf DIN-Formate angelegt, vom Kopierer über das Faxgerät und den Laserdrucker bis zu den Aktenschalen oder -schränken, welche wiederum die Ordner aufnehmen.

Das gesamte Druckwesen, vom Papierhersteller bis zum Drucker und Buchbinder, ist auf DIN-Maße ausgerichtet, so dass die Wahl von Sonderformaten ein kostspieliges Unterfangen werden kann, besonders, wenn sich exquisite Papierwünsche hinzugesellen. Aus diesem Kostengrund und auch weil sie versandt und fotokopiert werden wollen, erscheinen nahezu alle Broschüren und viele Fachzeitschriften in DIN-Formaten.

Es gibt noch einen weiteren Grund für das DIN-Format, der in der Gestaltung von Broschüren zum Tragen kommen kann. Das DIN-Format lässt sich beliebig halbieren, ohne dass es seine Proportionen ändert: Alle Formate haben vor und nach dem Falzen immer das gleiche Seitenverhältnis von 1:√2 oder einfacher ausgedrückt von 1:1,414. Das Ausgangsformat ist DIN A0 mit einer Gesamtfläche von einem Quadratmeter. Die Zahlenangabe im DIN-Format, z.B. DIN A1, gibt an, wie oft das A0-Format gefalzt oder geschnitten werden muss, um das betreffende Format zu erhalten.

Die früher so genannte »Vorzugsreihe« A gibt die beschnittenen Endformate an, die Zusatzreihe B beschreibt, von der A-Reihe ausgehend, unbeschnittene Druckbogenformate, die Zusatzreihe C nennt die Maße für Briefhüllen zum Versand der A-Formate.

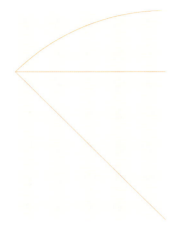

Das DIN-Format lässt sich aus einem Quadrat und einem Zirkelschlag einfach konstruieren. Die DIN-Formatreihen haben alle die gleiche Proportion, so dass jeder Bogen exakt halb so groß wie das nächstgrößere Format ist.

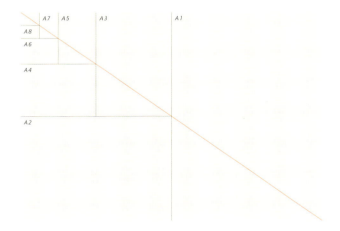

Wichtige DIN-Papierformate in Millimetern:

Format-Klasse	Vorzugsreihe A	Zusatzreihe B Beschnittenes Format	Zusatzreihe C Unbeschnittenes Format
0	841 × 1189	1000 × 1414	917 × 1297
1	594 × 841	707 × 1000	648 × 917
2	420 × 594	500 × 707	458 × 648
3	297 × 420	353 × 500	324 × 458
4	210 × 297	250 × 353	229 × 324
5	148 × 210	176 × 250	162 × 229
6	105 × 148	125 × 176	114 × 162
7	74 × 105	88 × 125	81 × 114
8	52 × 74	62 × 88	57 × 81

Papierformate [Formate]

Das Format orientiert sich an der Leseerwartung,

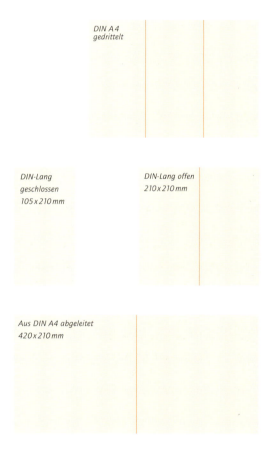

Aus dem DIN-Format lassen sich ohne Aufwand weitere Formate ableiten. Hier die gebräuchlichsten: DIN-Lang und 210 × 210 mm, geschlossen und offen.

Nicht mehr allzu häufig anzutreffen, aber bei der Gestaltung eines Corporate Designs zu berücksichtigen, sind so genannte Zoll- oder Inch-Formate, Papierformate, die auf dem Inch basieren. Sie können bei uns im Wesentlichen dort eine Rolle spielen, wo Lieferscheine oder Rechnungen auf Endlospapier über einen Nadeldrucker ausgegeben werden, meist, um einen Durchschlag mit auszudrucken. Hier sind die unserem DIN A4 oder DIN A5 recht nahe kommenden Formate von 8,25 × 12 Inch (210 × 305 mm) bzw. 5,85 × 8,25 Inch (150 × 210 mm) üblich.

So unnütz die Inch-Formate in unserer Büroumgebung sind, so praktisch können sie sich im Designbüro erweisen, denn die dort verwendeten Drucker sind ebenfalls auf Inch-Formate ausgelegt, die etwas größer als unsere DIN-Formate ausfallen. Das ermöglicht uns, Ausdrucke in ihrer Originalgröße mit Anschnitt und Schnittmarken auszugeben. So verwendet unser Büro für den Druck von DIN A3-Seiten ein Papier in der Größe von 13 × 18 Inch.

Aus den DIN-Formaten haben sich bei der Gestaltung von Broschüren weitere Sonderformate herausgebildet, die zwar keiner DIN entsprechen, aber dennoch zum Standard avanciert sind.

Besonders beliebt ist hier das so genannte DIN-Lang-Format, das in der Regel mit 105 × 210 mm angegeben wird. Geschlossen hat das Format die Größe eines gefalzten Briefes, aufgeschlagen ergibt sich ein Quadrat. Mitunter wird das DIN-Langformat auch mit einer Größe von 100 × 210 mm angegeben, das den Vorzug hat, einen DIN-A4-Bogen besser auszunutzen. Ein weiteres Standardformat, das etwas weiter unten bei den Papierformaten behandelt wird, hat die Größe von 210 × 210 mm.

[Formate] *Zeitungen und Zeitschriften*

dem verfügbaren Material, dem Inhalt und der Funktion des Endproduktes.

Besteht der Wunsch, eine Drucksache im Sonderformat zu entwerfen, empfiehlt es sich, eine Rückfrage bei seinem Drucker und/oder Buchbinder des Vertrauens zu starten: Da auch die Rohbögen der Druckpapiere genormt sind, kann es durchaus vorkommen, dass sich ein Entwurf wegen der Papierlaufrichtung kaum mit vernünftigem Aufwand realisieren lässt. Das gilt auch bei den wieder vermehrt anzutreffenden Briefpapieren mit Wasserzeichen, denn deren Stand auf dem Rohbogen geht von einer üblichen Anwendung in DIN A4 aus.

Sind keine produktionstechnischen Einschränkungen zu berücksichtigen, sind den Freiheiten eigentlich keine Grenzen gesetzt (von finanziellen einmal abgesehen). Generell sollte sich das Format natürlich an der Lesererwartung, dem zur Verfügung stehenden Material, dem Inhalt und der Funktion des Endproduktes orientieren. Inhalt und Funktion wurden im vorhergehenden Kapitel behandelt, die Behandlung des Ausgangsmaterials und die Lesererwartung sind wesentliche Bestandteile der beiden folgenden Kapitel.

Zeitungen und Zeitschriften: Während Fachzeitschriften häufig im Offset im DIN-A4-Format gedruckt werden, gibt es bei den Publikumszeitschriften eigene, voneinander abweichende Magazinformate. Diese auflagenstarken Zeitschriften werden meist im Tiefdruck hergestellt, so dass sich eigene, durch die Papierrollen bestimmte Formate etablieren konnten, die größenmäßig etwas über DIN A4 liegen. Am sichersten ist es, sich bei den entsprechenden Verlagen Media-Unterlagen zu besorgen, die Aussagen über die exakten Formate, Anschnitte und Satzspiegel enthalten.

Bei Zeitungen ist das etwas einfacher, da die Formatauswahl geringer und ein Anschnitt aus produktionstechnischen Gründen ohnehin nicht möglich ist. Es gibt (von sehr wenigen Ausnahmen abgesehen) in der Bundesrepublik nur drei Zeitungsgrößen: das Berliner Format (315 × 470 mm), das Rheinische Format (375 × 530 mm) und das auch »Nordisches Format« genannte Hamburger Format (400 × 570 mm). Das sind allerdings insofern hypothetische Werte, als der Satzspiegel auf diesen Formaten natürlich variieren kann, wenn auch in einem geringen Maße (siehe Seite 62).

Bei Büchern ist es in Bezug auf die Wahl
des Papierformates theoretisch möglich,
der Funktion und dem Inhalt einen Vorrang
gegenüber der Produktion zu geben.

Bücher: Da Bücher keiner büro- oder versandtechnischen Weiterverarbeitung unterliegen, gibt es in der Bundesrepublik keine fixierten Normen bezüglich des Papierformates. In der gewesenen DDR hingegen gab es – verursacht durch die dort chronische Papierknappheit – zwölf praktische, am Goldenen Schnitt angelehnte Standardbuchformate. Natürlich existieren in den auf die Buchherstellung spezialisierten Druckereien und Verlagen eigene Festschreibungen, die sich an Parametern wie der wirtschaftlichen Ausnutzung der Rohbögen oder an Marketingaspekten festmachen. Insgesamt gesehen gibt es aber bei Büchern die Möglichkeit, bei der Wahl des Papierformates der Funktion und dem Inhalt einen Vorrang gegenüber der Produktion einzuräumen. Zu bedenken ist auch die Wirkung beim Kunden, der noch Leser werden will, zum Beispiel die Handlichkeit des Buches oder sein Verhältnis von Format zu Buchstärke und -gewicht.

Dennoch muss die Produktion stimmen: In der Buchgestaltung Unerfahrene sollten bei der Formatwahl Rücksprache mit dem Drucker halten. Erstens, um ausrechnen zu lassen, wie viele Seiten/Bögen wirtschaftlich druckbar sind, und zweitens, um die Papierlaufrichtung überprüfen zu lassen, damit die Papierfasern parallel zum Buchrücken laufen. Bezüglich der Besonderheiten bei der Buchherstellung sei auf das vorhergehende und die beiden folgenden Kapitel verwiesen, sowie auf das im gleichen Verlag erschienene Werk »Lesetypografie« von Hans Peter Willberg und Friedrich Forssman.

Buchformate werden am Buchblock, den Innenseiten also und nicht an dem etwas größeren Einband gemessen. So hat dieses Buch eine DIN-A4-Größe, obwohl der Einband um einige Millimeter größer ist. DIN-Formate sind bei Büchern ungewöhnlich, weil sie im aufgeschlagenen Zustand für die meisten Inhalte zu breit wirken. Da der überwiegende Teil unserer Beispiele quer liegende Doppelseiten zeigt und viele der Gestaltungsraster von einem DIN-Format ausgehen, hat die Buchgestalterin der Funktion wieder einmal zum Siege verholfen (und der Ästhetik natürlich auch).

1:2

1:1,618

Die gebräuchlichsten Hoch- und Querformate. Generell gilt, dass ein schlankes Format elegant und aktiv wirkt, ein breit angelegtes hingegen ruhig und getragen.

1:1,414

Proportionen und Formatlagen

Die meisten unserer gestalterischen Erkenntnisse sind – wie gesagt – durch Natur- und Kulturbeobachtungen geprägt, wobei der Mensch als wichtigster Maßstab herhalten muss: Schlanke Menschen wirken elegant oder aktiv, vollschlanke hingegen behäbig. Ähnlich ist unsere Wahrnehmung von geschaffenen Proportionen, sei es in der Architektur, bei Skulpturen oder bei Papierformaten im Grafik-Design. Da unser räumliches Sehen Bestandteil des Gestaltungsgrundlagen-Exkurses zu Beginn des nächsten Kapitels ist, folgt hier nur ein kleiner Abriss.

Das senkrechte Hochformat ist nicht nur das Praktische und das durch tägliches Handling Gewohnte, sondern auch das Elegante und Aktive getreu der Faustregel: Je schlanker das Format, desto eleganter ist die Wirkung. Wird die Senkrechte dagegen kürzer und das Format breiter, wirkt es beschaulicher und weiträumiger.

Alles Waagerechte, somit auch das Querformat, ist also eher ruhig, passiv und harmonisch. In den meisten Bereichen, ob Screen-Design oder Grafik-Design für den Print, haben wir es durch Bildschirmformate oder aufgeschlagene Doppelseiten mit Querformaten zu tun. Dass Querformatiges nicht zur Lethargie führt, liegt in erster Linie daran, dass die Einzelseiten selbst meist in der Vertikalen gestaltet sind. Auch das quer liegende Papierformat kann spannend wirken, wenn es über das Gewöhnliche hinaus bis zu einem Streifen verlängert wird. Auch hierfür wird eine Rückfrage beim Drucker oder Buchbinder empfohlen, weil das gewünschte Papier evtl. nur quer zu seiner Laufrichtung verarbeitet werden

kann: Die Nichtbeachtung würde im unangenehmsten Fall zu Seiten führen, die beim Blättern von alleine senkrecht stehen oder sich in der Horizontalen wölben.

Eines der eigenwilligsten Papierformate ist das Quadrat. Es hat den Vorteil, schon in geschlossenem Zustand aufzufallen, beim Aufschlagen ist es extrem breit, wodurch es zu einer besonderen, aufwändigeren Gestaltung zwingt, zum Beispiel bei der Darstellung von querformatigen Landschaften und Kunstwerken. Womit vielleicht zu erklären wäre, dass Reiseprospekte und kleinere Kunstkataloge als Quadrat erscheinen müssen, um als solche erkannt zu werden. Ein Vorteil des Quadratformates ist, dass es sich gut versenden lässt, wenn man bei normalen Papiermaßen bleibt.

Das Kuriose ist, dass die mit Abstand am häufigsten angewandten Proportionsverhältnisse auf so genannten irrationalen Zahlen beruhen, Zahlen also, die sich nicht glatt teilen lassen. So hat das DIN-Format das bereits genannte Seitenverhältnis von 1:1,414, oder der Goldene Schnitt das Verhältnis von 1:1,618.

Ein kleiner, praktischer Wink, die Benennung der Papierformate betreffend: Grundsätzlich wird im Druck erst das Maß der quer liegenden Seite angegeben, dann das der senkrechten. So weiß der Drucker aus der Angabe »210 × 297 mm« zu schließen, dass ein Hochformat gewünscht wird, denn die erste Zahl ist kleiner als die zweite. Ansonsten werden in der Auflistung von Formatreihen erst die großen, dann die kleinen Formate genannt.

1:1,25

1:1

1:1   1:1,25   1:1,414   1:1,618   1:2   1:3

Exkurs: Das typografische Maßsystem
Esoterik für Kenner

Helvetica Times Courier Utopia Scala Sans Slimbach Monaco

Die Schriftgröße, die wir in den Menüs und Dialogboxen wählen, gibt wie ehedem das Maß eines ›Bleikegels‹ an – nicht jedoch das der darauf befindlichen Schrift.

Man stelle sich vor, dass nicht die Konfektionsgrößen genormt wären, sondern ausschließlich die Maße von Kleiderschränken. Paradox? Richtig – aber genau das erleben wir jeden Tag beim Layouten und Setzen am Computer. Denn nicht die Schriftgrößen sind genormt, sondern die Zeilenabstände und Linien.

Für die Konstruktion von Rastersystemen kommen wir nicht umhin, uns in diesem Exkurs mit einer das Hirn erweichenden Kuriosität auseinander zu setzen: dem »Typografischen System«. Das heißt, es wäre schön, wenn es denn eins wäre. Leider sind es zwei, die sich nicht vertragen. Das eine, auf dem Meter beruhende Maßsystem, kennen wir von Kindesbeinen an und kommen damit mühelos zurecht. In den Rechnern aber lauert als Größenmaß für Schriften und Zeilenabstände der uralte Point auf uns. So müssen wir mit der Absurdität leben, dass die Schriftbemaßung barock im Wortsinne ist, während Papierformate, unbedruckte Seitenränder und Spaltenbreiten sowie Abbildungen in geläufigen Millimetern gemessen werden. (Vielleicht hätte es auch schlimmer kommen können, so dass die neue Technik diesem Buch ein Höhenmaß von einer halben Elle und eine Breite von einer Handspanne beschert hätte.)

Kommen wir also zum Point, viele sagen noch Punkt dazu, denn der Punkt beherrschte über lange Zeiten das Druckwesen. Alles körperlich begreifbare Material – zum Beispiel Bleilettern, linealförmige Zeilenabstände oder die Holzklötzchen, auf denen die Bildklischees aufgenagelt waren – mussten sich maßtechnisch am Punkt festmachen. Keine Druckerei kam ohne ihn aus, solange sie mit Blei arbeitete.

Den Punkt als Maßeinheit verdanken wir seit 1735 dem Pariser Stempelschneider und Schriftgießer Pierre Simon Fournier. Da er auf eine Angleichung an ein allgemein anerkanntes Ausgangsmaß verzichtete – ebenso wie das nun bei uns mit dem Point und dem Meter ist –, war seinem System keine Zukunft beschieden. Diese Angleichung an das damalige Landesmaß, den Pied-du-Roi führten 1784 der Pariser Schriftgießer François Ambroise Didot und sein Sohn Firmin Didot durch. Sie unterteilten den Pied-du-Roi (324 mm = Schuhgröße 50) in die üblichen 12 Zoll und diese jeweils in 12 Linien. Das Sechstel einer Linie bildete als kleinster Teil der Point typographique, allgemein Didot-Punkt genannt. Etwa einhundert Jahre später wurde das Didot-System auf den seit 1875 verbindlichen Meter übertragen, so dass ein einzelner Didot-Punkt, wie er heute noch in alten Druckereien anzutreffen ist, eine Größe von 0,37593985 mm aufweist.

Unsere Computersysteme setzen auf bemerkenswerte Weise und in Bezug auf Fußmaß und Zoll die Tradition der alten Bleidruckereien fort. So hat auch der Punkt überlebt, und zwar auf folgender Basis: Der Zoll oder Inch (25,4 mm) wird in 6 Pica, 1 Pica (4,233 mm) wiederum in 12 Point unterteilt, so dass der auch bei uns gelandete Point 0,35277 mm misst. Alle drei, Zoll, Pica und Point, sind die Maßgrundlage aller für uns relevanten Computerprogramme, und zwar so sehr, dass selbst unsere Millimeterangaben heruntergerechnet und angepasst werden.

[Exkurs: Das typografische Maßsystem] *Esoterik für Kenner*

Die Schrift ist so dimensioniert, dass sie die Maximalmaße des fiktiven Kegels nicht überschreitet – jedenfalls meistens. Ober- und Unterlängen sind Bezugsmaße, die beim Einpassen einer Schrift in das Gestaltungsraster wichtig sind.

Leider hilft uns auch die profunde Kenntnis der Maßsysteme nicht weiter. Die Maße regeln eindeutig die Linienstärken und die Zeilenabstände, was ganz prima für ein Buch über Gestaltungsraster ist. Die sichtbare Schriftgröße ist allerdings gar nicht geregelt. Das klingt absurd (ist es auch), geben wir nicht die Schriftgröße in Point an? Nein, das tun wir nicht, denn wir definieren in den Dialogboxen unserer Rechner nur Folgendes: »Hätte der Rechner einen Bleikegel, auf dem der Buchstabe stünde, hätte der Kegel die Größe X.« Das ist ebenso virtuell wie virtuos – und betrifft ausschließlich den Kegel, denn über die Schriftgröße selbst wird damit nichts gesagt. Das war schon im Blei so: Die Bleiletter selbst ist in ihren Außenmaßen genormt, die Schrift darauf darf groß oder klein sein.

Kurz: Wenn wir eine Schrift sehen, können wir daran noch nicht erkennen, welche Punktgröße sie hat. Machen Sie mal einen Test und setzen in einer Zeile und einer Schriftgröße ein Wort immer wieder nebeneinander und weisen ihm jedes Mal eine andere Schrift zu. Dafür sind Helvetica und Times besonders gut geeignet, weil eine 24 Point große Times erheblich kleiner ist als eine Helvetica in 24 Point. Einheitlich messbar ist das nicht, schon gar nicht anhand der Versalhöhe. Hier gibt es einige Typomaße, die mittels Krücken auf Abhilfe sinnen – besonders ans Herz legen wir natürlich das bei MoreMedia erschienene (und von uns entwickelte) PAGE-Typomaß. Das, was als »Bemaßungsgrundlage« ganz gut funktioniert, ist das Vertrauen auf die richtige Mischung von Faulheit und Praxis: In der Regel verwenden wir für Schriften und Zeilenabstände glatte Maße und stauchen als ehrbare Typografen keine Schriften.

Ein weiterer bleierner Bezug ist in vielen Headlines deutlich sichtbar: Jeder Bleikegel hat um das Schriftbild herum noch etwas »Fleisch«, das dafür sorgt, dass sich neben- und übereinander stehende Buchstaben nicht berühren. Das kann man auch heute noch im Computersatz sehen, wenn eine große Überschrift am Kopf einer Kolumne platziert wird. Dann steht sie an ihrer Oberkante deutlich niedriger als ein normaler Schriftgrad auf der gegenüberliegenden Seite. Auf Grund des gleichen Mankos stehen die genannte Überschrift oder ein großes Initial häufig nicht direkt an der linken Satzkante, sondern gut sichtbar ein Stückchen rechts von ihr.

Gibt es eine Rettung aus diesem Dilemma? Kaum, weil die meisten Programme eher darauf geeicht sind, historische Ligaturen des holländischen Barock korrekt zu setzen oder mittels Xtensions die Weiten des Internet zu erobern oder demnächst den Kunden einen Cappuccino anzubieten.

Und überhaupt: Gehen Sie mal mit allen Typomaßen und Druckerei-Montagefolien, derer Sie habhaft werden können, in das nächste Eichamt und halten es dort an den Norm-Meter. An den Schreck werden Sie sich bleibend erinnern. Nichtsdestoweniger funktioniert das Ganze, allem System- und Mathemurks zum Trotz, mündet letztendlich in feinstem Grafikdesign – und das ist doch einfach wunderbar.

Schriftgrößen lassen sich am Computer nicht eindeutig messen: Ein und derselbe Schriftgrad kann je nach Schrift höchst unterschiedliche Ergebnisse zeitigen.

Schriftgröße

Der Gestaltungsraster
Form follows Fun

Führt der Raster zu einem langweilig-normierenden Layout,
gibt es nur eins – sofort löschen!

Das Übermaß an Ödnis, das etliche Raster verbreiten, könnte seinen Ursprung darin haben, dass sie ihrem Selbstzweck frönen, dem Rastersein. Schrecklich!

Raster dürfen nur die Funktion haben, ein Layout oder einen Stil zu fördern, ihn durch Wiederholung und Rhythmisierung deutlicher zu machen und zu verstärken. In diesem Sinne soll der Raster ein bequemes Arbeitsmittel sein – nur in diesem, den Stil bildenden Sinne darf er normierend sein. Natürlich ist damit eine Wechselwirkung verbunden: Der Raster hat dem Entwurf zu dienen, dafür passt sich der Entwurf dem Raster an. Einmal nach den Wünschen des Designers entwickelt, fußt der gesamte Seitenaufbau auf ihm: Spaltenbreiten, Bildformate, aber auch mikrotypografische Parameter lassen sich aus ihm ableiten. Nur: Die Priorität liegt beim Stil und beim Layout – und nicht beim Raster selbst, das lediglich mathematisch-geometrisches Denken fördert oder gar zu einem »squared Denken« führt.

Es gibt unendlich viele Beispiele dafür, dass ein Standardaufbau, die geregelte Anordnung von Text und Bild, dem Betrachter vertraut sind: Werbekampagnen für die FAZ, für Lucky Strike oder Hennes & Mauritz zeigen, dass Rastergestaltung ein Stilmerkmal sein kann. Die vertraute Zeitschrift, der Designer, dessen Handschrift sogleich erkannt wird, die Werbeagentur, deren Plakate, obwohl für unterschiedliche Kunden, von großer Ähnlichkeit sind, all das beweist, dass der Raster beim Repetieren von Stil und Haltung behilflich war, dass er als Werkzeug zur Wiedererkennbarkeit benutzt wurde.

Es gibt kaum eine Zeitschrift oder eine Broschüre, bei der alles in den angelegten Raster passt: Lieber ein Bild unrasterisch in das Layout einbauen als einen regelgerechten, aber blöden Bildausschnitt hinnehmen! Lieber eine Überschrift frei und wirkungsvoll platzieren als einen lausigen Zeilenfall akzeptieren! Kein Bild und kein Text muss wegen des Rasters in einen Kasten oder ein Feld gezwängt werden. Wenn ein Raster einengt oder bei der Aufgabenstellung hinderlich wird, dann sollte er lediglich als Leitprinzip oder temporär angewendet werden. Wird der Raster langweilig oder führt er dazu, dass man auf eingefahrene Gleise gerät, gibt es nur eins – sofort löschen!

Da wir Menschen eine faule Spezies sind, merken wir uns nur, was übersichtlich oder auffallend ist. Daher kommen in diesem Kapitel nur einfache, nachvollziehbare Raster vor, zumeist in Millimetern statt in Point bemaßt. Hier geht es nur um die Funktion des Gestaltungsrasters als Werkzeug und seine verschiedenen Anwendungen – die Adaption auf das eigene Entwerfen muss jeder für sich selbst vornehmen. In den Folgekapiteln thematisieren wir das Auffallende, das den Raster interessant macht.

Konstruktion eines Gestaltungsrasters –
Ordnung ist das halbe Lesen.

Gestaltungsraster flößen manchem aufgrund der Vielzahl an Linien und Maßen Angst ein. Das ist aber nicht gerechtfertigt. Grafik-Designer sind mit der Materie durch den Umgang mit Satzspiegeln oder Briefbogen-Normen vertrauter als es scheinen mag. Außerdem haben die Anderen das Problem: Für einen Dritten sind die ganzen Zeilen und Spalten undurchschaubarer und somit beunruhigender als für die Person, die das Ganze einmal konstruiert hat. Und die kann sich, wie beim Entwurf auch, ihrer Materie durch Herumprobieren nähern – was auch der einfachste Weg ist.

Vorab ein kleiner, aber **wichtiger Tipp:** Ein »sauberes« Raster lässt sich wesentlich leichter erzielen, wenn es ausschließlich mit leicht merk- und teilbaren Zahlen entworfen wird, unabhängig davon, ob in Millimetern oder in Point gearbeitet wird. Dazu werden nicht nur klare Maße bei Seitenrändern und Schriftgrößen gebraucht, sondern vor allem die Abstinenz vom so genannten »Automatischen Zeilenabstand«. Dieses Grundübel führt mit Sicherheit zu undefinierten, also krummen Zeilenabständen. Krumme Zahlen kann sich kein Grafiker bei der Tagesarbeit merken – sie führen schon nach kurzer Zeit zu merkfähigeren Werten, zu »Rundungsprozessen«, zu Pfusch also.

Achtung! Dieser Blindtext wird durch 130 Millionen Rezeptoren Ihrer Netzhaut erfasst. Die Zellen werden dadurch in einen Erregungszustand versetzt, der sich über den Sehnerv in dem hinteren Teil Ihres Gehirns ausbreitet. Von dort aus überträgt sich die Erregung in Sekundenbruchteilen auch in andere Bereiche Ihres Großhirns. Ihr Stirnlappen wird stimuliert. Von dort aus gehen jetzt Willensimpulse aus, die Ihr zentrales Nervensystem in konkrete Handlungen umsetzt. Kopf und Augen reagieren bereits. Sie folgen dem Text, und nehmen die darin enthaltenen Informationen auf wie ein Schwamm. Nicht auszudenken, was mit Ihnen hätte passieren können, wenn dieser Blindtext durch einen echten Text ersetzt worden wäre.

Schritt 1 – die Versuchsreihe: Der erste Schritt, aus der Bemaßungssicht betrachtet, ist noch nicht so ernst zu nehmen und dient lediglich dem Ausprobieren von dem, was später einmal die Basisparameter für den Raster bilden werden. Zunächst fließt ein Blind- oder Fließtext in ein leeres Dokument, ohne besondere Rücksicht auf den etwaigen Satzspiegel zu nehmen (es sei denn, es gibt schon einen). Danach wird der Text entsprechend den eigenen Vorstellungen formatiert, indem ihm eine geeignete Schriftart, -größe und Laufweite sowie ein Zeilenabstand zugewiesen werden. Als grober Richtwert für den Zeilenabstand kann eine Verdoppelung der Versalhöhe dienen: Haben die Großbuchstaben eine Höhe von 2,5 mm, sind 5 mm ein ganz guter Ausgangswert für den Zeilenabstand. Dabei ist zu beachten, dass mittellängenhohe Schriften mehr Zeilenabstand brauchen als Schriften mit geringer Minuskelhöhe.

Es empfiehlt sich, mehrere Versuche mit leicht abgewandelten Attributen auszudrucken und zu vergleichen und danach – bis auf den favorisierten, korrekt formatierten Fließtext – alle anderen Textversuche zu löschen. Der neue Fließtext wird nun mit dem Textcursor aktiviert und in eine Stilvorlage (auch Absatzformat und Druckformatvorlage genannt) umgewandelt. Stilvorlagen sind ganz wichtig: Einmal eingestellt, spart man sich eine Menge Arbeit, zumal wenn alles auf ein Zeilenregister ausgerichtet ist und mit Millimetern gearbeitet wird, weil dann die Irritation wegen krummer Maße in den Menüs entfallen kann. Für die Definition der Spaltenbreiten und Rasterfelder ist es einfacher, wenn als Ausrichtung zunächst ein Blocksatz gewählt wird; später lässt sich der Text – der Stilvorlage sei dank – pauschal anders ausrichten. Weitere Stilvorlagen werden noch nicht angelegt, denn nur das normale Textformat wird zur Grundlage aller weiteren Bemaßungen und Parameter. Damit wäre dieser Schritt beendet.

*Im ersten Schritt fließt der Grundtext in
ein Dokument, nach dem Ausprobieren
und Vergleichen werden alle gewünschten
Formatierungen eingegeben.
Zum Beispiel: Slimbach, 10 pt mit
einem Zeilenabstand von 5 mm.
Sie ist die Basis für den weiteren Aufbau
des Gestaltungsrasters.*

Schritt 2 – die vertikale Teilung [Der Gestaltungsraster]

Oberkante des
Satzspiegels
6 x 5 mm = 30 mm

Rasterabstand =
Zeilenabstand = 5 mm

Achtung! Dieser Blindtext wird durch 130 Millionen Rezeptoren Ihrer Netzhaut erfasst. Die Zellen werden dadurch in einen Erregungszustand versetzt, der sich über den Sehnerv in dem hinteren Teil Ihres Gehirns ausbreitet. Von dort aus überträgt sich die Erregung in Sekundenbruchteilen auch in andere Bereiche Ihres Großhirns. Ihr Stirnlappen wird stimuliert. Von dort aus gehen jetzt Willensimpulse aus, die Ihr zentrales Nervensystem in konkrete Handlungen umsetzt. Kopf und Augen reagieren bereits. Sie folgen dem Text, und nehmen die darin enthaltenen Informationen auf wie ein Schwamm. Nicht auszudenken, was mit Ihnen hätte passieren können, wenn dieser Blindtext durch einen echten Text ersetzt worden wäre.

Oberkante des
Satzspiegels 6 x 14 pt =
84 pt = 29,6 mm

Rasterabstand =
Zeilenabstand =
14 pt = 4,94 mm

Achtung! Dieser Blindtext wird durch 130 Millionen Rezeptoren Ihrer Netzhaut erfasst. Die Zellen werden dadurch in einen Erregungszustand versetzt, der sich über den Sehnerv in dem hinteren Teil Ihres Gehirns ausbreitet. Von dort aus überträgt sich die Erregung in Sekundenbruchteilen auch in andere Bereiche Ihres Großhirns. Ihr Stirnlappen wird stimuliert. Von dort aus gehen jetzt Willensimpulse aus, die Ihr zentrales Nervensystem in konkrete Handlungen umsetzt. Kopf und Augen reagieren bereits. Sie folgen dem Text, und nehmen die darin enthaltenen Informationen auf wie ein Schwamm. Nicht auszudenken, was mit Ihnen hätte passieren können, wenn dieser Blindtext durch einen echten Text ersetzt worden wäre.

Schritt 2 – die vertikale Teilung: Die Zeilenabstände des zuvor definierten Textformates sind als kleinste Einheit das Grundmaß für das Gestaltungsraster. Wurde beispielsweise für den Fließtext ein Zeilenabstand von 14 Point festgelegt, beträgt das kleinste vertikale Standardmaß ebenfalls 14 Point (abgekürzt 14 ˙ oder 14 pt). Die zu gestaltende Fläche wird dann, beginnend an der oberen Papierkante, von oben nach unten mit einem Grundlinienraster überzogen, dessen einzelne waagerechte Linien hier einen Abstand von 14 Point haben.

Erstaunlicherweise ist weitgehend unbekannt, dass sich die Zeilenabstände und Schriftgrößen in Programmen wie InDesign, XPress und FreeHand auch direkt in Millimetern angeben lassen. Das ist denkbar einfach: Für einen gewünschten Zeilenabstand von 5 mm braucht in das entsprechende Feld der Dialogbox nur »5 mm« eingegeben werden. Leider werden die dann gleich in Point umgerechnet, so dass in dem Feld dann »14,17 pt« steht. Viele bleiben deshalb lieber gleich bei 14 Point.

Schritt zwei ist die Einstellung des Grundlinienrasters
auf das Maß des Zeilenabstandes, so dass die Raster-
und die Schriftlinien bündig sind.
Im oberen Beispiel haben Raster und Zeilenabstand
ein Maß von jeweils 5 mm. Im unteren Beispiel beruht
der Raster auf einem Zeilenabstand von 14 pt. Bei
beiden beginnt der Satzspiegel 6 Blindzeilen von oben.

[Der Gestaltungsraster] *Schritt 2 – die vertikale Teilung*

… unser Blatt

ist nun wie ein

Schreibblock

von Linien

mit dem gleichen

Abstand

überzogen.

Unabhängig, ob in Millimetern oder Point gerechnet wird, unser Blatt ist nun wie ein Schreibblock überzogen von Linien, mit dem gleichen Abstand. In dieses Liniengefüge ist der Satzspiegel in der Vertikalen so einzupassen, dass er oben und unten genau mit den Grundlinien abschließt. Sagen wir einmal, dass der Satzspiegel nach 6 Leerzeilen von oben beginnt. Haben wir einen Zeilenabstand von 5 mm, geben wir das Ergebnis von 6 × 5 mm, also »30 mm« für den Seitenrand in die Dialogbox ein. Nicht anders verfahren wir beim Point: 6 × 14 pt = 84 pt. Übrigens lassen sich auch Point-Werte völlig unkompliziert in Dialogboxen eintragen, die dem Millimeter vorbehalten sind, so dass in diesem Fall einfach nur »84 pt« in das entsprechende Feld eingetragen wird. Wer mit älteren Programmen arbeitet oder gerne rechnet, muss den Wert noch konvertieren: Da 1 pt = 0,35277 mm ist, wären das 84 pt × 0,35277 mm = 29,633 mm. Mit dem unteren Papierrand wird genauso verfahren, er wird also direkt in Millimetern oder in Point eingetragen. Danach hat der Satzspiegel eine vertikale Ausdehnung, die genau von der Oberkante seiner ersten Zeile bis zur Schriftlinie seiner untersten Zeile geht.

Wir müssen also das unbequeme Umdenken leisten, denn wir sind durch die Praxis gewöhnt, alle Randmaße in Millimetern einzugeben und die Typografie in Point. Das können wir also einfacher haben, da wir die Wahl haben, entweder nur in Millimetern oder in Point zu arbeiten. Oder beides zu vermengen und mit unserem alltäglichen Handstrick fortzufahren – was wir in der Tat meistens tun.

Wir haben bei der Rasterkonstruktion
die Wahl, ob wir in Millimeter oder Point arbeiten.
Oder beides zu vermengen.

Zwischenüberschriften nehmen den Raum einer Blindzeile ein: 2/3 der Blindzeile kommt über die Headline, 1/3 Blindzeile darunter.

This, of course, is not the real copy for this advertisement. The real words will be written once you have approved the headline. Rest assured, the words will expand the concept. With clarity. Conviction. And even a little wit. Because in today's competitive marketing environment, the body copy of your advertisement must lead the reader through a series of disarmingly simple thoughts.

All your supporting arguments

must be communicated with simplicity and charm. And in such a way that the reader will read on.(After all, that's a reader's job: to read, isn't it?)

Bei Absatzzwischenräumen ist der Raum einer halben Blindzeile ausreichend. Mit einem Folgeabsatz stimmt das Zeilenregister wieder.

And by the time your readers have reached this point in the finished copy, you will have convinced them that you not only respect their intelligence, but you also understand their needs as consumers.

As a result of which, your advertisment will repay your efforts. Take your sales; simply put, they will rise. Likewise your credibility.

Textblöcke werden eingepasst, indem das Rasterfeld den oberen Zeilenraum füllt und unten einen halben Zeilenraum hinzunimmt. Der darauf folgende Absatz beginnt normal; dadurch entsteht ober- und unterhalb des Textkastens der gleiche Leerraum.

There's every chance your competitors will wish they'd placed this advertisement, not you. While your customers will have probably forgotten that your competitors even exist.
Which brings us, by a somewhat circuitous route, to another small point, but one which we feel should be raised.
As a marketer, you probably don't even believe in body copy.

Let alone long body copy. (Unless you have a long body yourself.) Well, truth is, who's to blame you? Fact is, too much long body copy is dotted with such indulgent little phrases like truth is, fact is, and who's to blame you. Trust us: we guarantee, with a hand over our heart, that no such indulgent rubbish will appear in your advertisement.

Ich habe diesen Text nur als Blindtext für die Setzerei Appel in Hamburg geschrieben. Wenn ich gewusst hätte, dass Sie diese Zeilen lesen (man stelle sich das mal vor: Sie persönlich lesen das hier!), dann hätte ich mir natürlich mehr Mühe gegeben. Immerhin bin ich gelernter Texter und seit über 20 Jahren am Üben – da hätte ich wahrlich was Besseres schreiben können als diesen Stuss. Was sollen Sie jetzt von mir denken? Bisher haben Sie Konstantin Jacoby vielleicht für einen ganz ordentlichen Kreativen gehalten – und dann das hier! Ehrlich gesagt: Ich weiß auch nicht, wie mir das passieren konnte. Eine Worthülse nach der anderen! Buchstabe an Buchstabe – Inhalt aber gleich Null. Vermutlich geben Sie mir nie einen Auftrag, nachdem Sie das hier gelesen haben – da kann ich soviel Goldmedaillen haben, wie ich will. Dies ist der Beweis: Jacoby kann's einfach nicht, Schluss aus! Zu meiner Entschuldigung kann ich nur sagen: Ich habe diesen Text nur als Blindtext für die Setzerei Appel in Hamburg geschrieben. Wenn ich gewusst hätte, dass Sie diese Zeilen lesen (man stelle sich das mal vor: Sie persönlich lesen das hier!), dann hätte ich mir natürlich mehr Mühe gegeben. Immerhin bin ich gelernter Texter und seit über 20 Jahren am Üben – da hätte ich wahrlich was Besseres schreiben können als diesen Stuss. Was sollen Sie jetzt von mir denken? Bisher haben Sie Konstantin Jacoby vielleicht für einen ganz ordentlichen Kreativen gehalten – und dann das hier! Ehrlich gesagt: Ich weiß auch nicht, wie mir das passieren konnte. Eine Worthülse nach der anderen! Buchstabe an Buchstabe – Inhalt aber gleich Null. Vermutlich geben Sie mir nie einen Auftrag, nachdem Sie das hier gelesen haben – da kann ich soviel Goldmedaillen haben, wie ich will. Dies ist der Beweis: Jacoby kann's einfach nicht, Schluss aus!

[Der Gestaltungsraster] *Schritt 2 – die vertikale Teilung*

Bildunterschriften, Marginalien,
Tabellen und Headlines müssen nicht
zwingend im Zeilenregister stehen.

Bei vielen typografischen Auszeichnungen,
zum Beispiel bei zusätzlichen Abständen von
Zwischenüberschriften oder integrierten Text-
feldern, erweist sich das Grundmaß des Zeilenabstandes als zu groß. In solchen Fällen kann
der Zeilenabstand so aufgeteilt werden, dass der
Fließtext nach der Auszeichnung wieder bündig
läuft.

Zwischenüberschriften haben häufig einen
kleinen Abstand ober- und unterhalb. Dieser
lässt sich so aufteilen, dass $2/3$ des Grundmaßes
über und $1/3$ unter der Zwischenüberschrift
stehen, natürlich in gerundeten Maßen. In unserem Beispiel stehen also 3,5 mm oberhalb und
1,5 mm unterhalb (bzw. 10 pt und 4 pt) des
Zwischentitels. Diese Werte zusammenaddiert
ergeben jeweils wieder das Grundmaß von 5 mm
bzw. 14 pt, so dass die erste Zeile des Fließtextes
wieder im Zeilenregister steht.

Ebenso lassen sich Absatzzwischenräume
von einer halben Zeile einfügen, indem in den
Absatzdialogboxen ein zusätzlicher Abstand
des halben Grundmaßes eingetragen wird, also
beispielsweise von 2,5 mm bzw. 7 pt. Nachteilig
ist, dass halbe Zeilenzwischenräume dazu führen,
dass der Satzspiegel an seiner Unterkante nicht
immer bündig ausgefüllt werden kann. Wenn die
Spalten nach unten ausflattern dürfen, ist das
allerdings egal. Muss ein Zeilenregister eingehalten werden, kann ein Absatzzwischenraum von
einer ganzen Blindzeile eingefügt werden, nur
reißt er ein mächtiges Loch in die Kolumne.

Bei einem einzufügenden Textkasten muss
das Zeilenregister nicht verlassen werden: Oben
schließt der Rahmen mit der Grundlinie bündig
ab, unten verlässt er den Gestaltungsraster für
eine halbe Zeile. Weil die darauf folgende Zeile
oberhalb ihrer Versalhöhe noch etwas Raum hat,
ergänzen sich die Abstände ober- und unterhalb
des Textrahmens jeweils optisch zu ganzen Blindzeilen. Innerhalb der Kästen sind noch horizontale Abstände einzutragen, die verhindern, dass
der Text links und rechts an die Begrenzung
stößt. Auch hier ist der halbe Zeilenabstand von
2,5 mm bzw. 7 pt das richtige Maß.

Andere typografisch relevante Textformen
müssen nicht unbedingt im Zeilenregister stehen.
Für Headlines können eigene Regeln gefunden
werden; Bildunterschriften, Marginalien und
Tabellentexte sollen als Gesamtes ordentlich im
Raster stehen, dem Zeilenregister müssen sie
nicht folgen, zumal die Zeilenabstände dafür zu
groß ausfallen würden.

Schritt 3 – die horizontale Teilung [Der Gestaltungsraster]

Schritt 3 – die horizontale Teilung: Der horizontale Aufbau einer Seite bestimmt mit seinen Unterteilungen die Seitenmaße des Satzspiegels und der Spalten. Hier kommt niemand auf die Idee, etwas anderes als den Millimeter zu verwenden – obwohl auch hier mit dem Point gearbeitet werden kann, was uns aber allzu fremdartig erscheint. Bleiben also zwei Möglichkeiten: Entweder wird für das gesamte Raster der Millimeter verwendet oder der Millimeter übernimmt den horizontalen Aufbau, während alles Vertikale im Pointsystem läuft. Daher werden wir wohl beide Varianten durchspielen müssen. Vorher sollten Sie aber, neben dem erwähnten und völlig schädlichen »Automatischen Zeilenabstand« einen ebenso großen Nonsens ausschalten: Sofort in der Dialogbox »Modifizieren« den Textabstand auf »0« stellen. Danke! Der oft eingestellte Textabstand von 1 pt führt zu dem groben Unfug, dass der Text weiter vom Satzspiegel entfernt steht als die Bilder.

Zumindest für den Anfang ist es hilfreich, ein einfaches Gestaltungsraster anzulegen, weil es zum einen leichter zu lernen ist, zum anderen führt ein einfacher Raster zwangsläufig zu einem klaren, übersichtlichen Layout. Diese Wirkung kann durch großzügige Papierränder verstärkt werden, wobei hier die Faustregel gilt: Große Zeilenlängen brauchen große Seitenränder.

Soll der Entwurf lebendig bleiben, ist ein vielspaltiges Grundraster sinnvoll, das mehrere Spaltenanordnungen oder -wechsel auf einer Seite zulässt. Die Gefahr des Verfusselns ist allerdings nicht ohne, denn die Vielzahl an Optionen darf nicht dazu führen, dass eine Drucksache ihre oder ein Webauftritt seine gestalterische Basis verliert. Prinzipiell sollte ein vielspaltiger Raster so angelegt sein, dass die Seiten trotz zahlreicher Optionen eine Einheit bilden, zum Beispiel durch gleiche Papierränder, eine Beschränkung bei den Spaltenanordnungen oder eine immer wiederkehrende Menüstruktur im Webdesign. Die Spaltenanzahl hat Einfluss auf die Spaltenbreiten, da viele Spalten zwangsläufig zu geringen Zeilenlängen führen. Zunächst gilt, dass schmale Spalten eine höhere Anzahl an Silbentrennungen nach sich ziehen und querformatige Abbildungen recht klein ausfallen lassen – dazu jedoch mehr im folgenden Kapitel.

Zunächst noch einige Hinweise zum Spaltenabstand, dem so genannten Zwischenschlag: Er sollte nicht geringer ausfallen als der Zeilenabstand des Grundrasters, da etwaige Blindzeilen den Fließtext sonst stärker gliedern würden als der Spaltenzwischenraum. Optisch gleiche Zeilenabstände und Zwischenschläge sind immer dann geboten, wenn eng beieinander stehende Bilder sowohl in der Vertikalen als auch in der Horizontalen den gleichen Zwischenraum haben sollen. Beträgt der Zeilenabstand 5 mm, kann der Zwischenschlag als Richtwert also die gleiche Breite haben. Sind die Außenmaße wie üblich in Millimetern angelegt, die Zeilenabstände hingegen in Point gemessen, hilft nur umrechnen: 14 pt × 0,35277 mm = 4,93878 mm; hier würde man also auf einen Zwischenschlag von 5 mm aufrunden. Ein kleiner Tipp, wenn der Raum knapp und der Satz linksbündig ist – hier kann der Spaltenabstand geringer ausfallen, weil ja der Weißraum der Flatterzone optisch wirksam ist. Sind keine strengen Bildanordnungen zu berücksichtigen, verhelfen breitere Spaltenzwischenräume der Seite zu einer stark vertikalen Betonung und machen sie rhythmischer und dynamischer.

| 20 mm | 30 mm | 5 mm | 65 mm | 5 mm | 65 mm | 20 mm |

Anlage eines einfachen Spaltenrasters: Grundlage ist ein fünfspaltiger Raster. Im Schriftsatz wurden jeweils 2 Spalten zusammengefasst, um eine ausreichende Zeilenlänge zu erhalten.

Achtung! Dieser Blindtext wird durch 130 Millionen Rezeptoren Ihrer Netzhaut erfasst. Die Zellen werden dadurch in einen Erregungszustand versetzt, der sich über den Sehnerv in dem hinteren Teil Ihres Gehirns ausbreitet. Von dort aus überträgt sich die Erregung in Sekundenbruchteilen auch in andere Bereiche Ihres Großhirns. Ihr Stirnlappen wird stimuliert. Von dort aus gehen jetzt Willensimpulse aus, die Ihr zentrales Nervensystem in konkrete Handlungen umsetzt. Kopf und Augen

Achtung! Dieser Blindtext wird durch 130 Millionen Rezeptoren Ihrer Netzhaut erfasst. Die Zellen werden dadurch in einen Erregungszustand versetzt, der sich über den Sehnerv in dem hinteren Teil Ihres Gehirns ausbreitet. Von dort aus überträgt sich die Erregung in Sekundenbruchteilen auch in andere Bereiche Ihres Großhirns. Ihr Stirnlappen wird stimuliert. Von dort aus gehen jetzt Willensimpulse aus, die Ihr zentrales Nervensystem in konkrete Handlungen umsetzt. Kopf und Augen

Der Spaltenabstand wirkt bei einem linksbündigen Satz wegen der Flatterzone optisch deutlich größer als bei einem Blocksatz.

Achtung! Dieser Blindtext wird gerade durch 130 Millionen Rezeptoren Ihrer Netzhaut erfasst. Die Zellen werden dadurch in einen Erregungszustand versetzt, der sich über den Sehnerv in dem hinteren Teil Ihres Gehirns ausbreitet. Von dort aus überträgt sich die Erregung in Sekundenbruchteilen auch in andere Bereiche Ihres Großhirns. Ihr Stirnlappen wird stimuliert. Von dort aus gehen jetzt Willensimpulse aus, die Ihr zentrales Nervensystem in konkrete Handlungen um-

Achtung! Dieser Blindtext wird durch 130 Millionen Rezeptoren Ihrer Netzhaut erfasst. Die Zellen werden dadurch in einen Erregungszustand versetzt, der sich über den Sehnerv in dem hinteren Teil Ihres Gehirns ausbreitet. Von dort aus überträgt sich die Erregung in Sekundenbruchteilen auch in andere Bereiche Ihres Großhirns. Ihr Stirnlappen wird stimuliert. Von dort aus gehen jetzt Willensimpulse aus, die Ihr zentrales Nervensystem in konkrete Handlungen umsetzt. Kopf und Augen

| 20 mm | 30 mm | 5 mm | 30 mm | 5 mm | 30 mm | 5 mm | 30 mm | 5 mm | 30 mm | 20 mm |

Für den Bildbereich ist der Raster mit 5 Spalten feiner angelegt als bei den Schriftspalten.
Ist der Spaltenzwischenraum identisch mit dem Zeilenabstand, fallen die Bildabstände in der Vertikalen und der Horizontalen gleich aus.

Höhe Rasterfeld:
4 Zeilen à 5 mm + Versalhöhe 2,5 mm = 22,5 mm

1 Zeile à 5 mm + Versalhöhe 2,5 mm = 7,5 mm

Achtung! Dieser Blindtext wird durch 130 Millionen Rezeptoren Ihrer Netzhaut erfasst. Die Zellen werden dadurch in einen Erregungszustand versetzt, der sich über den Sehnerv in dem hinteren Teil Ihres Gehirns ausbreitet. Von dort aus überträgt sich die Erregung in Sekundenbruchteilen auch in andere Bereiche Ihres Großhirns. Ihr Stirnlappen wird stimuliert. Von dort aus gehen jetzt Willensimpulse aus, die Ihr zentrales Nervensystem in konkrete Handlungen umsetzt. Kopf und Augen reagieren bereits. Sie folgen dem Text, und nehmen die darin enthaltenen Informationen auf wie ein Schwamm. Nicht auszudenken, was mit Ihnen hätte passieren können, wenn dieser Blindtext durch einen

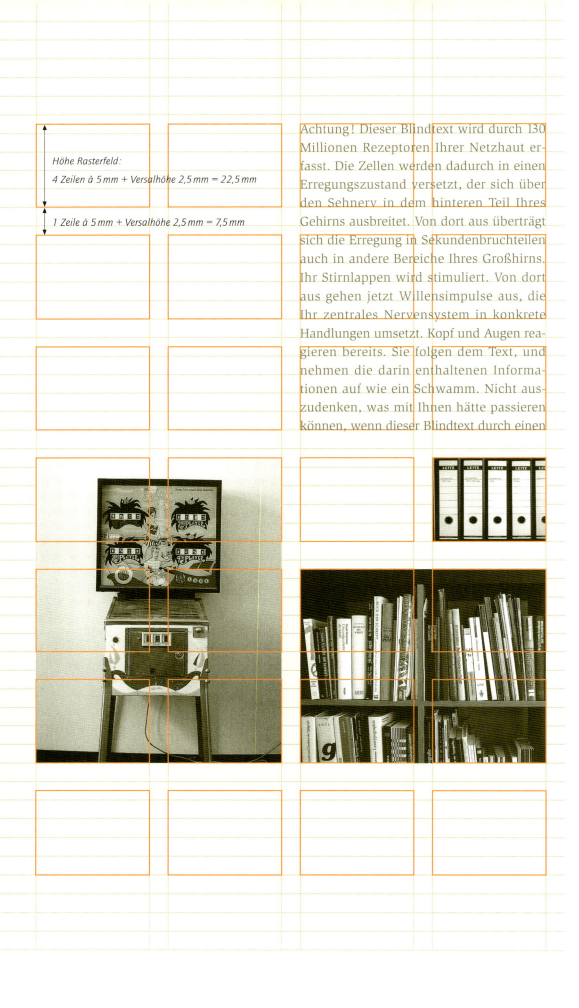

42

[Der Gestaltungsraster] *Schritt 4 – die Spielfelder*

Schritt 4 – die Spielfelder: So wie sich der Zwischenschlag am Zeilenabstand orientiert, werden auch die Abbildungen in das Zeilenraster eingepasst. Um den Abbildungen Standardmaße zu geben (das macht den Entwurf klarer), aber zugleich eine Vielzahl an Größen zuzulassen, werden Rasterfelder definiert. Das Maß eines Rasterfeldes ist das Maß der kleinstmöglichen Abbildung. Dabei gilt generell, dass die Höhe eines Rasterfeldes abnimmt, wenn die Anzahl der Spalten steigt. Da auch das kleinste Rasterfeld in den Proportionen harmonisch sein sollte, umfasst es in der Höhe selten weniger als vier Zeilen.

Bilder schließen in der Regel an ihrer Oberkante bündig mit der Versalhöhe eines daneben stehenden Fließtextes ab, so dass sich das Maß eines Rasterfeldes an eben dieser Versalhöhe orientiert. Unten endet das Rasterfeld an der Schriftlinie seiner untersten Zeile. Soll in unserem Beispiel das kleinste erlaubte Bild die Höhe von 5 Zeilen einnehmen, so hätte das Rasterfeld die Höhe von 4 Zeilen zuzüglich der Versalhöhe der fünften Zeile. Gerechnet sähe das so aus: 4×5 mm $= 20$ mm zuzüglich der Versalhöhe von 2,5 mm $= 22,5$ mm. In Point – wir bleiben bei unserem Musterzeilenabstand von 14 Point – wären das 4×14 pt $\times 0,35277$ mm $= 19,75$ mm zuzüglich der Versalhöhe von 2,5 mm $= 22,25$ mm.

Das oberste Rasterfeld beginnt an der Oberkante des Satzspiegels oder des Papierrandes, das unterste Rasterfeld endet an der Unterkante des Satzspiegels oder Papierrandes. In der Regel werden die einzelnen Rasterfelder in der Vertikalen durch 1 Blindzeile getrennt. Die Kunst besteht nun darin, auszurechnen, wie viele Felder in welchen Größen mit den dazugehörigen Zwischenräumen exakt in den Satzspiegel passen – unter Umständen muss der angepeilte Satzspiegel doch noch um eine oder zwei Zeilen verringert oder erweitert werden.

Die horizontale Begrenzung der Rasterfelder ist ganz einfach definiert, denn sie ist mit der Spaltenbreite identisch.

Grundsätzlich gilt auch hier: Viele kleine Rasterfelder machen den Entwurf lebendig – Chaosgefahr beachten. Wenige größere Rasterfelder lassen das Layout klar und großzügig erscheinen. Der Nutzung der Rasterfelder für die Bildanordnung ist ein eigenes Kapitel gewidmet.

Rasterfelder beginnen oben an der Versal- oder der Minuskelhöhe der Textschrift. An ihrer Unterseite enden sie an der Schriftlinie.
Die Rasterfelder geben die möglichen Abbildungsgrößen innerhalb des Satzspiegels vor. Ein Rasterfeld hat dabei die Größe des kleinstmöglichen Bildes.

Schritt 4 – die Spielfelder [Der Gestaltungsraster]

Bei einem linksbündigen Satz
wirken exakt im Raster
stehende Abbildungen breiter
als der Fließtext.

Soll das Gesamtbild großzügiger ausfallen, wird
der optisch wirksame Zwischenraum zwischen
der Schriftlinie und der darunter befindlichen
Versalhöhe mitverwendet und natürlich zu einem
glatt messbaren Wert gerundet. In unserem Beispiel kommt zu dem Grundmaß des Zeilenabstandes (5 mm) noch die Versalhöhe (2,5 mm)
hinzu, so dass alle Rasterfelder einen einheitlichen Zwischenraum von 7,5 mm erhalten; auch
die Spaltenbreite wächst um den gleichen Betrag
auf 67,5 mm an. **Ein kleiner Tipp:** Die Gegebenheiten können dazu führen, dass man sich auch
einmal gegen den Raster entscheidet: Bei einem
linksbündigen Satz wirken exakt im Gestaltungsraster stehende Bilder oft breiter als der Fließtext; somit kann es aus optischen Gründen klug
sein, das Bild an seiner rechten Kante nicht ganz
bis an die Begrenzung des Rasterfeldes reichen
zu lassen. Wem das ein zu unrasterisches Verhalten ist, der kann den Abstand ja über die genannte Versalhöhe definieren, im Beispiel rechts
sind das 2,5 mm.

Für manche Layoutsituationen und -trends
wird der Stand der Rasterfelder und ihrer Abstände als zu grobmotorisch und unflexibel empfunden. Das ist ein guter Grund, sie den eigenen
Wünschen anzupassen oder zu verfeinern. Wenn
dazu die Raster und ihre Abstände halbiert oder
geviertelt werden müssen, ist es sinnvoll, auch
hierbei nur mit glatten Maßen zu arbeiten:
Rasterschritte unterhalb von einem Viertelmilli-
meter oder einem halben Pointwert sind un-
praktisch.

*Um einen Entwurf
großzügiger und luftiger
laufen zu lassen, wird
die halbe Leerzeile über
der Versalhöhe einbe-
zogen. Bei linksbündi-
gem Satz können die
Abbildungen etwas
schmaler ausfallen als
die Rasterfelder.*

Achtung! Dieser Blindtext wird durch 130 Millionen Rezeptoren Ihrer Netzhaut erfasst. Die Zellen werden dadurch in einen Erregungszustand versetzt, der sich über den Sehnerv in dem hinteren Teil Ihres Gehirns ausbreitet. Von dort aus überträgt sich die Erregung in Sekundenbruchteilen auch in andere Bereiche Ihres Großhirns. Ihr Stirnlappen wird stimuliert. Von dort aus gehen jetzt Willensimpulse aus, die Ihr zentrales Nervensystem in konkrete Handlungen um-

Achtung! Dieser Blindtext wird durch 130 Millionen Rezeptoren Ihrer Netzhaut erfasst. Die Zellen werden dadurch in einen Erregungszustand versetzt, der sich über den Sehnerv im Gehirn ausbreitet.

Von dort aus überträgt sich die Erregung in Sekundenbruchteilen auch in andere Bereiche Ihres Großhirns. Ihr Stirnlappen wird stimuliert. Von dort aus gehen Willensimpulse aus, die Ihr zentrales Nervensystem

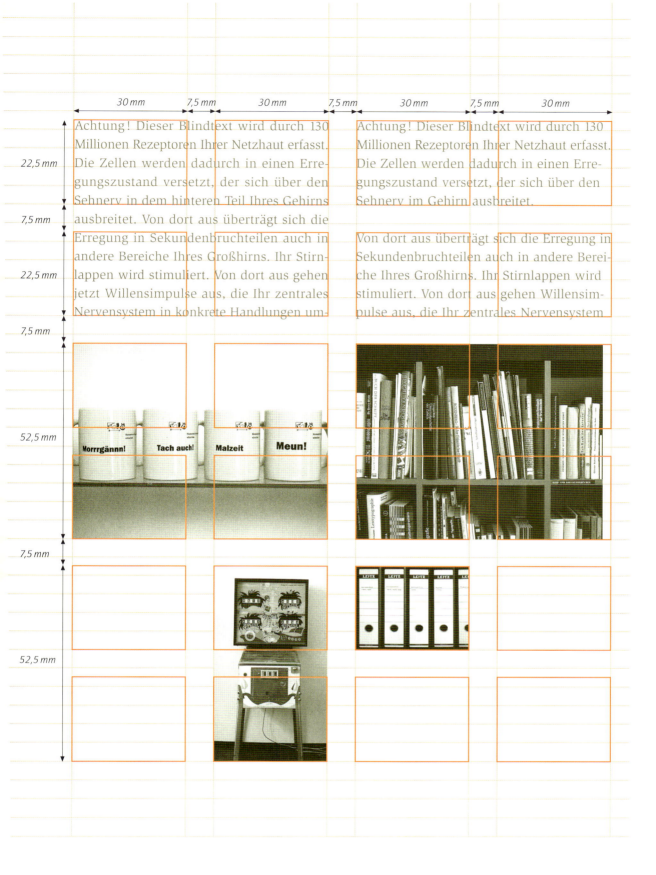

45

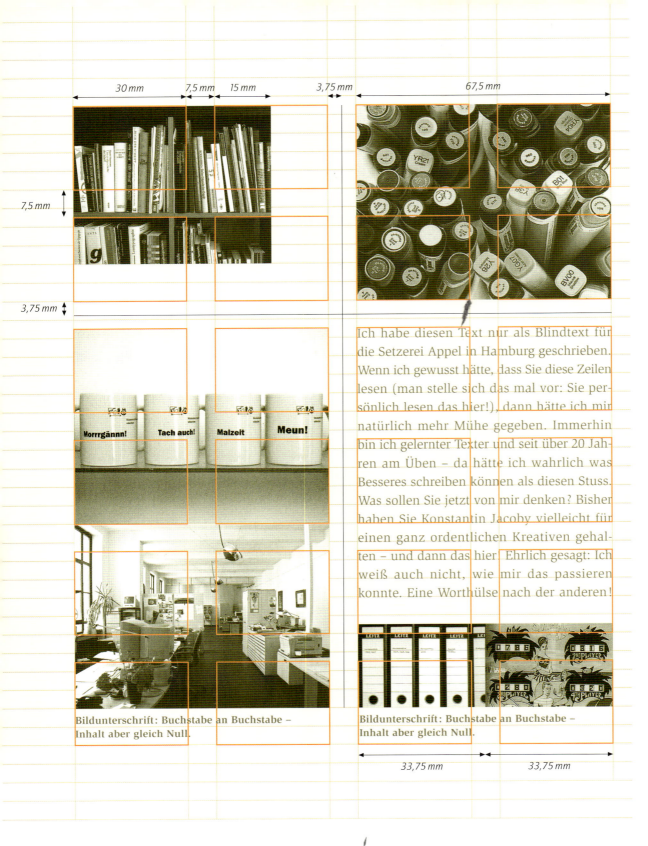

46

[Der Gestaltungsraster] *Schritt 4 – die Spielfelder*

Beim Entwerfen von Seiten werden zuerst
die großen Elemente platziert.

Derzeit sind Layouts en vogue, die sich einerseits an einem klaren Seitenaufbau orientieren, andererseits großzügige Freiräume und Bildpositionen jenseits der Achsen nutzen. Es kann daher durchaus sinnvoll sein, mit abweichenden Bildgrößen zu operieren, dazu lassen sich die Rasterfelder in der Breite zur Hälfte nutzen. Die Bildhöhe »wandert« beim Skalieren mit und kommt auf dem nächstliegenden Rasterfeld oder Zeilenregister zum Stehen. Ebenso wird beim zeitgemäßen, direkten Aneinanderstoßen von Bildern verfahren: Eine Horizontale steht an einer Rasterfeldbegrenzung, die andere liegt auf einem Zeilenregister auf. Stehen Bilder nicht exakt in einem Rasterfeld, so können sie doch dessen Größe haben – zumindest in einer Dimension.

Wichtig bei der vom Raster abweichenden
Bildplatzierung ist der Stand der Bildunterkante auf
einem Zeilenregister. Für Bilder, die größenmäßig
zwischen den Rasterfeldern liegen, werden halbierte
Felder angelegt. Zum feingliedrigen Arbeiten,
dem Positionieren von Spaltentrennlinien etwa,
werden die Rasterfeldabstände halbiert.

In Extremfällen kann es sinnvoll sein, bei sehr bewegten und komplexen Layouts die Gestaltungsraster zu entkoppeln, so dass es zuschaltbare Ebenen für einen Textraster und einen Bildraster gibt. Hier gilt eine Faustregel: Beim Entwerfen von Seiten werden zuerst die großen Elemente platziert, meistens sind es die Bilder.

Bei Zeitschriften und Zeitungen sind manchmal mitten im Spaltenzwischenraum stehende Trennlinien zu sehen. Da sie sich mit anderen, die Artikel trennenden Linien kreuzen können, sollte bei den Horizontallinien auf einen Stand in der optischen Mitte zwischen den Zeilen geachtet werden. Gleiches ist auch bei Bildunterschriften der Fall, denn sie lassen sich innerhalb des Zeilenregisters nicht immer befriedigend platzieren und müssen vorerst nach Augenmaß eingebunden werden. Ist diese optische Mitte gefunden, lässt sich sowohl bei den Trennlinien als auch bei den Bildunterschriften ein veritabler, messbarer Wert finden.

Der Gestaltungsraster
Satzspiegel – das Spielfeld

Der Satzspiegel ist die von den Papierrändern umschlossene Druckfläche einer Seite, bestehend aus dem Grundtext, Rubriken, eventuellen Kolumnentiteln und Fußnoten. Nicht hinzugerechnet werden Seitenzahlen und Marginalien. Im Wesentlichen ist der Satzspiegel ein Text- und Bildcontainer, der in das Gestaltungsraster integriert ist – somit kann er nur die allgemein gültige Basis für einzelne, eventuell voneinander abweichende Seitenlayouts sein. Er soll nicht mehr leisten, als nur die generellen Entwurfsgrundlagen des Werkes zu ermöglichen.

Beim grundlegenden Aufbau eines Satzspiegels sind wir durch die seit dem Mittelalter gültigen und durch das Layout handgeschriebener Codices fixierten Buchgestaltungsregeln geprägt. Zunächst sei festgehalten, dass der Satzspiegel ebenso wie der Gestaltungsraster mit seinem Umfeld, also dem Papierformat korrespondieren und harmonisieren soll.

Da wir die meisten Druckwerke nur als Doppelseiten zu sehen bekommen, ist der Satzspiegel von vornherein ebenfalls als Doppelseite anzulegen. Dabei trägt die linke Seite immer die gerade

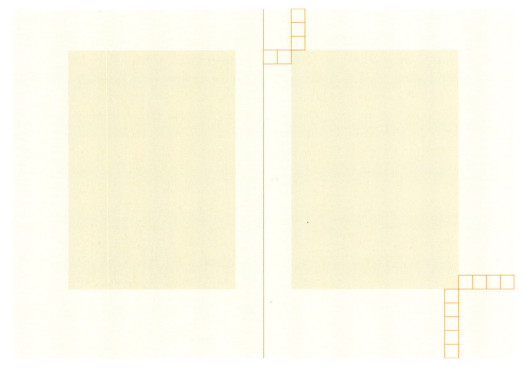

Der Zuwachs bei den Stegbreiten lässt sich in Einheiten darstellen. Hier hat der Bundsteg den Raum von 2 Teilen, der Kopfsteg 3 Teile, der Außensteg 4 Teile und der Fußsteg 5 Teile.

48

[Der Gestaltungsraster] *Satzspiegel – das Spielfeld*

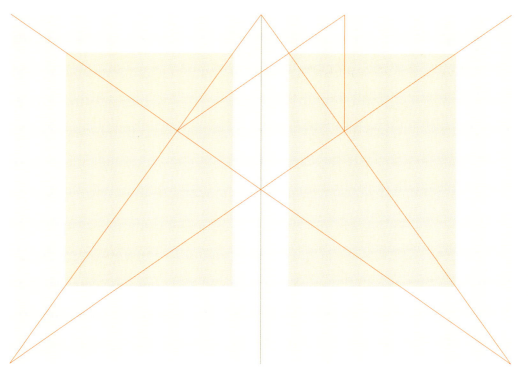

*Die klassische Konstruktion
über die Diagonalen
führt zu einem äußerst
großzügigen Satzspiegel.*

Seitenzahl, die rechte immer die ungerade. Weil die bedruckte Doppelseite als eine geschlossene Einheit betrachtet wird, ist der weit überwiegende Teil der Satzspiegel so angelegt, dass die Kolumnen enger zum Bund als zu den Außenrändern stehen. Für die Papierränder, sie werden Stege genannt, **gilt die Faustregel:** Der kleinste Steg ist im Bund, am Kopf steht er etwas größer, noch größer an der Außenkante, der größte Steg ist am Fuß der Seite. Ihrem Stand zufolge heißen die Stege korrekt Bundsteg, Kopfsteg, Außensteg und Fußsteg. Dabei hängt das Maß der Steigung vom Bundsteg bis zum Fußsteg von der Art der Drucksache ab: Bei Büchern ist der Zuwachs deutlich stärker als bei Zeitschriften und Broschüren.

Die Stege haben seit alters her Funktionen, die auch heute noch gelten. Zum Beispiel die, dass bei Büchern der Fußsteg und der Außensteg eine Breite haben sollten, die dem Daumen so viel Platz lässt, dass er das Buch halten kann. Die schmaleren Bundstege sorgen dafür, dass die bedruckte Fläche als Einheit wahrgenommen wird. Bei voluminöseren Werken ist zu bedenken, dass der Raum im Bund kleiner wirkt, da das Buch nicht weit genug aufgeschlagen werden kann. Grundsätzlich gilt, dass große Stege den Satzspiegel kompakter erscheinen lassen.

Zur Bildung von Satzspiegeln gibt es verschiedene Konstruktionsmöglichkeiten, hier werden nur die gängigen Modelle anhand eines großzügig-idealisierten Buchaufbaus gezeigt, denn es geht um das Prinzip. Zeitschriften, Broschüren sowie alle anderen Druckwerke brauchen spezifische Satzspiegel. Unabhängig von der Drucksache ist die üblichste und zunächst am wenigsten aufwändige Methode, den Satzspiegel im Anschluss an die Formatwahl nach dem Pi-mal-Auge-Prinzip einzugeben, wobei der Zuwachs bei den Stegen geschätzt wird. Wenn die Spaltenbreiten in glatten Zahlen aufgehen und die Kolumnenhöhen in das Zeilenregister passen, geht das meistens sogar erstaunlich gut. Soll der Aufbau planmäßig oder ständig repetierbar oder als Stilmerkmal übertragbar sein, ist es hingegen sinnvoll, den Satzspiegel regelgerecht zu konstruieren.

Satzspiegel – das Spielfeld [Der Gestaltungsraster]

*Bei der Satzspiegel-
konstruktion mittels
Feldern werden die Stege
über die Feldproportionen
beschrieben: Bundsteg
und Kopfsteg haben nun
ein Feld, Außen- und
Fußsteg jeweils zwei.*

Am gängigsten ist die Einrichtung über Diagonale, welche die Seiten teilen. Dabei gehen Linien diagonal sowohl über die Doppelseite als auch die Einzelseite: Auf der linken Seite von links unten nach rechts oben, auf der rechten Seite von rechts unten nach links oben. Die Schnittpunkte auf der rechten Seite helfen, die Satzspiegelhöhe festzumachen: Auf ihrem Kreuzungspunkt beginnt eine Lotrechte, die nach oben führt und nach links am Kreuzungspunkt der Seitendiagonalen endet. Die sich dadurch ergebenden Schnittpunkte begrenzen den Satzspiegel.

Ein weiteres Verfahren ist der Anlage von Rasterfeldern ähnlich. Allerdings ist das Seitenverhältnis des einzelnen Feldes mit den Proportionen einer einzelnen Seite identisch. Die Größe der einzelnen Felder gibt das Maß für die Stege und den Satzspiegel vor. Wird eine Diagonale eingezogen, welche die Doppelseite von links unten nach rechts oben teilt, führt sie zu einem ebenfalls sehr großzügigen Satzspiegel.

[Der Gestaltungsraster] *Satzspiegel – das Spielfeld*

Unabhängig von der Konstruktionsmethode braucht der Satzspiegel ein Zeilenregister, der auch die Papierränder mit einbeziehen sollte. In der Regel müssen Register und Satzspiegel zumindest in der Vertikalen noch um einen geringen Betrag angepasst werden. Grundsätzlich empfiehlt es sich, zum Abschluss der Satzspiegelkonstruktion einen Text einfließen zu lassen und als Probekolumne auszudrucken. Denn was sich gut konstruieren ließ, muss noch lange nicht gut aussehen.

Glück gehabt:
Die Satzspiegel sind bei
der Diagonal- und bei
der Feldkonstruktion iden-
tisch ausgefallen und sie
passen auch noch nahtlos
in das vorgegebene Zeilen-
register einer DIN-A4-Seite.

Etwas das sich gut konstruieren lässt,
muss noch lange nicht gut aussehen.

51

Der Gestaltungsraster
Raster nach Einsatzzwecken anlegen

Rastern nicht um des Rasterns willen – Sinn macht nur die kreative Nutzung.

Eigentlich ist professionelles Layouten ganz schön langweilig, weil jedes Mal die gleichen Dinge zu erkunden sind: Die Fragen nach dem Format, den Inhalten, den Kundenwünschen zum Beispiel stehen immer im Raum, unabhängig davon, ob man ein »wilder« oder ein »kreuzbraver« Designer ist. Beobachtungen in der Hochschule und bei manchen Kollegen haben gezeigt, dass die Wilden und Innovativen eher dazu neigen, die Inhalte auf das Layout zurechtzubiegen und bei den Präsentationen schönzureden. Ein Beweis dafür, dass die Faktoren definitiv vorhanden sind, denn sonst bräuchte man sie nicht zu umgehen. Nun sind reine »Rasterfahnder« auch nicht besser, weil sie allzu oft ihre gestalterische Denke durch eine mathematische ersetzen. Das sind dann die Typografen, die ständig wohlfeil klingende Parallelen zur Architektur herstellen, ohne daran zu denken, dass in den Vorstädten ebenso viel abrisswürdig-hässlicher Plattenbau und vordem »sozialer« Wohnungsbau herumsteht, wie schlechte Typo abgesondert wird. Sinn macht der Mittelweg – die Änderung oder Akzeptanz gegebener Parameter *und* der kreative Umgang mit ihnen. Egal, welche Designaufgabe ansteht, die das Design mitbestimmenden Eckwerte sind immer die gleichen – unterschiedlich sind nur ihre Auswirkungen auf die jeweilige Designaufgabe. Fangen wir mit den eher objektiven, aus dem Material und seiner späteren Erscheinung resultierenden Faktoren an.

Das Format und die Formatlagen haben wir zu Beginn dieses Kapitels ab Seite 27 ausführlich behandelt, die spezifischen Einflüsse auf die Gestaltung werden auf den folgenden Seiten bei gründlicher Besprechung der jeweiligen Drucksachen berücksichtigt.

Bei Drucksachen ist ihre jeweilige Bindung für die Anlage des Gestaltungsrasters wichtig. Unabhängig vom gewählten Bindeverfahren sollte darauf geachtet werden, dass auf keinen Fall dünne Linien oder kleine und zarte Schriften über den Bund laufen: Die Gefahr, dass diese Elemente nicht passgenau aneinander stoßen, ist zu groß. Bei der Drahtklammerheftung, wie sie von den meisten Publikumszeitschriften oder Broschüren bekannt sind, ist gestalterisch weiter nichts zu beachten (abgesehen davon, dass sie bei umfangreichem Volumen hässlich ist). Gravierender sind die technischen Auswirkungen der Klebebindung auf den Gestaltungsraster. Klebegebundene Drucksachen, besonders wenn sie am Rücken rundum kartoniert sind, lassen sich oft nicht weit genug und auch nicht plan aufschlagen, so dass immer ein Teil des Inhaltes im Bund verschwindet.

[Der Gestaltungsraster] *Raster nach Einsatzzwecken anlegen*

Ist das inhaltliche und stilistische Umfeld analysiert, ist es möglich, abseits des Mainstream zu gestalten – wodurch der Mitbewerber blass aussieht.

Daher muss der Bundsteg relativ breit ausfallen, und bei doppelseitigen Abbildungen sollte nichts Bildwichtiges in der Mitte stehen. Anderenfalls biegt der Leser die Seiten auseinander und erhält so eventuell eine Loseblattsammlung (Hot Melt, ein Klebebindeverfahren für Bücher, ist hier am »Knackigsten«).

Wir alle designen für Kunden, die uns genau genommen für die visuelle Vermittlung ihrer vorgegebenen Inhalte bezahlen: Die Bandbreite ist sehr groß und lässt sich nur ansatzweise beschreiben. Hier soll dazu angeregt werden, nicht nur die vorgegebenen Inhalte zu sortieren und gedanklich zu durchdringen, sondern auch das Umfeld zu sichten. **Also:** Was haben wir denn da (Materialsichtung und Aufgabenstellung)? Wie wird das klassischerweise aufbereitet (Formate und Volumen vergleichbarer Druckerzeugnisse)? In welchem grafischen und atmosphärischen Umfeld bewegen wir uns (Designstile, verwandte Produkte sowie Fachzeitschriften mit gleichem Themengebiet)? Handelt es sich um ein singuläres Produkt oder ist es der Auftakt zu einer Serie? Was passiert danach mit unserer Grafik (Präsentation am Kiosk, Massenversand, Schüttgut, Aushängung usw.)? Und natürlich: Wer kriegt denn das alles zu sehen (Ziel- und Dialoggruppenbestimmung)? Was darf das alles kosten?

Die Betrachtungen – vor allem des Umfeldes – sind nicht dazu gedacht, jetzt alles genauso zu machen wie die anderen (dann hat man zwar nichts falsch gemacht, aber auch kaum das Optimale). Vielmehr geht es in dieser Analyse darum, den übergeordneten gedanklichen und stilistischen Raster kennen zu lernen. So haben Fachzeitschriften und die in ihnen geschalteten Anzeigen häufig ähnliche Schrifttypen und Farben, weil die gleiche Zielgruppe angepeilt wird. Ist der Raster erkannt, besteht nun die Möglichkeit nachzuforschen, ob mit einer vom Mainstream abweichenden Gestaltung der Inhalt ebenso gut an die Person gebracht werden kann, wodurch der Mitbewerber blass aussieht.

Eng mit dem Inhalt verknüpft ist die Sichtung des verfügbaren Materials, also die Frage: »Was muss gezeigt werden, und zwar so, dass der Inhalt vermittelt, das Material dabei angemessen eingesetzt wird und der Betrachter mit dem ihm vertrauten Medium zurechtkommt?« Die Ergebnisse dieser Analyse schlagen sich am deutlichsten im Gestaltungsraster nieder. Auszuwerten sind zunächst einmal die Texte und Bilder: Welche Textarten, -strukturen und -umfänge sind vorgegeben? Was ist an Abbildungen vorhanden?

Raster nach Einsatzzwecken anlegen [Der Gestaltungsraster]

Welche Qualität haben die Illustrationen, Pläne, Diagramme und Fotos in welchen Farben, Formatlagen und benötigten Größen? Von den Antworten auf diese Fragen hängt ganz wesentlich der Aufbau des Gestaltungsrasters ab – es wäre erstrebenswert, zumindest das gesamte Material in der vorgegebenen Seitenmenge unterzubringen.

Der letzte Check der objektiven Faktoren ist sozusagen die Sichtung der Sichtung. Sind die Inhalte und ihr Material in einem Zustand und einer Reihenfolge, die zu einem vernünftigen Designergebnis führen können? Ergibt dieser Gesamtkontext einen brauchbaren Spannungsbogen, der den Betrachter an die Drucksache oder den Webauftritt für einige Zeit bindet? Oder ist alles so gleichförmig oder eher so unterschiedlich, dass die Grafik eine stilbildende bzw. dramaturgische Aufgabe hat? Bei dieser Prüfung müssten alle Faktoren zusammenkommen, die für den Entwurf eines Gestaltungsrasters notwendig sind. Jetzt erst lässt sich sagen, wo das Verbindende und wo das Differenzierende im Vordergrund steht, wie viele Raster und Satzspiegel gebraucht werden und wie stark diese sichtbar sein sollen.

Im Webdesign gibt es gleichartige Sach- und Faktenzwänge – mit dem Unterschied allerdings, dass die Webdesigner und -programmierer zum guten Teil auf Vermutungen angewiesen sind. Sie müssen schon in der Konzeption raten, welchen Browser, welche Monitorauflösung bzw. -größe und welches Betriebssystem der Betrachter haben wird. Hinzu kommt das Raten nach installierten Plug-Ins, den Schriften und der Fähigkeit, Farben in etwa so zu empfangen, wie sie gesendet wurden. Hier muss der Gestaltungsraster leider oft die Fixierung des kleinsten gemeinsamen Nenners bleiben.

Ebensolche Aufmerksamkeit ist den subjektiven Gestaltungseinflüssen zu schenken. Am einfachsten ist es, die Erwartungshaltungen des Kunden und der Betrachter zu berücksichtigen. Der Kunde gibt sie je nach seinem Kenntnisstand ohnehin vor. Oder besser noch, die Grafikdesigner loten (je nach Grad ihrer Professionalisierung) die Erwartungen beider selbst aus. Die Erwartung der Leser kann aus vergleichbarem Material gezogen werden, oder müsste aufgrund der oben genannten Analyse vorhanden sein. Auch hier muss man nicht immer ausgetretenen Pfaden folgen, aber ein wenig Faulheit bei den Betrachtern sollte einkalkuliert werden. Webdesigner haben da schon einige Erfahrungen gesammelt, weil die User bei unlogischem oder zu langsamem Bildaufbau schnell zur Konkurrenz rüberklicken.

5 Großformatige Bücher erfordern einen ebensolchen Gestaltungsraster mit breiten Außenstegen, die die Kolumnen auf eine größere Sichtentfernung zusammenhalten können. Die Breite des Bundstegs hingegen hängt von der optischen Wirkung des Inhalts ab: Ist dieser gleichförmig aufbereitet, können die Bundstege großzügiger ausfallen. Ist der Inhalt lebendig, trägt ein schmaler Bundsteg zum geschlossenen Eindruck bei. Da bei großformatigen Werken die Zeilenlängen oft unzumutbar ausfallen würden, bietet sich die Aufteilung des Gestaltungsrasters in zwei Spalten an, zum Beispiel für zwei Sprachen (wie in diesem Designbuch). Schönes Detail: der im Fuß stehende Kolumnentitel wandert je nach Sprache vom Spaltenzwischenraum aus unterschiedlich weit nach links und rechts.

6 Viele Bücher, insbesondere Schul- und Lehrbücher, deren Leser nicht gerade wild auf den Inhalt sind, müssen mit Hilfe der Typografie erschlossen werden. Die enthaltenen Beispiele, Aufgaben und Fragen, Merksätze und Tabellen benötigen eigene Schriftauszeichnungen, Untereinheiten, Umrandungen, Unterstreichungen und Farben. Diese Vielfalt soll natürlich Zusammenhänge aufzeigen und muss jederzeit den Einstieg in noch unbekannte Inhalte ermöglichen. Hier bedarf es eines möglichst flexibel nutzbaren Gestaltungsrasters, eventuell – wie bei diesem Englisch-Lehrbuch »Simply English«, für das Handwerk – sogar mehrerer Gestaltungsraster und Spaltenaufteilungen, wie sie eher von Zeitschriften bekannt sind.

7 Es ist schön, wenn Texte Sinn machen. Weniger schön ist es oft, wenn die Texte ihrem schriftstellerischen Wortsinn nach genau typografiert wurden und danach Gedichte oder Theaterstücke optisch unmöglich auf den Seiten rumstehen. Andererseits kann eine gekonnte Typografie die Klangmelodie mitunter schon auf den ersten Blick erkennbar machen. Fallen die Zeilen überwiegend kurz aus, ist es sinnvoll, den Gestaltungsraster mit großen Außenstegen zu planen. Sind, wie bei diesem Kinderbuch, mehrere Textgattungen vorhanden, bietet es sich an, Bund- und Außenstege etwa gleich breit zu halten und den Gestaltungsraster bei Bedarf in zwei Spalten zu teilen.

Gilt bei der Gestaltungsrasterkonstruktion die erste Frage dem Außenformat, sind beim Buch die Art der Bindung und der Umfang des Werkes gleichrangig. Von ihnen hängt die Aufschlagfähigkeit des Buches und somit die Stärke des Bundsteges ab. Wenn ein stärkeres oder hochvolumiges Papier ausgewählt wurde, kann es vorkommen, dass der Satzspiegel tanzt, also nicht registerhaltig und gleichmäßig auf den Seiten steht, so dass sich hier ein Raster anbietet, der einen großzügigen Abstand vom Papierrand hält. Im Idealfall lässt man sich vom Buchbinder einen Blindband herstellen, im doppelten Idealfall aus dem Auflagenpapier.

Zwischen dem Satzspiegel (bzw. dem Gestaltungsraster) und dem Buchformat gibt es eine Wechselwirkung, die man bewusst nutzen kann. Die gezeigten Methoden des Satzspiegelbaus gehen von einem harmonischen Verhältnis zwischen beidem aus. Das lässt sich im Sinne einer kontrastreichen Gestaltung ebenso kontrakarieren, wie sich ein unglückliches Außenformat vorsichtig ausgleichen lässt: ist das Format etwas zu stumpf und behäbig, kann es durch einen schlanken Satzspiegel etwas gestrafft werden; ist das Format etwas zu steil, wirkt es durch einen betont waagerechter Raster breiter.

3 Nachschlagewerke werden nur kurz und konsultierend gelesen, weil der Leser sofort eine bestimmte Information benötigt. Die Typografie legt ihren Schwerpunkt auf eine deutliche Gliederung ohne Ablenkung. Die sehr einfachen, auf möglichst viel Textaufnahme konzipierten Gestaltungsraster sind von nur minimalen Stegen umschlossen: Bei diesem Pschyrembel muss man fast die Nase im Bundsteg verankern, um die inneren Spalten lesen zu können. Diese Bücher haben wegen ihres komprimieren Satzes von kleinen Schriften mit fetten Auszeichnungen ein dunkles Schriftbild.

4 Viele Sachbücher werden differenziert gelesen, das heißt, dass die zumeist umfangreichen Schriftauszeichnungen keine Wertung darstellen, sondern der Unterscheidung seiner Inhalte dienen. In diesem Beispiel, einem wissenschaftlichen Werk in russischer, deutscher und französischer Sprache, führt das zu einem unruhigen Textbild wegen der unterschiedlichen Schriftgattungen mit vielen kurzen Absätzen und Fußnoten. Kleine Bundstege mit großem Kopf-, Außen- und Fußstegen halten die beiden Kolumnen zusammen. Der dadurch entstandene breite Satzspiegel führt zu etwas Ruhe.

Der Gestaltungsraster im Buch

Bei Büchern hält sich der planerische Aufwand in Bezug auf das Gestaltungsraster in Grenzen, dafür ist die Möglichkeit einer atmosphärischen Verdichtung größer: Die Anzahl grafischer Varianten ist im Vergleich zu Zeitschriften und Broschüren geringer, dafür werden nicht so viele Kompromisse wie bei diesen eingegangen. Der große Vorteil beim Layout eines Buches ist, dass ein Teil des Text- und Bildmaterials bekannt oder zumindest inhaltlich konzipiert ist. Wird das Buch Bilder enthalten, sollten zunächst deren Größen, Proportionen und Formatlagen beachtet werden, denn sie haben mehr Einfluss auf den Gestaltungsraster als der Text (siehe das Kapitel »Das Große« ab Seite 148). Aus dem Inhalt und dem Material sind die technischen Gegebenheiten, die Erwartungshaltungen der Leserschaft und die Weise, wie sie das Werk lesen, vorhersehbar. So wird ein voluminöser Bildband beim Lesen auf dem Tisch liegen und einen anderen komplexeren Raster brauchen als ein kleiner und leichter Textband, der in die Hand genommen wird und dessen Außen- oder Fußstege nur Raum für die Finger lassen sollten.

Neben den inhaltlich und formal spezifischen Überlegungen, die in den folgenden Abbildungsbeschreibungen näher behandelt werden, ist zu bedenken, dass Bücher ein Wirtschaftsgut sind, das unter eigenen produktionstechnischen Bedingungen kalkuliert wird. Hier spielen die von der DIN abweichenden Buchformate und ihre Ausnutzung eine große Rolle: Oft ist die Anzahl der Druckbögen und somit auch der verfügbaren Seiten vom Verlag vorgegeben. Insofern gehen die auf den Seiten 48 bis 50 gezeigten Methoden, einen Satzspiegel zu konstruieren, so großzügig und unwirtschaftlich mit dem verfügbaren Raum um, dass kaum ein Verlag geneigt sein dürfte, die Resultate dieser edlen Normen zu bezahlen. In der Tat fallen die Stege in ihrer Breite deutlich geringer aus, wenn auch selten so minimalistisch wie bei einem Groschenroman.

1 Umfangreiche Texteinheiten, die quasi als Kilometerleistung – also linear – gelesen werden, brauchen ein ruhiges, möglichst unauffälliges Layout mit einem ausgewogenen Gestaltungsraster. Der Idealfall sieht pro Seite 30–40 Zeilen vor, die wiederum 60–70 Zeichen lang sind. Der Text ist je nach Schriftbild und Höhe der Mittellängen 9–12 pt groß und mit etwas zusätzlichem Zeilenabstand gesetzt. Auch wenn der Gestaltungsraster durch wirtschaftliche Erwägungen beeinflusst wird, sollten die ihn umschließenden Stege deutlich sein.

2 Viele Werke werden kaum von vorn bis hinten durchgehend, sondern sprunghaft und den Text überfliegend, gelesen: Beispiele sind Zeitungen, Sachbücher oder auch die Bibel, in der oft bestimmte Textstellen gesucht werden. Bei diesem informierenden Lesen erleichtert die Typografie mit deutlich gliedernden Überschriften, Kolumnentiteln oder Kapitelnummern die Orientierung. Der Gestaltungsraster ist in dieser Kategorie funktional, mit etwas reduzierten Stegen und oft mehrspaltig angelegt.

Die nächsten subjektiven Faktoren beziehen sich eigentlich schon auf das Design selbst und beruhen neben eigener Kreativität auf den klassischen Gestaltungsgrundlagen: Mit welchen Formen und Farben, mit welchem Seitenaufbau und welcher Dynamik wird das Ziel erreicht? Soll die Gestaltung eher vertikal und dynamisch oder horizontal und ruhig wirken? Sollen Kontraste und schnell aufeinander folgende Wechsel der Elemente und Abbildungen sowohl in der Größe als auch der Farbgebung vorherrschen? Wird der Raster demnach starr oder flexibel sein? Das sind Fragen, auf die in diesem Buch in den Exkursen bzw. den jeweiligen Kontexten eingegangen wird.

Der letzte und oft entscheidende Faktor im Gestaltungsraster ist unsere eigene Vorliebe. Wenn wir für einen Kunden einen Stil bilden, entstammt er unserem eigenen Stilvorrat und den persönlichen Neigungen: Deshalb lassen sich ja viele Entwürfe ihren jeweiligen Designern zuordnen. Das ist auch in Ordnung, denn meist werden wir ja unseres Stiles wegen eingekauft. (Die meisten Anfangsaufträge werden genau deshalb vergeben – trennen tun sich die Kunden wegen anderer Dinge: Kommunikationsprobleme, persönliche Defizite oder eigenwillige Vergütungsvorstellungen auf einer der beiden Seiten – aber das ist wieder ein anderer Raster.)

Und ein letzter Wink, vor allem an die Jüngeren gerichtet (zumindest an jene, die besser als ihre Kunden zu »wissen« glauben, was das Richtige für diese ist): Idealisierte Layouts, die einem frischen Designerhirn bereits vor der ordentlichen Materialisichtung entspringen, können in der späteren Umsetzung höchst problematisch werden. Wenn der Text nicht passt, schlechte Fotos ganz groß, hoch bezahlte Illustrationen hingegen ganz klein erscheinen, wenn der Raster dauernd Ausnahmen verlangt – dann sieht der Entwurf entschieden anders aus als er präsentiert und verkauft wurde. Nachhaltige Störungen zwischen Kunde und Designer sind so nicht ausgeschlossen.

Wenn der Raster dauernd Ausnahmen verlangt, sieht das Ergebnis entschieden anders als der präsentierte Entwurf aus.

Zum Beispiel
Der Gestaltungsraster im Kunstbuch
Nam June Paik »eine DATA base«

Besonders interessant ist es, Bücher zu gestalten, deren Thematik im Design aufgegriffen oder gar interpretiert werden darf, zum Beispiel bei Ausstellungskatalogen, Monographien, Leistungsschauen (Annuals) oder Designlehrbüchern. Den meisten Büchern dieses Genres ist gemeinsam, dass innerhalb eines Buches recht unterschiedliche Inhalte vorkommen: Reine Textseiten, die aber unterschiedlich gelesen werden; zum Beispiel umfangreiche Erörterungen, Briefe, Lebensläufe, Tabellen, ergänzt durch Listen mit Werk- und Abbildungsverzeichnissen oder Registern. Auch die Abbildungen können formal sehr variabel ausfallen: Große Bilder stehen neben kleinen, hochformatige neben querformatigen, farbige neben schwarzweißen, eventuell ergänzt durch Bildserien oder einzelne Freisteller.

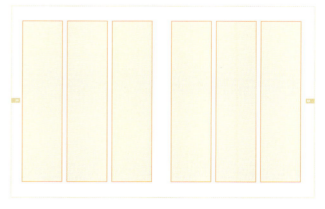

Die Anforderungen an einen Gestaltungsraster fallen dementsprechend komplex aus: Einerseits sind die Erwartungshaltung an ein Buch zu erfüllen, andererseits die mannigfachen Inhalte einzubinden und die Spezifika der Künstler oder Designer darzustellen. Das von Karin Girlatschek gestaltete Buch »eine DATA base« über den koreanischen Videokünstler Nam June Paik hat eine solche Vielzahl an Inhalten zu bewältigen und operiert mit zwei unterschiedlichen Gestaltungsrastern, die wiederum mehrspaltig angelegt sind.

8,9 *Serie 1* Wechselnde Inhalte, wechselndes Papier, wechselnde Gestaltungsraster: Der dreispaltig unterteilte Gestaltungsraster liegt dem Text- und Abbildungsteil zugrunde, der Zweispalter hingegen nimmt Übersetzungen der Haupttexte in sehr kompakter Form auf.

Videokunst ist bewegt, rhythmisch oder linear, jedenfalls selten ruhig und somit nicht mit »still stehender Exponatkunst« vergleichbar. Dem trägt das Buch in der Gestaltung Rechnung: Die Beiträge der insgesamt 150 Autoren schließen – durch eine schwere Überschrift getrennt und horizontal um eine Spalte verschoben – direkt aneinander an. Dabei werden je zwei der drei Spalten zu einer Kolumne zusammengefasst, die dritte Spalte bleibt frei oder nimmt ein kleines Bild und eine Bildunterschrift auf.

Auch im Schriftbild setzt sich die Bewegung fort, es entsteht ein gleichmäßiges Rauschen, hervorgerufen durch eine fast kompress gesetzte, etwas unruhig laufende, breite Grotesk. Das Band der langen Blocksatzkolumnen wird ab und an durch Texte unterbrochen, die ihrem Sinn entsprechend ohne jegliche Silbentrennung linksbündig gesetzt sind. Der Dynamik dienen zusätzlich stark eingezogene, fett und versal gesetzte Zwischenüberschriften.

Stellenweise werden die zusammengezogenen Spalten wieder in einzelne, nebeneinander stehende Spalten aufgelöst. Ist der Text hier linksbündig angeordnet, entsteht wieder ein Rhythmus, der ebenfalls durch kräftige Einzüge gegliedert wird. Die Gliederungsachsen werden in den Überschriften aufgegriffen, da sie bündig mit dem Text oder an den Kanten des Gestaltungsrasters beginnen. Auch die Bildunterschriften sind an den Achsen ausgerichtet, verwenden aber einen schmalen Schriftschnitt als kontrastierenden Unterschied zum Fließtext.

10 *Serie 1* Beginnt ein neuer Text, schließt er, um eine Spalte verschoben, nahtlos an den vorhergehenden Beitrag an.

11 *Serie 1* Rhythmusgruppe: In der Horizontalen entsteht eine Bewegung durch den starken Flattersatz im Wechsel mit den Freiräumen. In der Senkrechten werden die Seiten durch fette Versalüberschriften gegliedert.

12 *Serie 1* Die Doppelseite zeigt Ruhe und Bewegung in einem. Die linke Seite wird lediglich durch das kleine Farbfoto belebt, während rechts die zweispaltige Typografie und die Bilder Bewegung und Kraft zeigen.

[Zum Beispiel] *Der Gestaltungsraster im Kunstbuch*

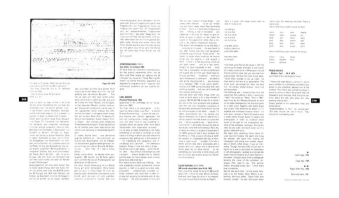

13 *Serie 1* Die Kompaktheit der dreispaltig gesetzten Seiten wird durch Abbildungen, nach Sinneinheiten zu lesenden Texten und rechtsbündige Bildunterschriften aufgelockert.

14 *Serie 1* Sinn für das Detail: In der Inhaltsangabe des Übersetzungsteils beginnen die Überschriften hinter dem Autorennamen einfach dort, wo der Name endet. Dadurch entsteht ein neues Bewegungselement.

Ein Paik-Mosaik genannter Teil des Buches setzt sich aus hintereinander fortlaufenden, kurzen Texten zusammen. Hier werden alle drei Spalten des Gestaltungsrasters in Anspruch genommen, jedoch – dem grafischen Aufbau der Seiten entsprechend – in der schmalen Grotesk gesetzt. Dort, wo es die Sinneinheiten verlangen, bei Gedichten oder kurzen Aufzählungen etwa, werden die Spalten in schmalere Minikolumnen unterteilt, die der Seite einen zusätzlichen Rhythmus geben. Bildlegenden, die auf nachfolgende Abbildungen verweisen, schlagen rechtsbündig am Gestaltungsraster an und führen damit ebenfalls die Layoutmaxime der Bewegung fort.

Dem großen Textteil des Buches folgt eine ausführliche Darstellung der Videobänder Nam June Paiks, bei der Videosequenzen, farbig und von einem schwarzen Fond umgeben, gezeigt werden. Ihr folgt ein Part mit deutsch- und englischsprachigen Übersetzungen des Hauptteiles. Da hier keine Abbildungen stehen, wurde ein graues Naturpapier als Träger gewählt, das haptisch und optisch einen Kontrast zum Kunstdruckpapier des Buches bildet. Des Weiteren wurde extra für diesen Part der Gestaltungsraster in zwei Kolumnen aufgeteilt sowie auf Kosten der nun gleich breiten Bund-, Kopf- und Fußstege vergrößert, wobei auch der Spaltenzwischenraum auf ein nahezu gleiches Maß mitwuchs. Die kleine Schrift ist in einer schmalen Grotesk gesetzt, wodurch diese Seiten einen sehr kompakten Abschluss des Buches bilden.

Der Gestaltungsraster in der Zeitschrift

Die hohe Kunst des rasternden Gestaltens besteht darin, mit einem Minimum an Raster ein Maximum an Freiräumen zu erhalten – also Konstanten zu schaffen, die keiner Ausnahmen bedürfen, wenn Variable auftauchen. Zeitschriften sind ein gutes Beispiel für eine funktionierende Rastergestaltung, denn sie müssen mit dem Ergebnis dreierlei leisten: Sie sollen Orientierung durch die wechselnden Inhalte bieten, ein gut sichtbares, eigenes Profil entwickeln, das einen Stil bildet und damit Leser binden kann. Zu guter Letzt muss über jedes Rasterdenken hinweg genügend Raum bleiben für das individuelle Layout von Serien, Bilderstrecken oder großen und besonderen Artikeln.

Redaktionsinterne und damit nicht sofort sichtbare Funktionen sind bei einem Zeitschriftenraster ebenso wichtig, denn sie ermöglichen eine effiziente Planung und eine reibungslose Herstellung. Zunächst fixiert der Raster bei der Heftplanung die Umfänge und Positionen der einzelnen Artikel. Dann folgt ein guter Gestaltungsraster den Geboten eines wirtschaftlichen Layouts indem er im Zusammenhang mit der Schriftwahl und der Definition von Textgröße und Zeilenabstand die Textmengen festlegt. Ähnliches gilt für die Bildplanung, denn ein ökonomisch angelegter Raster berücksichtigt viele unterschiedliche Bildgrößen, so dass über geringfügige Dimensionsveränderungen mehr Raum für Text geschaffen werden kann, ohne gleich die ganze Seite neu aufbauen zu müssen. Damit wären wir beim letzten Punkt, der uns selbst betrifft, denn der beste Gestaltungsraster ist jener, der uns ein schnelles und einfaches Layouten ermöglicht und gleichzeitig Freiräume zulässt.

15 *Serie 2* Im Gestaltungsraster einer Zeitschrift sind kleine Aufmacherseiten für Rubriken und Ressorts einzuplanen. Die einzelnen Rubriken – hier ein linksseitiger Aufmacher des netmanager – dürfen in der Regel ihr kleines Eigenleben führen. Hier werden zwei Spalten zusammengefasst, die Linien gliedern stärker, außerdem dienen kleine rote Subheads und Leads als Rhythmuselemente. Dafür wurde ein eigener Gestaltungsraster entwickelt, der größere Weißräume zwischen den Spalten und Artikeln vorsieht.

Bei Gestaltungsrastern für Zeitschriften werden einige Dinge grundsätzlich gehandhabt: Zunächst haben, von einigen Fachzeitschriften abgesehen, die wenigsten Journale ein DIN-A4-Format: Die meisten Formate sind etwas niedriger oder insgesamt kleiner. Dafür ist der Breitenunterschied zwischen den Stegen, die den Satzspiegel umschließen, wesentlich geringer als bei einem Buch. Einige Zeitschriften halten die Außen- und Bundstege sogar gleich breit.

Die meisten Zeitschriften und Zeitungen haben, abhängig von den Rubriken und Inhalten, mehrere Gestaltungsraster mit unterschiedlichen Spaltenanzahlen und -breiten. Am Kopf der Seiten stehen oft Rubriktitel, hinzu kommen Rubriken mit eigenen Aufmachern und Köpfen, zum Beispiel auf den Seiten, die kurze Inhalte (Zehnzeilensnacks) unter einem Oberbegriff sammeln. In der Fachpresse existieren oft eigene Anzeigenspiegel, da Formatanzeigen nicht selten auf Seiten mit eigenen Aufteilungen stehen. Wenn eine Zeitschrift analysiert oder bearbeitet werden soll, ist es daher sinnvoll, zuerst beim Verlag Media-Unterlagen anzufordern, die alle notwendigen Maße und druckspezifischen Parameter enthalten.

[Der Gestaltungsraster] ... *in der Zeitschrift*

16 *Serie 2* Das Basislayout der Wirtschaftszeitschrift netmanager ist als Dreispalter mit einem relativ einfachen Gestaltungsraster angelegt. Wird ein Bereich als Infokasten angelegt, ist es am einfachsten, diesem eine ganze Spaltenbreite zuzuweisen und diese wiederum zu unterteilen. Der Satzspiegel kann auf einen Bereich, hier die Typografie, beschränkt werden, während Bilder oder Registermarken in den Anschnitt streben. Zeichnen die feinen Linien den Gestaltungsraster teilweise nach, entsteht ein weiteres Stil bildendes Element.

17 *Serie 2* Die Computerzeitschrift macmagazin zeigt den derzeitigen Trend in der Zeitschriften-Gestaltung: Klarheit, Ruhe und Großzügigkeit. Hier ist der Gestaltungsraster ein wesentliches, den Stil bildendes Element, denn er fixiert die Freiräume und bestimmt über die Spaltenbreiten die Abbildungsgrößen. Das Typische am macmagazin sind der an Pulldown-Menüs erinnernde Kopfbalken und vor allem der ungewöhnlich breite Bundsteg: Er nimmt Bildunterschriften, Marginalien oder Linklisten auf.

18 *Serie 2* Rubriken werden im (2001 zuletzt erschienenen) macmagazin in den Gestaltungsraster integriert. Ihre eigene Optik erhalten diese Rubriken durch das Zusammenfassen mehrerer Spalten, so dass hier eine ausgeprägte Horizontale entsteht, die einen starken Gegenpol zum vertikalen Basislayout bildet. Die breiten Bundstege haben als Raum für die kleinen Abbildungen auch hier eine Funktion. Das macmagazin ist so kontrastarm angelegt, dass die visuellen Impulse zu wesentlichen Teilen aus der Schriftauszeichnung von Headlines, Marginalien und Bildunterschriften kommen mussten.

19 *Serie 2* Die Frauenzeitschrift Madame verwendet mehrere Raster, die allesamt einige, das ganze Heft durchziehende Stilelemente berücksichtigen. Das auffallendste Merkmal ist ein stark vertikaler, sehr markanter violetter Infokasten, der bei nahezu allen Artikeln in die Seitenmitte platziert wird. Der Satzspiegel geht hart an den Rand und bietet nur wenig Raum zwischen den Spalten und Bildern: Dadurch entsteht ein kontrastreiches und lebendiges Layout.

20 *Serie 2* Der Gestaltungsraster der Madame benutzt einen den Stil prägenden breiten Außensteg: Hier beginnen häufig Seitenansprachen, Bildunterschriften, Kolumnentitel oder Headlines. Die Kompaktheit des Textes wird durch Bilder kontrastiert, die den Gestaltungsraster oft an einer Kante ignorieren und somit die lebendige Gesamtoptik fördern. Gleiches gilt für kleinere Artikel und Infokästen wie hier am Fuß der Seite. Ansonsten ist das Layout klassisch: Kleine Headlines stehen im Dreieck, Bilder in der Diagonalen.

Zum Beispiel
Der Gestaltungsraster in der Wirtschaftszeitschrift »next«

21 *Serie 3* Zu neuem Leben erweckt: Bekanntes wie Headlines, Bildunterschriften und Fließtext wurden mit veränderten Parametern neu gesetzt. Der klare Bezug auf den Gestaltungsraster hilft, alles zusammenzuhalten.

Zeitschriften, die sich an Jugendliche richten, haben ihre besonderen Anforderungen an das Layout: Zum einen müssen sie lebendig und frisch mit einem eigenen, unverwechselbaren Stil gestaltet sein, um sich von anderen Publikationen abzuheben. Zum anderen müssen sie ebenso wirtschaftlich produziert werden wie jedes andere Magazin auch – besonders in Anbetracht des geringen Verkaufspreises vieler Zeitschriften für junge Menschen. Hier sind also die Anforderungen an den Gestaltungsraster und den Satzspiegel klar definiert: Einfaches, schnelles und damit wirtschaftliches Handling bei einem Maximum an Spielraum für die Gestaltung der einzelnen Seiten.

next, das von Paul Lussier gestaltete Magazin der Wirtschaftswoche »für Erfolg im Studium und Beruf«, wendet sich an junge Menschen, die vor bzw. in der qualifizierten Ausbildung oder im Studium stehen. Dementsprechend ist das Layout lebendig, markant, kontrastreich, zugleich aber auch stilsicher und klar. Die Klarheit zeigt sich in der Reduzierung auf wenige Schriftfamilien mit definierten Einsatzgebieten und der Beschränkung auf ein Farbklima, bestehend aus einem sandigen Grundton und einer kleinen Palette gedeckter Farben. Zum klaren Eindruck trägt natürlich auch der Gestaltungsraster bei, der trotz der zwei bis fünf Spalten einfach konstruiert ist. Diese Spaltenanordnungen können – durchaus auch auf einer Seite – miteinander kombiniert werden, wodurch die Zeitschrift ihr lebendiges Layout erhält.

Umfangreiche, grundsätzliche Artikel sind wie bei vielen anderen Zeitschriften auch gestaltet: Zweispaltiges Layout, großes und kleines Bild in der Diagonalen, initialartige Spitzmarken geben dem Text etwas Rhythmus. Die auf Linien stehenden Dachzeilen sowie die knackige Versalheadline und der Infokasten über die ganze untere Doppelseite sind das Ungewöhnlichere, Prägnante. Der getragene Zweispalter im Blocksatz und der lebendige Fünfspalter im Flattersatz beleben die Seite – bei geringstem Aufwand an Basislayout und Gestaltungsrasterkonstruktion.

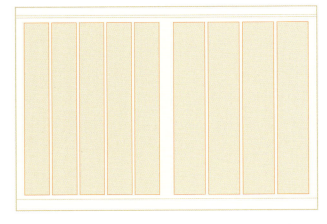

Die Kombination von einfachem Gestaltungsraster mit klarer Spaltenaufteilung führt nicht zwingend zu einer einfachen und klaren Gestaltung – entscheidend ist, wie das Raster genutzt wird. Die next zeigt, dass in einem fünfspaltigen Raster zweispaltige Blocksatztexte mit Marginalien im Flattersatz verquickt sein können. Oder zwei der fünf Spalten enthalten einen Text, die drei anderen ein Diagramm. Oder zwei Spalten nehmen ein Bild, einen Infokasten oder ein Zitat auf, der Rest wird mit dem Text in schmalen Flattersatzspalten aufgefüllt. Wichtig für ein lebendiges Layout ist also die rhythmische Kombinationsmöglichkeit (Text, Bild, Text, Bild, Text usw.) – dazu verhilft ein einfacher Raster eher als eine komplexe Konstruktion.

Neben den Kombinationsoptionen im großen Seitenlayout verhilft auch die Variation der Details zur Dynamik: Sind die Headlines durchweg einfarbig und versal gesetzt, besteht die Varianz aus einem Farbwechsel nach Silben bzw. Wörtern oder aus einem gemischten Satz in versalem Umfeld. Ist der Fließtext durch eine Antiqua im Blocksatz fest definiert, kommt ein Wechsel nun mittels der Headline- oder Bildunterschriftentype in Textgröße und im Flattersatz zustande.

Kurz: Für Rubriken, Infokästen, eilige Meldungen, Seitenansprachen und hervorgehobene Zitate wird das Bekannte genommen – nur wird es in Größen und Auszeichnungen

[Zum Beispiel] *Der Gestaltungsraster in der Wirtschaftszeitschrift »next«*

22, 23 Serie 3 Keine auffälligen Kennzeichen: Der Gestaltungsraster von next ist einfach-funktional und lässt mehrere Spaltenaufteilungen zu.

24 Serie 3 Das macht doch nichts, das merkt doch keiner: Die Zeilenlängen weichen vom Basisraster ab, der Text hält sich unten nicht an die Spaltenbreiten – na und? Stimmen Satzspiegel und optisch markante Elemente, sieht das niemand. Den Mehraufwand hat schließlich der Layouter, und der wollte es ja nicht anders.

25 Serie 3 Auch nur mit Wasser gekocht und doch schmackhaft: Alles ist schlicht und aus bekanntem Material layoutet, jedoch fein kombiniert.

gesetzt, die bis dato anders verwendet wurden. Bleiben wie bei der next der Gestaltungsraster und die Spaltenordnungen gut erkennbar, akzentuieren die typografischen Mutationen das Zeitschriftenlayout.

Wenn die typografischen Basiselemente und der Gestaltungsraster feste und markante Bestandteile des Layouts sind, tragen sie auch über inhaltlich bedingte Sonderlayouts, zum Beispiel für Titelthemen, oder kleine Unstimmigkeiten hinweg – die ohnehin kaum ein Leser merken wird. So lassen sich unglücklich aufgebaute oder proportionierte Abbildungen rastermäßig falsch, aber optisch richtig einfügen. Infokästen können mittels doppelter Rahmen oder farbiger Unterleger doch noch passend gemacht werden. Sogar feste Spaltenbreiten lassen sich »umgehen«, damit der Text noch auf die Seite passt oder besser um die Illustration fließt. In Zeitschriften passt selten alles nach Gesetz und Ordnung in das Layout. Ist das Basismaterial einfach und klar entworfen, fallen manche, ein wenig zurechtgebogene »Sonderformen« gar nicht auf.

26 Serie 3 Klare Kante geben: Die linke Satzspiegelbegrenzung gilt für alle typografischen Elemente, der Anschnitt hingegen für Bilder, Flächen, Balken und Linien – außer der Frisur, die wiederum den Gestaltungsraster betont.

Der Gestaltungsraster in der Broschüre

Die meistgedruckten Objekte dürften Broschüren sein, entsprechend groß ist die Vielfalt der Verwendungszwecke, Formate, Proportionen, Falzungen, Bindungen und anderen buchbinderischen Gestaltungsmöglichkeiten. Dennoch ist der Entwurf von Broschüren und Prospekten ebenso planbar wie für andere Drucksachen auch – ohne Abstriche an der Kreativität zu machen.

Das Vorgehen beim Layout beginnt mit den Fragen nach der Aufgabenstellung und dem verfügbaren Text- und Bildmaterial. Dabei ist zu berücksichtigen, dass deren Verschiedenartigkeit bei werblichen Broschüren recht groß sein kann, der verfügbare Raum hingegen eher minimalistisch ausfällt. Des Weiteren sind für die Betrachter der Broschüren nicht nur die Inhalte neu, sondern auch deren grafische Aufbereitung – im Unterschied zu Periodika können die Entwerfer in der Regel nicht an Vertrautes anknüpfen.

Deshalb brauchen Broschüren oft ein stringentes Layout mit einem einfachen, klaren Gestaltungsraster. Beide müssen einerseits die übersichtliche Verteilung der Inhalte und grafischen Elemente einheitlich regeln, andererseits sollen sie genügend Freiraum für eine lebendige Optik bieten. Dies gilt besonders dann, wenn Broschüren kein singuläres Produkt sind, sondern Teile einer Seriengestaltung. Für den stilistischen Zusammenhalt von Broschürenreihen gilt die Faustregel: Je variationsreicher und lebendiger das Gesamte sein soll, desto klarer müssen die markanten Strukturelemente und der Gestaltungsraster ausfallen (siehe Beispiel Seite 26).

Innerhalb von Prospektserien existieren häufig verschiedene Formate, deren Größen und Proportionen vom Einsatzzweck und vom Versand bestimmt sind. Hier heiligt der Zweck die Mittel, denn Funktion und Wert einer Broschüre werden vom Betrachter zunächst anhand von Größe, Umfang und Haptik beurteilt: Große Broschüren haben einen höheren Wert, kleine hingegen gelten als praktisches und schnelles Informationsmedium, Querformate wirken extravagant, Gebundenes ist wertvoller als Gefalztes etc.

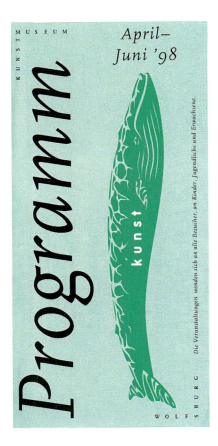

27 Raster und Typografie eines Broschüreneinbandes sollen auch seine spätere Präsentation einbeziehen. Das Monatsprogramm des Kunstmuseums in Wolfsburg liegt im Allgemeinen in Prospektständern zwischen anderen hochformatigen DIN-Lang-Broschüren aus. Deswegen ist der Titel so aufgebaut, dass er in dieser Formatlage gut lesbar ist. Nach dem Aufklappen zeigt sich die Broschüre jedoch im Querformat. Und ein Zurückklappen zeigt, dass die Titelseite eigentlich querformatig aufgebaut ist – wir haben es unserer Gewohnheiten wegen nur nicht gemerkt.

Die buchbinderische Verarbeitung hat den größten Einfluss auf die Gestaltung, da sie die Dramaturgie der Inhalte und somit des Layouts bestimmt. Je nach Falzung ändert sich die Reihenfolge, in der die Seiten eines Prospektes betrachtet werden. Ein Altar- oder ein Wickelfalz kann einen kleinen Auftritt regelrecht inszenieren, ein Zickzackfalz kann Größe oder inhaltlich motivierte Serien darstellen. Ein mehr als zehnseitiger Wickelfalz kann ganz witzig gemacht sein, lässt jedoch jede Übersichtlichkeit vermissen, während der überschaubare Zickzackfalz

[Der Gestaltungsraster] ... *in der Broschüre*

Verein zur
Förderung der
Blindenbildung
gegr. 1876 e.V.

28 Viele Gestalter nutzen den Titel, um ihr Design von innen nach außen zu tragen und dadurch eine stärkere Verbindung von Titelseite und Inhalt zu erzielen. So entspricht der Raster auf dem Titel einer Hausbroschüre des Vereins zu Förderung der Blindenbildung dem Aufbau der Innenseiten ebenso wie die Farbgebung. Da Blinde den Gestaltungsraster nicht wahrnehmen können, geht der Text in der Brailleschrift über den grafischen Raster hinweg und macht die Broschüre für Sehende noch interessanter. Als weitere, sowohl optische wie haptische Gestaltungsmittel kommen eine Spiralbindung und ein transluzenter Kunststoffeinband hinzu.

völlig ungeeignet für die Kuvertierung ist. Am besten ist es, sich aus Blankopapier ein Handmuster anzufertigen und damit alles Wesentliche einmal auszuprobieren. Anschließend werden alle Seiten mit Nummern versehen, denn die Seitenreihenfolge eines gefalzten Prospektes entspricht nur selten der, die am Bildschirm zu sehen ist. Zwei Winke, auch die Gestaltungsraster betreffend: Die Seitenbreite eines Wickelfalzes ist nur auf der ersten und der letzten Seite identisch, alle anderen Seiten werden mit fortschreitender Seitenzahl schmaler. Es ist

29 Die Post ist eine Unsinn stiftende Projektionsfläche für Negatives aller Art. Aber eines ist unbestreitbar: ihr Design ist markant und dem Unternehmen jederzeit zuzuordnen. Dazu trägt neben ihren eindeutigen Hausfarben Gelb und Schwarz vor allem der einheitliche Raster mit seinen Gestaltungselementen, zum Beispiel dem Headlinebalken bei. Auf den Broschüren steht er immer in der oberen Hälfte – so ist die Überschrift in den Prospektständern immer gut lesbar. Das Logo muss hier nicht präsent sein, weil die Kunden sich ja bereits im Postamt befinden.

30 a–b Es ist hilfreich, wenn Standardelemente einer Broschürenserie markant sind. So können sie, wie bei den Broschüren des Klinikums Hannover eine Änderung des Corporate Design hilfreich unterstützen: Das Klinikum hat als Folge eines Wechsels in einer Trägerschaft das Design aller neuen Broschüren umgestellt. Davon waren neben der neuen Hausfarbe (Blau anstelle von Rot) auch die Raumaufteilung und die Hausschrift betroffen. Durch die übertragbaren, markanten sekundären Gestaltungselemente (Farbe für die jeweilige Klinik, Titelfoto und ergänzende Strichzeichnung in positiv und negativ) werden die Broschüren unabhängig von ihrem Veröffentlichungszeitpunkt als zusammengehörig erkannt. Sehr hilfreich für ein Relaunch waren klare Gestaltungsraster für beide Broschürenvarianten.

keine gute Idee, den Falz mitten durch eine typografierte oder bebilderte Fläche laufen zu lassen, da er sich durch gut sichtbare, weiße, etwas zerfaserte Brüche zeigen kann.

Broschüren sind per Definition Drucksachen, die gebunden werden. Im Handling sind sie für Leser und Gestalter unproblematisch. Dafür macht man sich jeden Buchbinder zum Feind, wenn auf den Innenseiten feine Elemente über den Bund laufen.

Umfangreiche Werke sind in der Regel großformatiger und inhaltlich eher linear aufgebaut, können somit einem gestalterisch ruhigeren Konzept folgen. Mitunter sind die Inhalte von zu großer Ähnlichkeit, zum Beispiel in Berichten, die arm an Abbildungen sind. Hier werden im Sinne einer Dramaturgie regelmäßige Störelemente und Stopper benötigt, zum Beispiel Zwischentitel vor neuen Kapiteln oder ergänzende Artikel. Diese ansonsten vernachlässigten Inhalte benötigen eine stärkere Positionierung, um Rhythmus und Struktur in die Drucksache zu bekommen. In dieser Hinsicht, aber auch aufgrund der Inhalte, des Bildmaterials, des Seitenumfangs und des Formates gleichen Broschüren eher Zeitschriften, so dass in Bezug auf den Gestaltungsraster die Ausführungen ab Seite 62 zugrunde gelegt werden können.

Für den Stand der Elemente auf den Außenseiten von Prospekten und Broschüren ist es sinnvoll, das Augenmerk auf die spätere Verteilung zu richten. Zum Beispiel, damit keine wichtigen Teile verschwinden: So kann ein Prospektständer unten oder am Rand stehende Headlines komplett verdecken. Oder eine Broschüre verschwindet ihres Titeldesigns wegen inmitten ähnlich gestalteter Prospekte, so dass sie unbeachtet bleibt. Eine Variationsmöglichkeit ist über das Format gegeben, zumal die Post – innerhalb ihrer Normmaße – Broschüren ohne Mehrporto versendet, wenn diese größer als die üblichen DIN-Formate sind (dafür gibt es bei den Büromaterialversendern spezielle Umschläge). Zu beachten ist allerdings, dass dadurch das Gewicht steigt und die Rohbögen der Druckerei anders genutzt werden.

Apropos Format: Seit zwei Jahren gehört zu nahezu jeder Prospektgestaltung die Anweisung, dass PDF-Dateien für den Download im Internet anzufertigen sind. Erstaunlich viele PDF-Dateien größerer Broschüren sind dann als querformatige DIN-A3-Seiten angelegt. Aber welcher Norm-User kann den Prospekt in diesem Format ausdrucken?

31 Auch das Jahresprogramm des Umweltzentrums Eldagsen hat aus den genannten Gründen einen Titel im Hochformat. Aufgeschlagen zeigt es sich jedoch extrem querformatig. Der Aufbau der einzelnen Seiten ist durch die fünf Spalten pro Seite eher vertikal, wodurch – trotz der einfarbigen Gestaltung – eine lebendige Anmutung garantiert wird. Die Vielzahl der Spalten ermöglicht die gute Anpassung des Raumes an die Inhalte, die durch die Bildunterleger gut voneinander getrennt werden.

[Der Gestaltungsraster] ... in der Broschüre

32 Das Festivalprogramm des Schlosses Salem hat einen stringenten Aufbau, der einen gestalterischen Rhythmus garantiert. Jede Seite hat zwei Hauptspalten, die links von einer weiteren Spalte begleitet werden. Sie kann trotz ihrer geringen Breite eine Menge aufnehmen: Bildunterschriften und Marginalien sowie Teile der Überschriften, Initialen und Bilder. Wird – wie auf der rechten Seite – für einen besonderen Inhalt mehr Raum benötigt, lässt sich die Satzbreite eben verändern. Zusammengehalten wird das lebendige Layout durch einen etwas stark geratenen Grundriss.

33 Die Drucksachen der Stiftung Bauhaus Dessau zeichnen sich durch eine eigenwillig Optik aus, die durch ungewöhnliche, großflächige Farben, starke Balken, harte Kontraste und eine etwas kistige Typografie gekennzeichnet ist. Dieses zweifarbige Veranstaltungsprogramm operiert mit einem starken Raster, der die Seiten in eine obere und eine untere Hälfte teilt. Deren Funktion kann sich zwar mit jeder Doppelseite ändern, bleibt aber wegen des einfachen Aufbaus immer gleich gut erkennbar.

34 Für den Christus-Pavillon auf der EXPO 2000 erschienen etliche Broschüren. Während für ihr Äußeres ein rudimentärer Raster vorgegeben war, wurde das Innere der Broschüren freigegeben. Dieses Beispiel erläutert die Konzeption und stellt das Gebäude vor und ist dementsprechend zeitgemäß und kontemplativ-ruhig zugleich gestaltet. Dadurch und durch den starren Raster werden ansonsten unscheinbare und kleine Details wirksam: Einzelne rot gesetzte Zeilen, die riesige Paginierung und die den Raster eigenwillig nutzenden Marginalien im Blocksatz setzen Akzente.

69

Zum Beispiel
Quelle

Versandhändler und ihre Kataloge sind geradezu idealtypisch für die Symbiose von Individualität und Norm. Viele Waren werden bestellt, weil der Kunde sie zur Ausstattung oder Präsentation seiner Persönlichkeit einsetzt. Dem steht eine durch das große Warenangebot bedingte starke Normierung entgegen, die die ganze Kette von der Produktion über die Anlieferung und Lagerung bis zum Versand umfasst. Auch die Gestaltung der Werbemittel und Kataloge ist ähnlich konzipiert, denn auch sie präsentieren eine Vielzahl von Produkten zugleich seriell und individuell.

Der Versandhandel Quelle ließ 1999/2000 durch die Branding-Agentur IG Enterprise in Hamburg ein Corporate Design konzipieren. Neben den klassischen Designbereichen eines CDs wurden auch die werblichen Drucksachen und Kataloge überarbeitet. Dem Wechselspiel von standardisiertem und individuellem Layout entsprechend wurde ein Rastersystem entwickelt, das durch mehrere Grafikelemente ergänzt wurde, die in der Form feststehen, in der Funktion aber flexibel sind.

Der Basisraster für die Kataloge geht von einem Seitenproportionsverhältnis aus, das 4:5 beträgt. Diese Fläche wird wiederum in Rasterfelder unterteilt, wobei 2, 3 oder 4 Spalten möglich sind, die wiederum zwei- bis fünfmal in der Waagerechten unterteilt werden können. Dadurch entsteht ein breites Spektrum an Gestaltungsmöglichkeiten sowohl für eine ruhig-repräsentative als auch für eine kleinteiliglebendige Warenpräsentation. Diese Optionen werden da-

durch erweitert, dass mehrere Rasterflächen zusammengefasst werden können. Da im Satzspiegel kein Unterschied zwischen linken und rechten Seiten gemacht wird, besteht zudem die Möglichkeit, die unterschiedlichen Raster der Einzelseiten zu lebhaften Doppelseiten zu kombinieren.

Ergänzt wird die Rasterkonstruktion durch grafische Elemente, die mit einem festen Stand im Layout immer wieder repetiert werden. So tragen alle gestalteten Seiten an den oberen Außenkanten einen Winkel in der blauen Unternehmensfarbe; dieser nimmt zum einen das Markenzeichen sowie eine Shopkennung auf, zum anderen dient der Winkel als Basis für Headlinegestaltungen.

Natürlich sind über die kontrastreiche Typografie auch die Schrift und ihr Einsatz definiert: Die Hausschrift sind acht Schnitte der Interstate, die in den Headlines durch weitere Satz- oder Handschriften für einzelne Themenschwerpunkte wie Weihnachten, Kinderkonfektion etc. ergänzt werden kann.

Ebenso wird bei der Farbgebung verfahren, denn neben den Hausfarben Blau und Rot sind weitere Farbrhythmen und -klimata eingeplant. So kann eine Auftaktseite im Konfektionsbereich durch eine aktuelle Modefarbe dominiert werden, die sich auf den drei folgenden Seiten abgeschwächt wiederholt. Als markante Farbträger sind dabei neben den Farbflächen vor allem die Produktauswahl und die Headlineschriften geeignet.

[Zum Beispiel] *Der Gestaltungsraster bei Quelle*

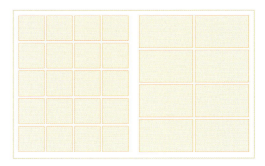
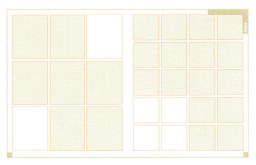

35 Das Papierformat der Quelle-Kataloge hat ein Papierformat mit einem Seitenverhältnis von 4:5. Der Satzspiegel wird nicht nach linken und rechten Seiten unterschieden und wird rundum von nahezu identisch breiten Stegen umschlossen, nur der Fußsteg ist minimal stärker. Innerhalb des Satzspiegels sind mehrere unterschiedliche Aufteilungen in Rasterfelder möglich, so dass auch innerhalb einer Doppelseite die linken und rechten Seiten gänzlich anders aufgebaut werden können.

36 Unabhängig von den möglichen Rasterfeldaufteilungen gibt es auf allen Seiten einige Konstanten: Eine blaue Ecke rechts oben, die zum einen das Logo in einer gestürzten Zeile aufnimmt, zum anderen unten stehende, kleine blaue Quadrate, die die Paginierung aufnehmen. Dadurch, dass die Textschrift nur auf weißem Grund stehen darf, wirken die Kataloge recht aufgeräumt und clean. Diese Freiräume – zum Beispiel in Dreiecksform – sind ein gestalterisches Element, deren Stand schon zuvor planbar ist.

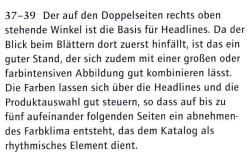

37–39 Der auf den Doppelseiten rechts oben stehende Winkel ist die Basis für Headlines. Da der Blick beim Blättern dort zuerst hinfällt, ist das ein guter Stand, der sich zudem mit einer großen oder farbintensiven Abbildung gut kombinieren lässt. Die Farben lassen sich über die Headlines und die Produktauswahl gut steuern, so dass auf bis zu fünf aufeinander folgenden Seiten ein abnehmendes Farbklima entsteht, das dem Katalog als rhythmisches Element dient.
Den Beispielen liegen drei- und vierspaltige Raster zugrunde. Damit die Abbildungen direkt aneinander stoßen können, sind entsprechende Hilfslinien zwischen den Rasterfeldern angebracht. Im Sinne einer lebendigen Bildbehandlung können die Bilder an den Satzspiegel stoßen oder in den Anschnitt hineinragen. Dabei wird die rechte Seite entsprechend der Blickführung eher große Motive enthalten als die linke.

Bei der Warenpräsentation sind großzügigere und/oder ruhigere Flächen wichtig, weil die Waren dadurch besser zur Geltung kommen und wertvoller scheinen. Ein Mittel ist dabei die helle und weiße Fläche, die schon allein deshalb auf jeder Seite vorhanden ist, weil die Warenbeschreibungen immer auf einem weißen Fond stehen müssen.

71

… in der Geschäftsausstattung [Der Gestaltungsraster]

Die Kunst ist – wie bei allen anderen Gestaltungsrastern auch –
den Stil zu definieren und zu fixieren,
ohne weitere Entwicklungen abzuwürgen.

Der Gestaltungsraster in der Geschäftsausstattung

Ein zu starrer Raster macht aus einem frischen Corporate Design einen Gestaltungszement, der binnen kurzer Zeit alt aussieht.

Corporate Design ist Raster pur: Sowohl in der Gestaltung durch die Definition von Formen, Farben und Schriften als auch in Bezug auf die büro- und versandtechnische Weiterbearbeitung – alles ist vereinbart, geregelt, geplant, genormt. In extremen Fällen werden sogar erlaubte und verbotene Sprachregelungen für die Korrespondenz und die Öffentlichkeitsarbeit durch ein Corporate Wording reglementiert. Dieser Gestaltungszement kann eine bloße Starre zur Folge haben, die auch ein neues Design binnen weniger Jahre alt aussehen lässt. Die Kunst ist, den Stil zu definieren und zu fixieren, ohne weitere Entwicklungen abzuwürgen. Deshalb gehen wir zunächst einmal zu den übergeordneten Rastern anhand seiner Elemente Schrift, Formen und Farben. Denn die konzeptionelle Umsetzung und der richtige Spirit sind wichtiger als die normgerechte Falzung.

In Bezug auf die Schrift muss berücksichtigt werden, dass Schriften auf dem Mac und auf Windows-Rechnern – manchmal unter anderen Namen – laufen, und dass die Schriftfamilien so umfassend sind, dass keine weiteren Schriften durch die Hintertür Einzug halten können (siehe Abschnitt Schriftwahl ab Seite 178). Und zu guter Letzt: ist es lesehygienisch möglich bzw. zwingend nötig, die Hausschrift auch im Internetauftritt zu lesen?

Neben dem Logo kann eine zusätzliche Form- und Elementsprache definiert werden, die Aussagen zur Formgestalt (Etwa »Nur runde, weiche Formen usw.«) oder -größe trifft. Möglich ist auch, den Stand (»Immer links im Anschnitt«) und die Beziehungen der Formen zueinander zu regeln.

Bei den Farben steht natürlich die Wahl der Hausfarbe im Vordergrund, wobei allzu oft vergessen wird, die Farben im Einsatz zu testen: Lässt sich der gewünschte Farbton denn kopieren und faxen, wie verändert er sich im Vierfarbprozess oder bei den Multimedia-Darstellungen am Monitor? Da eine oder zwei Hausfarben manchmal für werbliche Aufgaben nicht ausreichen, muss eventuell ein zusätzliches Farbklima zusammengestellt werden, das sich auch auf die Abbildungen erstrecken kann (à la ZDF: »Immer etwas Blaues und etwas Oranges im Bild«). Dazu steht Ausführliches im übernächsten Kapitel, denn hier geht es um das praktische Handling.

Jegliche Korrespondenz im Geschäftsverkehr ist auf Rationalität angelegt: Von Büromaschinen, Aktenschalen und -schränken bis zu den Briefhüllen ist alles genormt und geeicht. Da nimmt es nicht wunder, dass auch die Aufteilung der Briefpapiere und Versandhüllen DIN-Normen unterliegen, auch wenn hier noch vieles aus Zeiten stammt, in denen es Schreibmaschinen gab, die Adler, Monika oder Carrera hießen. Da hatten die Normen durchaus ihre Berechtigung, und sei es die eines besseren Einsatzes frisch gebackener Sekretärinnen, die genau wussten, an welchem Tabstopp Ihr Zeichen/Unser Zeichen zu stehen hatte. Selbst wenn die merkwürdigen Produkt-Namen heute auf die Prozessoren übergegangen sind, machen die meisten Normungen und Regeln Sinn, auch wenn die Ursache eine andere sein mag. So ist es beim normgerechten Beschriften eines Briefbogens vorteilhaft, dass die Adresse im Fenster des Briefumschlages steht und deshalb von den Lesemaschinen der Post richtig verteilt werden kann.

20 mm
Heftrand

27 mm
Fenster

45 mm
Fenster

Absenderzeile

Absenderzeile

Muster Person-Doppelname
Beispielfirma
Musterstraßenplatz 12

34567 Irgendwo

87 mm
Falzmarke

105 mm
Falzmarke

Hannover, den 18. Januar 2002

Form A mit
hochgesetztem
Anschriftenfeld

Form B mit
Standard-
Anschriftenfeld
45 x 85 mm

Briefbögen werden nach der DIN-Norm 676 gestaltet, üblich ist die Aufteilung nach der DIN 676/ Form B.
Daneben gibt es eine Form A, bei der der Bogen von unten nach oben gefalzt wird. Sie wird verwendet, wenn ständig zusätzliche Schreibzeilen benötigt werden. Durch die Falzung verschieben sich der Text, die Falzmarken und das Anschriftenfeld um 18 mm nach oben (siehe gestrichelte Linien).
Die Lochmarke, die eventuelle Warnmarke und der Heftrand sind bei beiden Formen identisch.

Sehr geehrte Damen und Herren,

als die Abderiten beschlossen hatten, ein stehendes Theater zu haben, wurde zugleich wegen patriotischer Rücksichten festgesetzt, dass es ein Nationaltheater sein sollte. Da nun die Nation, wenigstens dem Teile nach, aus Abderiten bestand: so musste ihr Theater notfolglich ein abderitisches werden. Dies war natürlicherweise die erste und unheilbare Quelle alles Übels. Der Respekt, den die Abderiten für die heilige Stadt der

148,5 mm
Lochmarke

192 mm
Falzmarke

210 mm
Falzmarke

257 mm
Warnmarke

mindestens 74 mm

Absenderangaben   40 mm   Freimachungszone

Briefhüllen für automationsgerechte Standardsendungen sind in der Vertikalen in 3 Zonen geteilt, die unabhängig von der Umschlaggröße gelten. Der obere Bereich dient den Absenderabgaben und der Frankierung, der mittlere Raum kann durch Lesemaschinen verarbeitet werden, der Bereich am Fuß ist die Kodierzone mit den netten leuchtroten Strichen.
Bei Postkarten ist die Lesezone durch einen mindestens 1,2 mm breiten Trennstreifen abgeteilt.

Lesezone

15 mm
Kodierzone

Briefbogen Für die Gestaltung von Briefbögen gibt es innerhalb der DIN-Norm 676 zwei Formen (A und B), die sich durch ihre Falzung und den Stand des Adressfensters unterscheiden. Allgemein üblich ist die Form B mit einer Falzung, die 105 mm von oben beginnt. Die A-Form hat den Vorteil, dass je nach Beschriftung zwei bis drei Zeilen mehr Text auf einen Briefbogen passen, deshalb erfreut sie sich im öffentlichen Dienst, und hier besonders bei den Finanzämtern, großer Beliebtheit. Beiden Formen gemeinsam ist die Mittelmarke zum Lochen der Briefpapiere bei 148,5 mm, egal ob von oben oder unten gemessen. Hinzu kommt – wenn auch höchst selten – eine Warnmarke, die den Schreibmaschinistinnen das Ende des Briefpapiers und somit den Stand der letzten schreibbaren Zeile anzeigt. Ansonsten ist der Briefbogen im Design freigegeben, selbst die Ihr Zeichen/Unser Zeichen-Zeile scheint ausgestorben, ruinierte sie doch die wohlfeilsten Entwürfe.

In diesem Zusammenhang sei der Tipp gegeben, dass Briefbogen-Entwürfe grundsätzlich in beschriebener Form präsentiert werden sollten, denn so mancher fein gestaltete Bogen erweist sich nach dem Beschreiben als ungeschlacht. Außerdem ist es sinnvoll, schon im ersten Gespräch mit einem »Briefbogenkunden« auszuloten, wie denn das Briefpapier derzeit beschrieben wird. Oft ist es realistischer (wenn auch nicht schöner) davon auszugehen, bestehende Word-Dokumente mit der hässlichen Arial im Design zu berücksichtigen als zu glauben, das Unternehmen sei bereit, sämtliche Word-, Excel- und Sonstwie-Dateien umzuändern. Und das gilt erst recht bei einem Vorhandensein anachronistischer Buchhaltungsprogramme, deren grafische Möglichkeiten gegen Null gehen.

Visitenkarten Dafür, dass Visitenkarten recht klein sind, verursachen sie mächtig Kosten und machen ordentlich Arbeit. Es ist immer wieder erstaunlich, welche Aufmerksamkeit viele Kunden ihrer Geschäftskarte als vermeintlichem Hauptimageträger widmen. (Wie sonst wären die Aufwendungen für den mittelständischen Dreiklang »FDP – falzen, durchlöchern, prägen« zu erklären?) Mit ein paar kleinen Überlegungen lässt sich die Arbeit für Designer etwas verringern.

Formulare Soll die Gestaltung, zum Beispiel bei Formularen, die mit solchen Programmen beschrieben werden, an vorhandene Schreibpositionen angepasst werden, hilft nur ein Ausdruck, auf dem alle Zeilen und Felder gedruckt und ausmessbar sind. Daneben gibt es in manchen Elektronikzubehörhäusern durchsichtige Messbögen zu kaufen, die auf Inch-Basis eingezeichnete Schreibfelder tragen. Manche dieser Fakturierungsprogramme geben ihre Ausdrucke auf etwas angejahrten Matrix-Druckern aus, die immer noch dort anzutreffen sind, wo Durchschläge auf selbstdurchschreibendem Papier gebraucht werden, zum Beispiel bei Lieferscheinen und Rechnungen. Diese Drucker verarbeiten in der Regel keine DIN-Formate, sondern arbeiten auf Inch-Basis mit Papiergrößen von 210 mm Breite und 305 mm (= 12 Inch) Höhe. Sollen diese versandt werden, müssen die Absenderzeilen für das Adressfenster und die Falzmarken entsprechend angepasst werden.

Post Neben den Kunden hat auch die Post Vorstellungen davon, wie das ihr anvertraute Briefgut aussehen soll, damit es automationsgerecht versandt werden kann. Basierend auf dem Normbriefbogen sitzt die Adresse in einer Lesezone, die wieder durch andere Zonen begrenzt wird: In den oberen 40 mm der Versandhülle sollten links die Absenderangaben stehen, während die Ecke rechts oben dem Freimachen dient. Die unteren 15 mm sind auf ihrer ganzen Länge als Kodierzone gedacht und dürfen daher nicht bedruckt werden. In den großen Postämtern werden übrigens alle möglichen Informationsschriften zur normgerechten Gestaltung von Briefhüllen usw. bereit gehalten. Nun kann man gestalten und machen was man will, denn die Post expediert sogar Bierdeckel, wenn sie mit 56 Cent frankiert sind. Nur wird die Post ebenso wenig Infopost und ähnliches Massengut annehmen, deren Umschläge nicht der Norm entsprechen, wie sie Bierdeckel nicht als Massendrucksache versenden wird. Daher ein kleiner Wink, schon öfter erprobt: Weigern sich größere Hauptpostämter Infopost oder -briefe wegen etwaiger Gestaltungsfreiheiten anzunehmen, hilft es, die soeben zurückgewiesenen Umschläge in das Postamt einer Kleinstadt zu tragen. Die versenden das dann, weil hier die Freude über Massendrucksachen größer ist. Zu befürchten ist aber, dass die Filiale beim Versand hoher Bierdeckelauflagen ebenfalls streiken wird.

[Der Gestaltungsraster] ... *in der Geschäftsausstattung*

40-45 *Serie 4* Nirgendwo steht geschrieben, dass sich das Logo zwingend rechts oben auf den Briefbögen aufhalten muss. Diese Quasinorm ist gewiss praktisch, wenn Ordner zu bestimmten Geschäftsvorgängen zu durchsuchen sind, aber im Prinzip wäre dabei jedes Logo sofort sichtbar, wenn es nur irgendwo auf der rechten Blatthälfte stünde.

Wie bei allem, was mit einem Gestaltungsraster zu tun hat, gilt die erste Frage dem Format. Immer üblicher wird das Scheckkartenformat von 85 × 55 mm, passt es doch in jedes Portemonnaie und jede Brieftasche. Leider ist es etwas unschön, plump und behäbig, fasst aber alle Informationen, die üblicherweise auf einer Visitenkarte versammelt werden.

Besteht der Ehrgeiz, die gesamte Geschäftsausstattung in einem Schriftgrad zu setzen, ist die Visitenkarte als kleinster verfügbarer Raum die beste Gelegenheit, mögliche Schriftgrößen auszuprobieren. Hier ist es klug, gleich zu Beginn der Entwurfsarbeit sämtliche Inhalte der prospektiven Visitenkarte zu sammeln, denn die haben in den letzten Jahren, seit es Handys, Webauftritte und E-Mail-Adressen gibt, mächtig zugenommen. Danach entscheidet sich in der Regel auch, welche Formatlage in Frage kommt, denn das elegantere Hochformat kann bei Doppelnamen und langen E-Mail-Adressen zum Problem werden.

Nicht selten müssen wegen des begrenzten Raumes alle Elemente ein wenig verkleinert werden, das Logo also, die Schriften und eventuell auch der Raster. Wegen kleinformatiger Drucksachen wie Visitenkarten kann es bei der Planung eines Corporate Design sinnvoll sein, einen Gestaltungsraster mit halbierten Rasterschritten zu entwerfen (siehe die Visitenkarten der Bundesregierung im folgenden Exkurs).

Die BIEGE ist ein von ihrer Konzeption her ungewöhnliches Unternehmen, das grafische Interpretationen und das Spiel mit dem Gewohnten zulassen würde. Aus diesem Grund steht das BIEGE-Logo – ebenso ungewöhnlich wie gut sichtbar – bei den meisten Drucksachen rechts unten im Anschnitt. Das Zeichen wurde für mehrere unterschiedliche Ausrichtungen entworfen: Je nach Stand nimmt es von links nach rechts zu oder eben umgekehrt von rechts nach links. Auch für unvermeidliche Positionierungen an Fahrzeugen oder Gebäuden usw. gibt es eigene Versionen, die sich von oben nach unten aufbauen. Auf diese Weise kann das Zeichen spielerisch mit der Schrift verquickt werden: Entweder betont es typografische Achsen oder es gibt einem freien Zeilenfall den optischen Halt.

Hier hat das Raster also eine konzeptionelle Komponente, die mehr auf Freiheit als auf Bindung abzielt. Deshalb gibt es auch nur zwei fixierte CD-Elemente: Das aus drei Farben bestehende Logo steht immer im Anschnitt, und die Schrift Syntax ist als ebenso funktionale wie elegante Satzschrift vorgegeben.

Das Zeichen selbst symbolisiert, dass aus etwas Kleinem Großes und Dynamisches wächst. Damit wird die Eigenart des Unternehmens umgesetzt, denn die BIEGE ist ein bundesweiter Zusammenschluss von mittelgroßen Handwerksunternehmen, die gemeinsam den Themenpark auf der EXPO 2000 produziert haben. Das Zeichen ist so geplant, dass es sich »verselbstständigen« kann, zum Beispiel als reines Gestaltungselement auf Plänen und Entwürfen.

Für das Firmenlogo und die Geschäftspapiere eines Keramikbetriebes wurde ein dreiteiliger Corporate Design-Satz entwickelt, bestehend aus einem Logo (das in einen die Adresse enthaltenden Rundsatz integriert wurde), einem Schriftbalken mit dem Firmennamen und einem Foto, das auf jeder Drucksache je nach Anwendung variiert (etwa Werkstattszene bei Auftragsvordrucken, präsentierte Ware bei der Rechnung ...). Der Stand dieser Elemente und des kreisförmigen Wasserzeichens ist bewusst unterschiedlich, um zu einer flexiblen Weiterentwicklung des Erscheinungsbildes zu ermuntern.

Für den Entwurf eines Formulares ist es sinnvoll, anhand von Ausdrucken der bestehenden Buchhaltungsprogramme zu entwerfen, um den Kunden ein aufwändiges Anpassen zu ersparen. In diesem Fall wurde bei der Rastergestaltung zusätzlich daran gedacht, dass die Auftrags- und Bestätigungsvordrucke sowohl von Hand als auch über die EDV ausgefüllt werden können. **Ein kleiner Tipp:** Sollen die Formulare einmal gefaxt werden, bieten sich Linien aus runden kleinen Punkten eher als durchgezogene Linien an, weil erstere wesentlich sauberer beim Empfänger ankommen (die wenigsten Faxgeräte ziehen die Vorlagen sauber und gerade ein).

Das Zeichen selbst symbolisiert die entstehende Ware, denn die meisten keramischen Produkte sind rund und entstehen durch Drehungen. Das lineare Gebilde innerhalb des Kreissatzes stellt zum einen die Initialen des Inhabers als auch zwei stilisierte Gefäße im Querschnitt dar.

46-49 *Serie 5* Seit einigen Jahren ist zu beobachten, dass die im Corporate Design fixierten Basiselemente, insbesondere Formen und Farben, als ein Set angelegt werden, auf das die werblichen Maßnahmen zurückgreifen können. Ein weiterer Grund, ein derartiges Set anzulegen, kann sein, dem Kunden Variationsmöglichkeiten innerhalb seines Erscheinungsbildes an die Hand zu geben, mit denen er künftige Drucksachen selbst gestaltet. Hier wird der Rastergedanke nicht nur auf die Definition weniger Bestandteile beschränkt, sondern weiter gefasst und auf die Beziehungen untereinander übertragen.

[Der Gestaltungsraster] ... in der Geschäftsausstattung

Das Erscheinungsbild für das Cross Media Studio operiert mit einem Raster, das lediglich die Elemente, ihre Farben und Beziehungen zueinander definiert, auf exakte Größen- und Standangaben jedoch verzichtet. So ist geregelt, dass das kleine mittelbraune Feld immer an einem blauen Kopfbalken zu stehen hat und durch ein wasserzeichenartig unterlegtes Logo mit diesem verbunden ist. Nicht fixiert ist jedoch, ob es darunter oder daneben steht oder links oder rechts davon – das wird erst beim Layouten situativ entschieden. Ähnliches gilt in der Imagebroschüre, mit der sich das Unternehmen vorstellt: Hier ist für das Feld zu wenig Raum, dafür steht das Logo einmal im Original und einmal monochrom auf jeder Doppelseite. Das sowie ein deutlicher Größenunterschied und der einem Gütesiegel nachempfundene Stand auf einer der Abbildungen werden nur vom Prinzip her geregelt – mehr nicht.

Die letzte im Sinne eines übergeordneten Rasters getroffene Vereinbarung betrifft den Dialog der Elemente: Stehen zum Beispiel Texte nebeneinander, dann grundsätzlich mit unterschiedlichen Funktionen und Spaltenbreiten. Gleiches gilt für Bilder und Logos, denn sie sollen immer dialogisch zueinander stehen. Und auf Pullovern geht das auch: Im Schlussverkauf fand der Firmeninhaber einen Glückspulli in seinen Firmenfarben, deren Anteile und Flächenanordnungen exakt zum CD passen.

Das Firmenlogo setzt den Namen Cross Media Studio und den Geschäftszweig des Unternehmens um: Vorlagen so zu bearbeiten, dass sie für alle Medien verwendbar sind. Des Weiteren werden in ihm die Geschäftsfelder CAD und 3D-Animation visualisiert.

50-53 *Serie 6* Das stärkste Element im Corporate Design ist die Hausfarbe oder deren Kombination, denn die meisten Unternehmen verwenden zwei bis drei aufeinander abgestimmte Hausfarben. Auch sie beruhen im übertragenen Sinne auf einem Raster (in den Köpfen), das als Exkurs im übernächsten Kapitel beschrieben wird. Etwas Ähnliches gilt für Formen, denn auch hier kann eine eher grundsätzliche Definition des Corporate Designs auf einen übergeordneten, allgemein zu verstehenden Raster übertragen werden.

... in der Geschäftsausstattung [Der Gestaltungsraster]

54-57 *Serie 7* Dass sich ein Raster auch darauf erstrecken kann, dem Briefbogen selbst mehrere unterschiedliche Funktionen zu geben, zeigt das Briefpapier des Deutschen Komitees des Type Directors Club of New York. Zum einen dient es natürlich als Geschäftsbogen, der auf der Rückseite einfarbig und seitenverkehrt bedruckt ist, so dass das siegelartige TDC-Logo von vorne gesehen wie ein Wasserzeichen wirkt. Nun lässt sich der Bogen entlang der oberen Falzmarken beschneiden; auf diese Art entsteht ein briefkartenartiger Streifen mit einem vorder- und einem rückseitigen Logo. Wird das Briefpapier an der unteren Falzmarke beschnitten, mutiert er zu einem quadratischen Kurzbrief mit zwei Rückenlogos.

78

[Der Gestaltungsraster] *... in der Geschäftsausstattung*

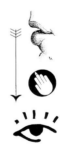

Immer häufiger, insbesondere in der Korrespondenz von Designbüros und Werbeagenturen, ist die Beschriftung mit verschobenem Zeilenfall anzutreffen – auch dies basiert auf einem rastergemäßen Vorgehen.

Die dargestellten Logos (und noch einige mehr) gehören alle ein und demselben Designbüro und symbolisieren das Gleiche: Eine Äußerung (Mund) wird durch eine Tätigkeit (Hand) zu einem sichtbaren Bild (Auge). Der Pfeil wäre für diese Aussage eigentlich nicht nötig, bildet aber eine visuelle Klammer und fügt dem Ganzen noch ein wenig Dynamik hinzu. Das heißt, es gibt einen einfachen Raster in den Gedanken, nicht jedoch als fixierte Stilvorgabe.

In der Praxis kam im Laufe einiger Jahre ein zweiter Raster hinzu, das Korrelieren von Stil und Drucksache nämlich. Die edelste Logo-Anmutung war immer häufiger auf dem Briefpapier anzutreffen, eine etwas gröbere, vertikale Version auf den Kurzbriefen. Die lebendige Comicvariante fand sich dann permanent auf den Briefhüllen sowie einem der Logo-Stempel wieder (von denen es ebenfalls mehrere gibt). Das Logo mit dem eckigen Mund war das Unbeliebteste und entschwand allmählich auf die Aufkleber der Datenträger. Das Knopfdruck-Zeichen hingegen war schon immer auf der Visitenkarte, wo es sich zwar etwas merkwürdig ausnimmt, aber wer will das nach über zehn Jahren jetzt noch ändern?

Kurz: Selbst wenn es als Vorgabe nur einen minimalen, eher ideellen als grafischen Raster gibt, schaffen wir uns nach kurzer Zeit unseren eigenen Raster. Es ist wie mit den Vorurteilen: Wirft man sie zum Fenster raus, kommen sie zur Türe wieder herein.

58-62 *Serie 8* Noch weiter gefasst, kann sich der Rastergedanke im Corporate Design sogar auf den Inhalt des Logos statt auf seine konkrete Form beziehen. Das ist ungewöhnlich und somit reizvoll.

Zum Beispiel
Der Gestaltungsraster der Bundesregierung

Ein Staatswesen braucht Symbole, zum einen für sich selbst und seine Bediensteten, vor allem jedoch für seine Bürger. Die meisten dieser Staatszeichen haben allerdings nur wenig oder indirekt mit Grafik-Design zu tun: Gebäude, Flaggen, Staatswappen, Währungen, aber auch feste Rituale sowie Personen und ihre Äußerungen prägen das Bild, das sich die Menschen von ihrem Staatswesen und der sie repräsentierenden Regierung machen.

Dennoch hat das Grafik-Design seine Funktionen. Zum einen bestimmt der sichtbare Stil darüber mit, ob eine Regierung im Sinne »visueller Bürgernähe« als zu modern oder zu bieder gilt, zum anderen soll die Gestaltung das vielfältige Gebilde aus Ministerien, Ämtern und Ressorts vereinheitlichen und nach außen geschlossen darstellen. Und drittens trägt ein gelungenes Corporate Design, wie bei jedem Unternehmenserscheinungsbild auch, zur besseren Organisation der Geschäftsabläufe innerhalb und außerhalb der Regierung bei.

Das Kernstück des Corporate Designs, das Logo, ging aus einem Wettbewerb hervor, den die damalige Essener Studenten Lisa Eidt und Jürgen Huber für sich entscheiden konnte. Ihre ersten Vorgaben wurden zurzeit der Regierung Kohl von Meta Design in Berlin umgesetzt und verfeinert, später von Odeon Zwo in Hannover und Berlin stilistisch und inhaltlich weiter ausgebaut sowie im großen Maßstab umgesetzt.

Das Logo der Bundesregierung steht mit seiner ruhigen, aufgeräumten Gestaltung für Werte, die die Menschen von ihrer Regierung erwarten: Glaubwürdigkeit, Vertrauen und Repräsentation. Das Logo besteht aus drei Elementen, dem tradierten (aber formal überarbeiteten) Bundesadler, dem Säulenelement in den Farben der Bundesrepublik und dem in der Univers gesetzten Namen des jeweiligen Hauses oder der Bundesregierung in ihrer Gesamtheit. Diese drei Elemente sind so angeordnet, dass sie als einzelne Bestandteile miteinander korrespondieren, aber als ein Gebilde wirken. Damit werden wesentliche Merkmale der Demokratie visualisiert: Offenheit, Dialog und Transparenz.

Wie es sich für ein gründliches deutsches Staatswesen gehört, liegt dem gesamten Corporate Design der Bundesregierung ein einheitlicher Raster zugrunde, der im Bedarfsfall verfeinert, keinesfalls aber verlassen werden darf. Dieser Raster ist – ebenfalls urdeutsch – pragmatisch angelegt: Gemäß dem allgemeinen Handling am Computer sind die vertikalen (typografischen) Grundmaße in Point, die horizontalen hingegen in Millimetern angelegt. Das Basismaß (ein Rasterfeld) beträgt demzufolge 12 pt in der Senkrechten und 5 mm in der Waagerechten: Alle anderen Maße des Corporate Designs leiten sich daraus ab.

Auch das Logo selbst ist nach diesem Raster aufgebaut und wird grundsätzlich rastergemäß in den Entwurf gesetzt. Damit das Logo keine stilistische Konkurrenz durch artfremdes Design erhält – wer weiß, was den Grafikern morgen noch so alles einfällt – ist es von so genannten Schutzzonen umgeben, die selbstverständlich ebenfalls auf dem Rastersystem beruhen.

(Darstellung in 200%)

Das Corporate Design der Bundesregierung ist an ein Gestaltungsraster gekoppelt, dessen einzelne Schritte 5 mm in der Horizontalen und 12 pt in der Vertikalen sind.
Die linke Textkante und die Unterkante des schwarzen Säulenelementes werden von Ausrichtungslinien durchzogen, die einen Kreuzungspunkt bilden, der in jedem Fall im Raster positioniert ist.
Von diesem Kreuzungspunkt aus werden innerhalb des Rasters alle Elemente des Logos bemaßt sowie die Schutzzonen definiert, die einen Freiraum um das Logo schaffen.

Die horizontale Ausrichtungslinie verläuft auf der gemeinsamen Kante von schwarzem und rotem Säulenelement

Der Positionierungspunkt steht im Raster – und definiert damit den Stand des Logos unabhängig von der Drucksache

Die vertikale Linie wird durch den Textbeginn festgelegt

(Darstellung in 200%)

Das Schutzzonenmodul ist 2 Rasterfelder breit und 1 Säulenelement hoch

Oben und links werden je 2 Schutzzonenmodule vom Positionierungspunkt aus gesetzt. Rechts und unten steht je ein Modul am Ende

(Darstellung in 200%)

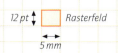

Der Gestaltungsraster der Bundesregierung [Zum Beispiel]

Das Auge regiert mit:
Der Stil entscheidet darüber mit,
wie modern oder bieder
eine Regierung empfunden wird.

Selbstredend ist die Geschäftsausstattung der Bundesregierung mit dem Rastersystem des Corporate Designs verknüpft. Zum einen sind in der gesamten Geschäftsausstattung die Post- und DIN-Normen berücksichtigt, zum anderen sind die technischen Eigenarten der Büroautomation in die Gestaltung integriert. Durch den engen Bezug auf das Pointsystem der Computer sind sowohl die Vordrucke als auch die reinen Beschriftungen mittels diverser Textverarbeitungsprogramme rastermäßig korrekt durchführbar, zumal das Grafikdesign des Bundes durch die Kopplung von Vorsatzwörtern mit den variablen Inhalten von einer hohen Passgenauigkeit bei der Geschäftsausstattung ausgeht.

Dennoch ist für einige Anwendungen der zugrunde liegende Raster immer noch zu grob. Eine generelle Verfeinerung macht aber keinen Sinn, da sie zu einer »Vereinfachung« und anderen »Rundungsprozessen« führen würde. Als gelungener Kompromiss lässt sich der Gestaltungsraster partiell detailreicher machen, indem die einzelnen Rasterfelder – zum Beispiel bei der Visitenkarte – halbiert oder gar geviertelt werden.

(Nur so zum Spaß und zum Abschluss und am Rande: Gäbe es für Schreibmaschinen die Schriften Univers und Demos – die Hausschriften der Bundesregierung – ließen sich die Briefpapiere sogar auf diese Art dem Raster gemäß betippen. Die Vorstellung, dass das Bundeskanzleramt – je nach Schriftart – auf Schreibmaschinen des Typs »Adler« schreibt, während das Auswärtige Amt dem Fabrikat »Olympia« den Vorzug gibt, hat etwas für sich. Außerdem gäbe es keine Festplatten, die bei einem Regierungswechsel zu löschen wären.)

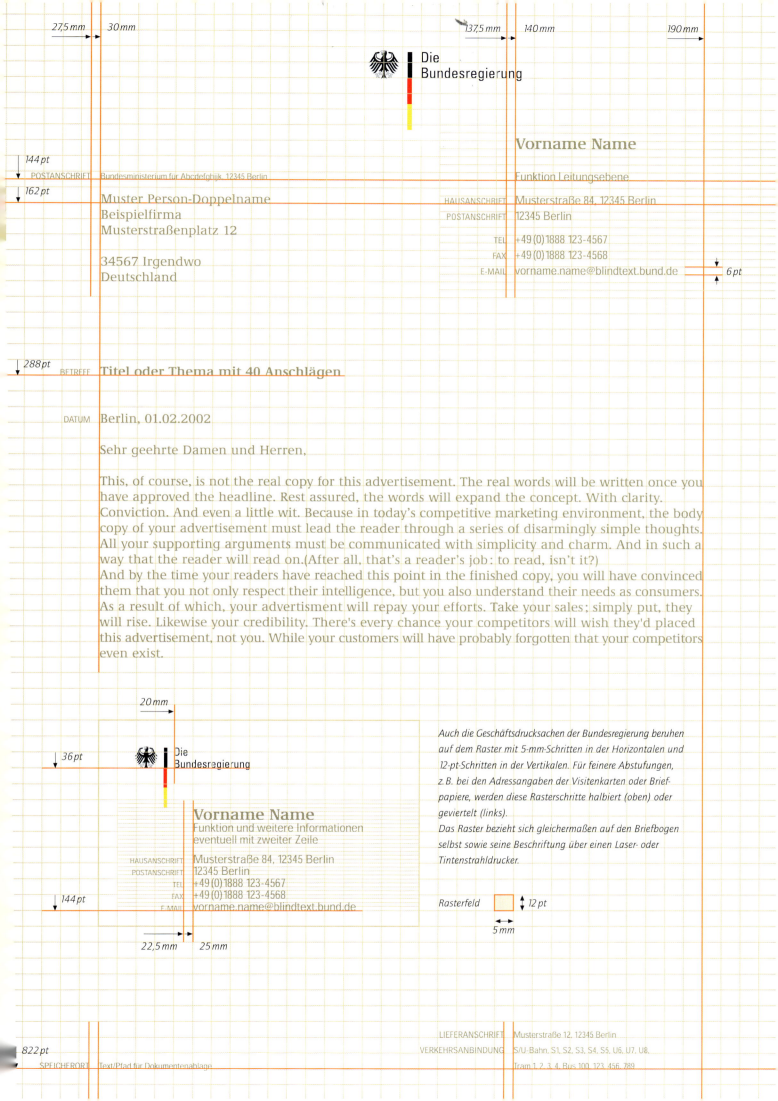

63 Die Startseite des ZDF kommt etwas mächtig daher: Ein starker, bannerartiger Kopf mit großen Abbildungen, die in den Hausfarben Orange und Blau gefiltert wurden. Abgesehen von zwei Menüleisten ober- und unterhalb des Kopfes ist die Navigation klassisch und aufgeräumt. Das portalähnliche Design erinnert im Aufbau an Tageszeitungen und wird entsprechend intuitiv aufgenommen: Die Inhalte werden von Kurzspots eingeleitet, dann folgen das Hauptthema sowie andere größere Themen, kleinere Informationen werden erst beim scrollen sichtbar.

Der Gestaltungsraster im Internet

Bei der Gestaltung von Websites gesellen sich den vom Print bekannten Vorgaben weitere Gestaltungseinflüsse hinzu, auf die ein Designer kaum einwirken kann, denn wesentliche Parameter werden vom User vorgegeben. Das muss man sich, übertragen auf das Buchdesign, in etwa so vorstellen: Jeder Leser eines Bildbandes gibt sein (zwischen Taschenbuch und Folio liegendes) bevorzugtes Format sowie den Umfang vor, dennoch muss die Gestaltung für alle Leser einheitlich sein.

Der erste »Raster« besteht in der technischen Ausstattung; hardwareseitig sind dies im Wesentlichen die durch Modem oder Netzwerk bedingte Übertragungsgeschwindigkeit sowie die Monitorgröße und -auflösung. Größer sind jedoch die softwareseitigen Unwägbarkeiten: Das Betriebssystem inklusive seiner Versionen, der Browsertyp und diverse Plug-Ins, um die vielen Features zu nutzen. Hinzu kommt die auf jedem Rechner abweichende Schriftausstattung, so dass für die Fontdarstellung eigentlich nur auf die Betriebssystemschriften (Mac und Windows haben unterschiedliche) zurückgegriffen werden kann. Eigentlich sollten Typografen keine Web-Auftritte gestalten, zumal der Markt so kaputt ist, dass an Broschüren bei geringerem Aufwand mehr zu verdienen ist.

So ist im Design von Internetseiten vom kleinsten gemeinsamen Nenner – dem technischen Minimum – auszugehen, das oft im krassen Gegensatz zu dem steht, was sich die Web-Designer wünschen. Zumal die User in der Regel lieber einen Internetauftritt verlassen als das zu laden, was die Designer von ihnen zur Nutzung einer einzelnen Website verlangen.

Die technischen Vorgaben zwingen darüber hinaus zu Kompromissen, die den Kunden der Designer manchmal schwer zu vermitteln sind, weil sie eine Veränderung unumstößlicher Gestaltungsvorgaben verlangen. Das Darstellungsmedium Monitor ist eigentlich eine Lampe und funktioniert deshalb anders als das Papier: Die Hausfarben werden nicht wie gewohnt dargestellt, darüber hinaus geben Mac und Windows identische Farben anders wieder. Gleiches betrifft die Schriftdarstellung, denn die obligaten Hausschriften werden in kleinen Graden ungewohnt aussehen, weil Monitore ein lausiges Auflösungsvermögen haben.

Bei der Gestaltung interaktiver CD-ROMs sind die technischen Darstellungsprobleme deutlich geringer. Damit dies aber so ist, verändern ihre Player oft die Bildschirmeinstellungen und müllen ungefragt die Festplatte des Users mit einer Menge kleiner Hilfsprogramme zu und entreißen ihm die Herrschaft über seinen Rechner.

64 Die Website von Eddie Bauer startet mit einem Design, das sich in Bezug auf Farben, Präsentation der Bilder und US-amerikanischen Look an die Gestaltung der Bekleidungskataloge und Stores anlehnt. Dadurch wird beim Aufrufen der Seite eine hohe visuelle Präsentationsdichte erzielt. Interessant ist die für Internetauftritte unübliche Verschachtelung der Rahmen, die sich jedoch bei der Wahl einer tieferen Ebene auflöst. Dann fährt die Hauptnavigation an den unteren Bildschirmrand, während oben eine kontextbezogene Subnavigation platziert wird.

65 Die Startseite von E-Plus hat einen eigenen Auftritt, der sich stark von anderen, zunehmend portalähnlichen Websites unterscheidet. Die Nutzer müssen sich in eine von drei Kategorien einordnen, hinzu kommen optional Informationen über das Unternehmen und ein aktuelles Thema. Die Zuordnung der Bereiche und Informationen wird durch kleine Fotos und Farben erzielt, die auf den folgenden Seiten weiterhin Verwendung finden. Diese Folgeseiten haben wiederum ähnlich angeordnete Hauptthemen, ergänzt durch eine klassische, links stehende Navigation.

66 Der Internetauftritt der Landeshauptstadt Düsseldorf präsentiert seine Informationen mittels eines übersichtlichen Rasters in drei Stufen: Die rechts stehende Navigation verzweigt den Nutzer unmittelbar über Links, im großen Feld werden mit Bildern kombinierte Textspots platziert, um von dort aus eine tiefer gehende Information anzusteuern. Die letzte Möglichkeit sind längere Textanrisse, wiederum mit der Option weiterer Informationen. Verändert sich die horizontale Größe des Browserfensters, werden der Raster und alle Inhalte kurzerhand skaliert.

67 C&A präsentiert sich mit einem klassischen Webauftritt und einer entsprechenden Navigation. Ungewöhnlich hingegen ist auf tieferen Ebenen die Platzierung weiterführender Links und Bilder in einer zwischen Navigation und Text stehenden Spalte. Dadurch wirkt die Seite rhythmischer und interessanter, zumal der aus Linien, Flächen und Kopfbalken bestehende Raster ebenfalls einen gliedernden Rhythmus bewirkt. Die Website wirkt sehr übersichtlich, zumal die rechte graue Fläche durch ihre dem Monitor angepasste Größe Ruhe schafft.

... im Internet [Der Gestaltungsraster]

Indem interaktive CD-ROMs den ersten, den »technischen Raster« umgehen, negieren sie häufig den zweiten »Raster der Nutzerführung«, der im Wesentlichen auf den Gewohnheiten der User beruht. Gewohnheiten beruhen auf Erlerntem, das repetiert wurde: Im Internet sind dies neben den bekannten Raumorientierungen vor allem die Browser- und Menüfunktionen sowie das Verhalten von Buttons. Weil die meisten Webauftritte für ihre Besucher neu und komplex sind, ist es wichtig, die Navigation übersichtlich zu halten. Gleiches gilt für den Stand sowie die konsistente Funktion technischer und gestalterischer Elemente und Farben.

Dies betrifft unmittelbar die Position der Funktions- und Gestaltungselemente und somit die Screenaufteilung. Die verfügbare Fläche wird durch die in Pixeln (px) angegebene Monitorgröße definiert, wobei ein Pixel einem typografischen Point entspricht, also 0,35277 mm. Es kann für ein schnelleres und stilistisch einheitliches Layouten recht praktisch sein, mehrere Pixel zu Rasterfeldern zusammenzufassen. Diese können je nach angepeiltem Design quadratisch sein (zum Beispiel 20 × 20 px) oder in etwa den Proportionen eines Monitors entsprechen (zum Beispiel 20 × 15 oder 16 px). Für kleine Buttons oder feinere Positionierungen lassen sich die Rasterfelder unterteilen.

Für die Gestaltung bereitet ein kleiner Monitor mit 800 × 600 Pixeln (selten, aber noch von Relevanz) mehr Probleme als ein großer Monitor, weil es für den User einfach lästig ist, wenn er sich seine Inhalte nicht nur in der Vertikalen, sondern auch noch in der Horizontalen zusammenscrollen muss. Daher gehen noch viele

Webauftritte von dieser Auflösung aus und lassen die »nicht verbrauchte Fläche« nach rechts monochrom auslaufen (siehe C&A, Abbildung 67). Andere Möglichkeiten sind die Positionierung der Inhalte auf der Bildschirmmitte (siehe E-Plus, Abbildung 65) oder eine Teilung, bei der an der linken und der rechten Monitorkante Inhalte stehen, während dazwischen ein Puffer verbleibt, dessen Größe durch den Monitor bestimmt wird (siehe Audi, Abbildung 68). Häufig ist auch eine (besonders bei Flash-Auftritten sichtbare) Lösung zu finden, bei der einfach ein neuer, in der Größe fester Pop-up-Screen über alle anderen Fenster gelegt wird.

Im Sinne einer einfachen und somit konsistenten Nutzerführung sollten alle Elemente grundsätzlich Kategorien zugeordnet werden, die wiederum einen fest definierten Raum für sich beanspruchen. Diese können zum Beispiel ein oben oder links stehender Navigationsbereich sein, ein großer Bereich für den Inhalt (Contentbereich) und ein eventueller Servicebereich für Impressum, Kontakt etc.

Web-Design ist ein Spezialgebiet, das sich zu schnell ändert, als dass es tief schürfend in einem Rasterbuch behandelt werden kann – was heute üblich ist, kann in einem Jahr völlig out sein. Deshalb sei auf die Spezialliteratur, und hier zwei Bücher im Besonderen verwiesen: Zum einen auf das in der Reihe Rororo-Computer erschienene, hervorragend gestaltete und überdies preiswerte Taschenbuch »Hypergraphics« von Roy McKelvey. Zum anderen das im Hanser-Verlag herausgegebene Werk »Webdesign und -publishing – Projektmanagement von Websites« von Ralf Lankau.

68a Die deutsche Audi-Website empfängt den Besucher zum einen auf der linken Seite mit aktuellen Mitteilungen, zum anderen mit einer klassischen Navigation am rechten Bildschirmrand. Zwischen ihr und dem Audi-Logo steht eine gut sichtbare Standortangabe, parallel dazu ist der betreffende Link durch seine Negativschrift hervorgehoben. Der freie Raum zwischen Navigations- und Contentbereich ändert sich mit der Größe des Monitors bzw. des Browserfensters.

68b Der freie Pufferbereich nimmt die rechtsbündige Subnavigation auf und kann bei textintensiven Inhalten im unteren Bereich zusätzliche Verlinkungen enthalten. Durch die rasterartige Modulbauweise mit ihren Headlinezonen und grauen Fonds wirken die Seiten recht geschlossen und bedingen auf der linken Seite keine konsistente Platzierung der stark unterschiedlichen Inhalte. Zur Einheitlichkeit tragen ein oben stehendes Foto sowie eine Seitenheadline im freien Zeilenfall bei.

68c Einige Inhalte sind gesondert aufbereitet und erscheinen nach Aufruf als Pop-up in einem eigenen, in seiner Größe nicht veränderbaren Fenster. Sie haben durch den Raster, das Logo und die Headline eine an den Webauftritt angelehnte Gestaltung, müssen dieser aber in Bezug auf die Farbstellung, die Navigation und die Lineatur nicht folgen. Eine beispielhafte Anwendung ist der Konfigurator, mit dem die Nutzer ihren künftigen Panzerspähwagen (Audi TT) zusammenstellen und kalkulieren lassen können.

68d Bereiche, die im Internet klassischerweise eine eigene Benutzerführung haben – spezielle Feedbackformulare zum Beispiel – lassen sich dank des Rasteraufbaus gut in die Website integrieren, zumal auch andere fixe Elemente wie das kleine orangefarbene Rechteck oder die ebenfalls orangenen Dreiecke vor den Links eine optische Korrespondenz herstellen. Dann können die weiteren Subnavigationsmöglichkeiten abweichend vom Auftritt, aber den User-Gewohnheiten entsprechend über den Formularen stehen.

69 Da Menschen zuerst zum Licht schauen, liegt es nahe, Beschilderungen mit eigenen Leuchtkörpern zu betonen (allerdings ohne die Passanten zu blenden). Bei den Schildern des Systems sollten die Informationen in der Reihenfolge der Wegstrecke aufgelistet sein, wobei die Merkfähigkeit meistens auf zirka vier bis fünf Informationen begrenzt ist. Nach Möglichkeit sollten die Pfeile direkt an die glatte Ausrichtungskante der Schrift anschließen, weil dem Betrachter (wie in diesem Beispiel) die Zuordnung nach einer größeren Lücke schwer fällt. Da ist es doch hilfreich, wenn alle Pfeile des Leitsystems in die gleiche Richtung weisen.

Der Gestaltungsraster im Leitsystem

Ein Orientierungssystem erfüllt mehrere sehr unterschiedliche Funktionen. Grafisch ist es zunächst ein Bestandteil des Corporate Designs, der nicht nur nach außen wirkt, sondern auch den Mitarbeitern ständig präsent ist. In der Regel reichen die üblichen CD-Vorgaben für den Printbereich jedoch nicht aus und müssen ergänzt oder modifiziert werden, da viele bekannte Parameter nicht übertragbar sind. Druckfarben lassen sich zum Beispiel nicht 1:1 übernehmen wenn lackiert werden soll, da das entsprechende RAL-System mit anderen Tönen aufwartet und auch bei den Klebefolien muss nach ähnlichen Farben gesucht werden. Unter schlechten Umständen ist auch die Hausschrift um eine weitere Schrift zu ergänzen, weil nicht alle Fonts von weitem gut zu lesen sind oder mit dem schmalen Raum eines Schildes zurechtkommen. So sind feine Antiquaschriften auf Entfernung nur schwer lesbar oder manche breit laufende Fonts bieten sich für ein Leitsystem nicht an, weil sie bei kurzen Schildern zu klein ausfallen würden.

Ein gutes Orientierungssystem passt sich in sein architektonisches Umfeld ein, muss sich aber zugleich genügend abheben, um überhaupt ins Auge zu fallen. Dabei ist die Platzierung anhand der Besuchergewohnheiten sinnvoll, so dass die vorherrschenden Bewegungsrichtungen und Sichtachsen den Standort der Schilder bestimmen. Werden die Schilder in einer guten

70 Die Planung eines Orientierungssystems sollte besonders im Außenraum den Aspekt der Lesbarkeit bei Nacht berücksichtigen. Bei von innen beleuchteten Schildern ist die Lesbarkeit oft schwieriger als bei Schildern, die ihr Licht mittels Strahler von außen erhalten (dafür kann man bei ersteren schon von weitem erkennen, dass da vermutlich Schrift ist). Bei der externen Ausleuchtung sollte bei der Planung ermittelt werden, wie sich der Streuwinkel und die Höhe des Lichtkegels auf das Schild auswirken. Einzelne und wichtige Elemente können betont werden, wenn sie aus einer stark reflektierenden Folie geschnitten wurden.

[Der Gestaltungsraster] ... *im Leitsystem*

71 U-Bahnhaltestellen haben oft eine geringe Raumhöhe und müssen zudem Fluchtwege offen halten. Daher, und weil sie von weitem gut zu sehen sind, werden die Leitsysteme meistens als schmale Bänder an der Raumdecke angebracht. Obacht ist hier bei gewölbten Schildern geboten, weil sie das Deckenlicht reflektieren können und die Lesbarkeit der oberen Zeilen leidet. Bei dieser U-Bahnstation in Hannover werden die Passanten durch die Ausrichtung der Schrift und der hellen Piktogramme geleitet: Gehen beide zum Beispiel nach rechts, werden die genannten Fahrtziele auch über die rechts liegenden Bahnsteige erreicht.

72 An jedem Gleis des Hauptbahnhofs Hannover ruft die Bahn ihre Reisenden zum Informationszusammensuchspiel auf. Das Spielfeld ist für zwei Mannschaften – eine gelbe und eine blaue – angelegt. Beide verfügen über die gleichen Elemente (Schrift, Piktogramme und je ein Pfeil), die sie ohne Hilfe eines Rasters verteilen müssen. Die blaue Mannschaft hat gewonnen, denn sie hat mehr Elemente unterschiedlicher Kategorien sammeln können – dafür hat die gelbe Mannschaft den dickeren Pfeil. Gewonnen hat auch der Fahrgast, denn er lernt auf der Treppe stehend, dass positive Piktogramme besser zu erkennen sind als negative.

73 Im Hauptbahnhof Hannover stehen vor den Zielorten hohe blaue Tafeln zwecks besserer Wahrnehmung im Passantenstrom. Sie sind aus einem reflexarmen Material und wirken dadurch insgesamt ruhig und homogen. Die Typografie ist etwas mühselig, weil unspationierte Negativschrift nicht so gut zu lesen ist. Die unterschiedlichen Zeilenanfänge auf der linken Seite wirken recht unmotiviert. Es sei denn, man möchte damit zeigen, dass eine größere Einrückung (untere Absätze) das Schild ruhiger und aufgeräumter wirken lässt.

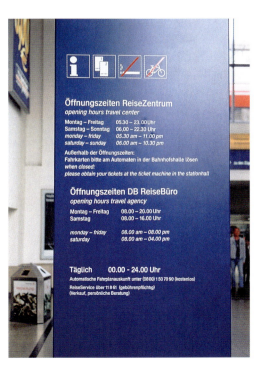

89

Höhe angebracht, sind sie von weitem sichtbar und können auch gelesen werden, wenn mehrere Personen davor stehen. Als Negativbeispiel sind hier die Beschilderungen vor Kaufhausrolltreppen berüchtigt.

Die eigentliche Funktion eines Leitsystems ist, ortsunkundige Besucher an ihr Ziel zu bringen. Ob es sich dabei um ein kleines Hotel oder um öffentliche Einrichtungen mit hohem Besucheraufkommen – zum Beispiel Flughäfen, Bahnhöfe, Krankenhäuser oder Museen – handelt: Orientierungssysteme werden meistens bei ihrem ersten Besuch und in somit unbekannten Räumen benötigt. Ein Informations- und Leitsystem hat also die Aufgabe, die Wegeführungen in einem Objekt zu strukturieren, zu visualisieren und eventuelle weitere Informationen zu vermitteln.

Dies alles kann sich jederzeit ändern, deshalb müssen Leitsysteme immer auf Zukunft geplant werden, sie sollen also flexibel sein, so dass sie um weitere Schilder und Standorte ergänzt werden können. Am besten gelingt dies mit einem Raster, für den alle vorkommenden Elemente (Schildmaße, Farben, Schrift, Pfeile, Piktogrammstil etc.) klassifiziert sowie mit ihren Größen und im Stand fixiert werden. Dabei sollte im Entwurf berücksichtigt sein, dass alles nicht nur für sich alleine, sondern auch in der Gesamtheit wirken muss: Jedes Schild kann als Tableau und als Einzelobjekt auftreten, denn nahezu jedes Schild ist ein Unikat. Ist der Raster definiert und sind die stilistischen Merkmale grafisch kraftvoll genug, um als Serie wirksam zu sein, ist es durchaus möglich, auch abweichende Ausnahmen zuzulassen, wenn sie als zum Leitsystem gehörig erkannt werden. Das strukturierte Entwerfen innerhalb eines Rastersystems hat den Vorteil, dass die Designer nicht jedes Schild layouten müssen, sondern dass sie das Gros der Informationen nach Art eines Formulares für den Werbetechniker vorbereiten können.

Der erste Eindruck ist entscheidend: In der Anwendung gilt die Faustregel, dass das erste Schild in einem Leitsystem die wesentlichen Merkmale präsentieren muss – denn an ihm werden alle grafischen Elemente gelernt, die die Nutzung und die Suche nach weiteren Beschilderungen erleichtern. Dies funktioniert nur, wenn der Aufbau sowie die grafischen Elemente sofort erfassbar und leicht verständlich sind. Das gilt besonders für Piktogramme, die nur Sinn machen, wenn sie bekannt oder zumindest schnell interpretiert und gelernt werden können. Schwierig sind zudem Piktogramme, die negativ wiedergegeben werden, weil sie – ebenso wie Negativschrift – auf Entfernung schwerer lesbar sind.

Apropos Negativschrift: In den letzten Jahren ist der Trend zu beobachten, dass Orientierungssysteme grafisch immer schöner werden, im gleichen Maße aber schlechter zu lesen sind. Standard wird immer häufiger ein dunkler Untergrund mit (nicht spationierter) Negativschrift und vielen Piktogrammen und Pfeilen. Das Ganze ist oft hintereinander auf schmale, waagerechte Metallbänder gesetzt, deren gewölbte – und somit glänzende – Oberfläche das von oben scheinende Licht so reflektiert, dass nur die untere Hälfte des Bandes zu lesen ist. Dann sieht es auch nicht mehr gut aus.

Bei senkrecht stehenden Tafeln setzen sich beidseitig gebogene Stelen oder gewölbte Schilder immer mehr durch. Neben ihrer designteren Erscheinung haben sie den Vorteil, wegen ihrer volumigeren Wirkung im Sinne einer Plastik besser aufzufallen. Darüber hinaus sind gewölbte Flächen in sich stabiler. Auch hier gilt es, die Lichtführung zu beachten, weil ein kräftiges Seitenlicht auf das Schild die Lesbarkeit beeinträchtigt.

Quartier machen

Jedes Objekt hat seine eigene architektonische Struktur und Ausstrahlung. Daher sollte sich ein Beschilderungssystem durch seine Gesamterscheinung und seine Materialien optisch angemessen in den Rahmen einpassen. Aber nicht nur das Design eines Beschilderungssystems, sondern auch die Art und Weise der inhaltlichen und grafischen Informationsvermittlung tragen entscheidend zur Nutzerfreundlichkeit eines Leitsystems bei. Ein gutes Beispiel dafür ist das Quartier 205, eines von drei Gebäuden der Friedrichstadt-Passagen in Berlin. Das achtgeschossige Gebäude hat eine aus Läden, Büros und Apartments bestehende Mischnutzung, hinzu kommen noch Parkgaragen im Untergeschoss. Das Gebäude wird also von unterschiedlichen Zielgruppen mit völlig anderen Nutzungsbedürfnissen an ein Leitsystem frequentiert. Die Grafikdesigner des somit komplexen Leitsystems, die Hamburger Thorsten Schneider und Ralph Mertens, hatten eine dementsprechende Vorarbeit zu leisten, bei der unter anderem die Besucher- und Mitarbeiterwege beobachtet, Geschäftsinhaber befragt, Lichtverhältnisse erkundet und Raumgegebenheiten untersucht werden mussten.

[Der Gestaltungsraster] ... *im Leitsystem*

74 Das Leitsystem des Quartier 205 trägt zugleich viele Elemente eines Erscheinungsbildes. Neben den Farben sind vor allem typografische Spielvarianten aus der charakteristischen Groteskschrift DTL Nobel präsent, die sich immer wieder in anderen Kombinationen überlagert. Sie sind als Rauminszenierungen oder auf Schildern, Leuchten und Stelen vor allem an den Zuwegen von außen oder aus den benachbarten Passagen sowie in Tiefgaragen anzutreffen. In Tiefgaragen werden die Besucher zumeist durch großflächige Wandbemalungen und über Farbkodierungen geleitet. Im Quartier 205 weist Blau auf die Büros, Orange auf die Einkaufspassagen hin.

76 Die eigentliche Funktion des Leitsystems – die Lenkung der Besucher zu ihrem gewünschten Ziel – erfordert die Zurücknahme des Corporate Designs zugunsten der präzisen Information. Dafür sind großzügig gestaltete Stelen an den Verteilern installiert, die neben dem Firmennamen auch das jeweilige Tätigkeitsgebiet benennen. Die Informationshierarchien sind dabei auf die Bedürfnisse der Passagenbesucher abgestimmt. Die Schilder und Stelen sind aus Aluminium gefertigt, deren umbragraue Lackierung auf die Farben der verwendeten Baumaterialien abgestimmt ist.

77 Für viele Informationselemente wurden die räumlichen und baumateriellen Gegebenheiten des jeweiligen Anbringungsortes genutzt. In diesem Beispiel sind die Piktogramme auf den Glastüren spielerisch und dezent aus mattierter Folie geschnitten und angebracht. Das ist zwar nicht so gut sichtbar, schaut aber prima aus. In anderen Inszenierungen wurden die Buchstaben des Leitsystems als dreidimensionale Körper gefertigt und ragen als Objekte in den Raum.

75 Eine interessante Verquickung verschiedener Informationen bieten im Raum stehende Säulen an. Zum einen sind sie durch ihre Farbigkeit und die logoähnlichen Überlagerungen Teil des Erscheinungsbildes, zum anderen informieren sie durch Stadtpläne, Fotos und Textblöcke über das architektonische und städtebauliche Umfeld. Durch diesen Informationsmix und ihre Platzierung im Raum runden sie das Orientierungssystem ab und bieten sich darüber hinaus als Treffpunkte im Quartier 205 an.

Kapitel 3
**Gekauft wie gesehen –
Seiten planen und entwerfen**

Exkurs Gestaltungsgrundlagen
Wo uns der Kopf steht – wie wir uns räumlich orientieren

Von Natur aus geprägt: Unsere primären Bewegungen gehen von links nach rechts, von oben nach unten. Fällt er oder hält er?

Hatten Sie schon einmal Gelegenheit, ein Kleinkind zu beobachten? Wenn Sie genau hinschauen, kommen Sie zu einem Verständnis für die Voraussetzungen, die jeder Gestaltung zu Grunde liegen. Informationen und Impressionen können in dem Maße für jedermann verständlich transportiert werden, wie dieses Grundwissen in die Planung einbezogen wird.

Hat ein Säugling die Phase durchlaufen, in der die körperlichen Grundbedürfnisse alles bestimmen, kann er auch Anregungen von außen aufnehmen. Vor der Geburt gab es nicht viel zu sehen, jetzt gibt es jede Menge neuer Eindrücke und sein Interesse wendet sich seiner Umwelt zu.

Sein Verständnis von der Bedeutung der Formen und Farben entspricht seinem Aktionsradius. Weich, rund und rosa mit Knopf in der Mitte ist das Restaurant, rund um die Uhr geöffnet. Rund und rosa mit »Punkt Punkt Komma Strich« das sind Augen, die gucken und lachen, das ist das Gesicht vom warmen weichen »Alles wird gut.« Zuerst kann er nur Dinge in Greifnähe festhalten. Seitdem er sich aufrichten kann, macht er deutliche Erfahrungen mit der Schwerkraft. Wo oben und unten ist, erlebt er ganz körperlich. Der Schnuller bleibt nicht in der Luft stehen, wenn er ihn loslässt. Er fällt jedes Mal nach unten. Nah und fern lernt der Mensch im Zusammenspiel mit seinen eigenen Bewegungsfortschritten. Der wuschelige Teddy liegt hier im Kinderbett, der glänzende kalte Topfdeckel ist viele abenteuerliche Schritte weit entfernt in der Küche. Und allmählich kann er Entfernungen immer besser abschätzen.

Keiner erlebt passiv, was rings um ihn herum geschieht. Jeder ist ganz aktiv am Ergebnis seiner Wahrnehmung beteiligt. Über die Augen treffen mehr als 10 Millionen Bit pro Sekunde zur Verarbeitung ein. Die angekommenen Signale verarbeitet der Mensch seinen Erfahrungen entsprechend selektiv. Was er kennt, wird gleich eingeordnet, verglichen, beurteilt.

Unser Sehen wird auch durch unser Gesichtsfeld bestimmt: Weil unsere Augen nebeneinander statt übereinander liegen, ist unser natürliches Blickfeld ein Querformat. Dem kommen Schultafeln, Kinoleinwände, Fernseher und Monitore entgegen. Auch für unsere Sicherheit im Straßenverkehr ist das horizontale Gesichtsfeld wichtig. Wäre es anders, würden wir unsere Umwelt wie durch einen Türspalt oder eine Schießscharte eingegrenzt wahrnehmen.

Ganz schön eng gesehen: Unser Sehfeld ist von Anfang ein waagerechtes. Schade, wenn wir durch Tür- und Felsspalten blicken wollen.

[Exkurs Gestaltungsgrundlagen] *Wo uns der Kopf steht – wie wir uns räumlich orientieren*

Immer in Aktion: Wir sind daran gewöhnt, die meisten Bewegungen von links nach rechts auszuführen.

Ruheposition: Alles großflächig Waagerechte gibt uns Stabilität und verheißt Ruhe.

Bekommt der Mensch erst Lust, Schilder und Bilder zu verstehen, öffnet sich eine weitere Dimension. Lesen soll er von links nach rechts. Wenn er es in Europa anders herum versucht, hat er ein Kommunikationsproblem, denn nur sehr wenige verstehen diese Sprache: Nut uz tsi saw? Es bleibt ihm nichts anderes übrig als die Anpassung an das Übliche.

Die waagerechte Prägung beruht also darauf, wie wir gebaut sind und auf unserer Schreibkultur: So haben wir eine Bewegungsrichtung von links nach rechts entwickelt. Wenn wir einen leeren Raum betreten, gehen wir automatisch nach rechts. Greifen wir einen Gegenstand mit der linken Hand, geben wir ihn in die rechte weiter. Türen öffnen sich meistens von links nach rechts. Viele wählen in ihrer Jugend erst linke, später rechte Parteien. Abläufe, die wir häufig wiederholen, verlieren ihren Reiz, werden zur Gewohnheit. Jede Bewegung gegen unseren normalen Reflex erfordert mehr Aufwand und eine gewisse Konzentration. Weil es jedem so geht, können wir uns das beim Gestalten zunutze machen, indem Seitenlayouts oder Logos genau andersherum als erwartet aufgebaut sind: Denn wenn die Hauptbewegung oder das Licht auf einem Foto von rechts nach links geführt wird, sind wir aufmerksamer.

Von Anfang an spüren wir, dass Waagerechtes für Passivität steht: Was uns Ruhe und Halt gibt, ist horizontal. Das Bett in dem wir ruhen, der Boden auf dem wir stehen – all das ist genau waagerecht. Im Umgang mit der Schwerkraft haben wir unsere Erfahrungen gemacht. Wir haben gelernt, dass alles von oben nach unten strebt, von der Aktivität zur Ruhe kommt: Ruhe ist immer unten, dort bleiben die Scherben der zerbrochenen Tasse liegen. Wege mit einer Steigung hingegen erfordern Aktivität, je steiler desto anstrengender. Die Überwindung einer Strecke nach oben wird zu einem ordentlichen Kraftaufwand: Treppen die zu besteigen sind, eine Burg hoch oben auf einem Berg, die man nur zu Fuß erreichen kann, die angestrebte Karriere sowieso. Im Gegensatz dazu wäre ein Raketenstart in den Erdmittelpunkt paradox.

Mühsamer Aufstieg: Alles Senkrechte erfordert Aktivität, kostet Aufwand und macht Arbeit.

Wo uns der Kopf steht – wie wir uns räumlich orientieren [Exkurs Gestaltungsgrundlagen]

Wenn der Himmel auf den Kopf fällt: Steht statt Helligkeit etwas Dunkles oben, wird es bedrohlich für uns.

Dazu kommt das natürliche Licht der Sonne: Wir erleben täglich, dass Helles oben steht und Dunkles unten. Ist es anders herum, wird uns mulmig. Kinder lieben es, mit einer Taschenlampe ihr Gesicht von unten anzustrahlen. »Siehst du komisch aus!« Eine Sonnenfinsternis ist ein irreales Erlebnis. So wie wir die natürliche Wirkung von Licht und Schatten kennen, so interpretieren wir auch, verstehen Konkav oder Konvex. Ein Relief mit indirekter Beleuchtung zu betrachten anstatt es im Tageslicht zu sehen, kann höchst irreführend sein. Unsere Naturerfahrung sagt uns, dass wir Lichtquellen immer oben vermuten können. In neunzig Prozent aller bis zum Impressionismus gemalten Bilder finden wir die Lichtquelle links oben und den Schatten rechts unten. Ebenso sind die Icons von Mac-OS und Windows angelegt oder schattierte Schriften (igitt!).

Die Umkehrung von Bekanntem weckt Interesse. Natürlicherweise sind Häuser größer als wir, diese Perspektive ist ungewohnt.

Gestalter sind Menschen, die von ihren Naturerfahrungen ohne viel Aufwand profitieren. Da wir durch die gleichen Naturerfahrungen geprägt wurden wie unsere Kunden, sind wir nicht allzu rege: Die meisten Layouts sind von links nach rechts und von oben nach unten gestaltet. Geschieht der Aufbau anders herum, wird der Entwurf als kraftvoller wahrgenommen. Machen Sie den Test: Alle aktuellen Entwürfe mal kurz kontern und überprüfen, ob das auch bei Ihnen zutrifft.

In allen vier Ecken soll Liebe drinstecken: Hier ist nur das glänzende Material der Hingucker. Ein Arrangement, das keine eindeutigen Raumkoordinaten hat, streift man nur mit einem kurzen Blick, gleichgültig oder ablehnend.

96

Infolge unserer inneren Matrix steht alles, was links ist, für Start, rechts hingegen steht für Ziel. Alles oben Stehende ist Aktivität, unten Ruhendes ist Passivität. So ist auch das klassische Diagramm erklärlich: Eine gute Bilanzkurve geht von einem ruhenden Start zu einem aktiven Ziel. Verliefe sie umgekehrt, von einem aktiven Start zu einem ruhenden Ziel, sähe das nach drohendem Konkurs aus. Drehen Sie also Ihre Kurve einfach um 180 Grad, bevor der neue Teilhaber das Büro betritt.

Auch unsere Interpretation von Vorder- und Hintergrund bezieht sich auf unsere Erfahrungen. Wir fühlen uns bedroht, wenn plötzlich etwas sehr direkt auf uns zukommt – von der Mutter, später der liebsten Person, und dem servierenden Kellner einmal abgesehen. Das mag damit zusammenhängen, dass sich uns Näherndes vergrößert. Es ist uns lieber, so viel Distanz zu den Dingen zu haben, dass sie überschaubar sind. Unsere Blickrichtung ist so geführt, dass wir immer von vorn nach hinten sehen. Auch in der Gestaltung stellen wir das Große nach unten (also vorne) und das Kleine nach oben (also hinten). Ist es umgekehrt und das schwere Große steht in der oberen Seitenhälfte, empfinden wir das als mächtig und interessant zugleich.

Einblick nehmen: Blicke, die über eine Hürde hinweggehen, sind interessierter und konzentrierter als der freie Durchblick. Schauen außerdem andere Personen in dieselbe Richtung, muss da etwas los sein.

Entgegenkommend: Bewegungen, die direkt auf uns zukommen, werden besonders intensiv erlebt, mitunter als unangenehm empfunden.

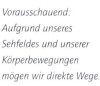

Vorausschauend: Aufgrund unseres Sehfeldes und unserer Körperbewegungen mögen wir direkte Wege.

Wahrnehmung
Die Seitenwirkung – gekauft wie gesehen

Kaum etwas ist unangenehmer als ein undefinierter, die Nerven raubender
Schwebezustand. Ich mag keinen Nieselregen, entweder soll es regnen,
oder die Sonne soll scheinen. Ich mag kein offenes Ende eines Liebesfilmes,
entweder sie kriegen sich oder sie kriegen sich nicht. Ich mag keine ausweichenden Antworten, keine unbearbeiteten Anträge und keine offenen
Fragen: »Soll ich, oder soll ich nicht?«. Eindeutigkeit und Klarheit in den
Gefühlen, den Zuständen und Äußerungen machen das Leben leichter.
Dazu vereinfacht es die Kommunikation, wenn sich jeder unter Adjektiven
wie ruhig und lebendig, leicht und schwer, statisch und dynamisch etwas
vorstellen kann. Ebenso ist es in der Gestaltung, denn ihr Erfolg basiert im
Wesentlichen darauf, dass die Betrachter beim Anblick das Gleiche fühlen
und verstehen. Eine Skulptur, ein Bild oder ein Foto werden von einer über-
wiegenden Mehrheit in gleichem Maße als gewaltig, ausdrucksstark oder
kitschig empfunden.

 Als Grafik Designer sind wir in der Regel gehalten, die Anliegen unserer
Auftraggeber in einer deutlichen und verständlichen Form zu transportieren. Der Stil unserer Kunden mit immer wiederkehrenden Elementen und
einem kontinuierlichen Seitenaufbau soll ein eindeutiges, harmonisches
Zusammenspiel ergeben. Je nach Intention und Aufgabenstellung visualisieren wir mit diesen Gestaltungsmitteln Ruhe oder Leben, Leichtigkeit
oder Schwere, Statik oder Dynamik. Werbliche Anzeigen bieten sich hier
als Anschauungsobjekte besonders gut an, weil sie einen fest definierten
Zustand sofort und in sehr kurzer Zeit dem Betrachter vermitteln müssen.
Mit dem vorbeugenden Hinweis allerdings, dass in diesem Designbereich
der Anteil guter Rastertypografie offensichtlich streng limitiert ist.

[Wahrnehmung] *Die Seitenwirkung – leicht und schwer*

Leicht und schwer

Leichtigkeit und Schwere lassen sich auf drei Arten einfach und sofort erkennbar darstellen: über die Helligkeit, die Position und die Größe der Gestaltungselemente. Das Feine dabei ist, dass wir wie schon dargelegt im Design lediglich das umsetzen müssen, was wir von Kindesbeinen an gelernt haben. Alles Leichte ist bekanntlich hell, Schweres hingegen ist dunkel. Leichtes ist immer oben, Schweres ist immer unten – ist es umgekehrt, wird uns mulmig. Leichtes ist in der Regel klein, Schweres ist groß – der kleinere Koffer verspricht der leichtere zu sein.

Dementsprechend wird ein leicht wirkendes Layout sehr hell und luftig angelegt sein. Enthält es dunkle, belebende Elemente, stehen diese entweder recht klein an der Blattunterkante oder werden oben, von viel Freiraum umgeben, platziert. Wird ein schwer wirkender Entwurf erstellt, liegt der dunkle Schwerpunkt der Seite entweder am unteren Papierrand oder drückt von oben groß und massiv in das Format.

1 Leichtigkeit lässt sich am besten über die Positionierung von Gestaltungsbestandteilen zeigen. Schweben einzelne Elemente, wie dieses Hauptmotiv, völlig schwerelos in einem großzügigen, lichten Raum, bleibt kein Interpretationsspielraum bezüglich Leichtigkeit und Schwere. Und damit kein Zweifel aufkommt, dass die Papierausrisse in dieser Commerzbank-Anzeige schweben, wird ein zusätzlicher, leichter Schatten unter das Ensemble gelegt. Auch weitere Layoutkniffe zeigen Leichtigkeit: das gelbe Feld ist etwas aufgepustet nach oben gewölbt, die Subhead schwebt ebenfalls im himmelblauen Fond oberhalb der fest verankerten Copy.

2 Schwere wird ebenfalls durch die Position von Gestaltungselementen gezeigt, jedoch sind diese im Unterschied zu leichten Dingen meist großformatig und dunkel gehalten. Die Commerzbank-Anzeige zeigt gleich beide bevorzugten Standorte für das Schwere; oben, wie diese massive Headline, oder unten am Seitenende. Dass es hier ein besonders schwerer Gegenstand sein muss, wird mehrfach deutlich: Erstens sind Koffer nach unserer Erfahrung ohnehin schwer, besonders die aus Metall, zweitens schaut der Betrachter von oben auf einen ruhenden Koffer, unter dessen Gewicht sich zum dritten sogar der gelbe Fond biegt.

Statisch und dynamisch

Statik und Dynamik werden durch die Position und die Bewegungsrichtung der Gestaltungselemente ausgedrückt. Das Statische ist das Unbewegliche und Unverrückbare. Daher setzen wir es nach unserer Erfahrung mit Schwerem und am Boden fest Verankertem gleich – entsprechend veranlagte, der heimischen Scholle verbundene Zeitgenossen werden daher gerne als »bodenständig« bezeichnet. Dynamisches ist die Kombination aus Kraftvollem und Beweglichem – derartige Mitmenschen stehen daher in dem Ruf, mit dem Kopf durch die Wand oder zumindest hoch hinaus zu wollen.

Ein statisches Layout hat demzufolge einen festen klaren Aufbau mit querformatigen Elementen, bevorzugt an der stabilen unteren Papierkante. Entwürfe, die Dynamik darstellen, arbeiten fast immer mit mehreren Gestaltungselementen, die senkrecht angeordnet sind und starke vertikale Elemente in kontrastreicheren Bildern enthalten. Damit ist nichts über die Helligkeit im Layout gesagt – beides, Statik und Dynamik, verträgt große dunkle Bildelemente.

3 Statik wird durch den eindeutig unverrückbaren Stand der meist querformatigen Gestaltungselemente visualisiert: Bei dieser BMW-Anzeige sind sowohl das Bild als auch die Headline in absoluten, geradezu kontrastarmen Positionen verankert. Die Horizontale ist auch im ruhigen Bildaufbau selbst präsent, da das Schaufenster oben und unten durch die Streifen klar gegliedert wird – so sehr, dass der Betrachter links unten kaum wahrnehmbar ist.

4 Dynamik ist eine Kraft, die im Layout meistens durch eine dominierende Senkrechte dargestellt wird. So gibt es in der BMW-Anzeige eine majorisierende Vertikale, die durch die Bildmitte geht, und eine weitere, entstehend durch die rechte Bildbegrenzung. Dabei ist das Hauptmotiv mit den räumlich fotografierten Zylindern so stark, dass die zahlreichen kleinen Waagerechten keine Bremswirkung haben. Interessant ist die typografische Unterstützung in der Copy, da hier mittels unterschiedlicher Ausrichtungen und Zeilenabstände, großer Einzüge und Flatterzonen zusätzliche Bewegung dargestellt wird.

[Wahrnehmung] *Die Seitenwirkung – ruhig und unruhig*

Ruhig und unruhig

Ruhe und Unruhe unterscheiden sich in erster Linie durch Quantität, wobei Ruhe die Eigenschaft »wenig« hat, Unruhe hingegen »viel«. Dies bezieht sich auf Impulse jeder Art: Wer seine Ruhe haben will, schließt die Augen, um nichts mehr zu sehen, und sucht zugleich die Stille, um nichts zu hören. Unruhige Naturen hingegen wollen viel sehen, hören und erleben, und das in möglichst kurzer Zeit, pronto und subito.

Dem entsprechen die Layouts. Ruhige Entwürfe sind arm an Impulsen – es gibt auf den Seiten nur wenige Unterschiede zwischen den Größen, Formen und Helligkeiten der Elemente. Diese haben meist eine ähnliche Position und stehen selten im Anschnitt. Unruhige Layouts werden durch eine Vielzahl von Impulsen dominiert, ein großes Element steht neben mehreren kleinen, die oft freigestellten Fotos haben bewegte, kontrastreiche Motive im Anschnitt.

5 Die Anzeige für Jacobs-Kaffee zeigt Ruhe auf mehrfache Weise: Durch eine begrenzte Farbwahl im unbunten Spektrum, durch reduzierte Helligkeitsunterschiede, durch die geradlinige Raumarchitektur und durch die Körperhaltung der Frau und des Tigers. Damit die Reduktionsmenge keine statische Erstarrung nach sich zieht, wurde der Sessel (schon wieder etwas Ruhendes) mit seiner linearen Wirkung diagonal in den Raum gestellt.
Kleiner Kniff: Das Gesicht der mutmaßlichen Dompteuse wird durch die Linienführung an der Rückwand betont.

6 Die Anzeige aus dem Jahre 2000 für den Kabelkanal hat einen identischen Aufbau mit der Anzeige für Jacobs-Kaffee in Bezug auf die Anordnung von Haupt- und Nebenmotiv, von Typografie und Logo. Dennoch wirkt sie absolut unruhig, weil die Gestaltungsmittel zahlreich und gegensätzlich sind. Hier herrschen die für die Visualisierung von Unruhe unabdingbaren Kontraste: Großes steht neben Kleinem, Dunkles neben Hellem, Festes neben Freigestelltem. Auch hier gibt es eine bewusste Linienführung: Das Mädchen auf der linken Seite bewegt sich ebenso bogenförmig nach außen wie die drei Körper auf der rechten Seite eine Linie in die Gegenrichtung beschreiben.
Merke: Der Griff ins Haupthaar zeigt gesteigerte Paarungsbereitschaft.

Rhythmisch

Ein kraftvoller Rhythmus ist immer ein Kontrast, eine Kombination gegensätzlicher Eigenschaften: Von statisch und dynamisch, von ruhig und unruhig, von leicht und schwer zum Beispiel. Wichtig bei einem Rhythmus ist, dass sich sowohl die Gestaltungselemente klar voneinander unterscheiden als auch ihr Wechsel deutlich sichtbar wird. Ist ein Rhythmus nicht sofort erkennbar, entsteht lediglich eine Art Grundrauschen.

Rhythmisch angelegte Layouts brauchen wegen dieser Trennung fast immer eine klare Raumaufteilung, die mehreren, häufig kleineren Elementen ihren fest definierten Raum zuweist. Zur besseren Unterscheidung der Gestaltungselemente operieren die meisten rhythmischen Entwürfe mit größeren Freiräumen, was ja auch wieder ein Kontrast in Bezug auf die kleineren Bildbestandteile ist.

7 Das Inhaltsverzeichnis der Ipuri-Kundenzeitschrift Pur stellt einen durchgearbeiteten Rhythmus vom Feinsten dar. Er beginnt bei den Bildern, die Menschen (und einen Eisbären) im Wechsel mit Gegenständen zeigen, wobei auch die Kameraperspektive systematisch wechselt. Da der Rhythmus von Gegensätzen lebt, steht den geblockten Bildern ein Freisteller diagonal gegenüber. Auch die Typografie ordnet sich diesem Aufbauprinzip unter, indem sie einen stetigen Wandel von Schrift und Freifläche bietet. Natürlich im Wechsel von Antiqua- mit Groteskschrift und von kleiner zu großer Type.

Wahrnehmung
Die Heft- und Seitenstruktur – Anfang und Ende

Das Layouten einer Broschüre oder Zeitschrift ist wie Besuch im vertrauten Supermarkt. Auf dem Parkplatz ist die große, weit sichtbare Außenwerbung; hinter dem Eingang folgen diverse kleine Back-Shops, Tsatsiki- und Olivenstände, Blumenläden, Mister-Minits und die Leergutrückgabe. Dann kommen die großen Aufmacher: Eine Obst- und Gemüsezone (deren diagonale Spiegel den Schritt verlangsamen), gefolgt vom Brot und den kühl ausgeleuchteten Theken für Milchprodukte sowie der Fleischtheke mit ihrem warmen, oft diagonalen Licht (dann wirken die Wurstscheiben dicker). Nach der Grundversorgung – den großen Themen – kommen die vielen Abteilungen mit kleinteiligen Haushalts- und Hygieneprodukten, mit Schreibwaren und Billigklamotten etc. Zwei mittelgroße Bereiche bilden vor den kleinteiligen Quengeltheken der Kassen den traditionellen Abschluss: Die Flächen mit den Getränken und die Zeitschriftentheke. **Kurz:** Es gibt einen uns vertrauten Spannungsbogen.

Nicht anders sieht es bei einem das ganze Heft durchziehenden Grundrhythmus einer umfangreichen Broschüre oder Zeitschrift aus. Erst kommt die Orientierung bietende, neugierig machende Titelseite, gefolgt von Editorial, Inhaltsverzeichnis und mehreren kleinen Artikeln. Nun kommen mehrere groß aufbereitete Themen, denen viele mittellange und kurze, meist serviceorientierte und/oder unterhaltende, jedenfalls die Leser-Blatt-Bindung stärkende Artikel nachfolgen. Den Abschluss bilden meist noch ein oder zwei wichtigere Themen sowie kleinteilige Infoblöcke wie das Impressum, Serviceadressen und die Vorschau.

Dieser große Grundrhythmus entsteht durch die Aneinanderreihung kleiner Rhythmen, den grafischen Spannungsbögen in den einzelnen Artikeln selbst. Hier werden im Wesentlichen drei Arten unterschieden:

Die erste Variante besteht aus der gemeinsamen Aufbereitung mehrerer unterschiedlich langer, zu einem Themenkreis gehörender Artikel. Hier wird in der Regel eine gemeinsame, alle Artikel verbindende Gestaltung gesucht, die verschieden lange Artikel und Bildergrößen berücksichtigt.

Die zweite beinhaltet einen nicht sehr umfangreichen, aber interessanten Artikel, der groß beginnt und nach zwei, drei Doppelseiten mit kleiner werdenden Bildern ausläuft, dafür aber an Text zunimmt.

Die dritte Form ist die große Lösung mit vielen Seiten und Abbildungen, die die Spannung über viele Seiten aufrechterhalten muss. Auch sie beginnt mit einem doppelseitigen Aufmacher, dessen Folgeseiten im Wechsel größere und kleinere Abbildungen enthalten, wobei der optische Seitenschwerpunkt stetig wandert.

8, 9 *Serie 1* Eine journalistisch sinnvolle Form, komplexe Inhalte aufzubereiten, zeigt die Mitarbeiterzeitung Impuls des Klinikums Hannover: Mehrere Beiträge zu einem Themenkreis werden zusammengefasst, behalten aber inhaltlich wie optisch ihre Eigenständigkeit. Als eine allen Artikeln gemeinsame visuelle Klammer dient die einheitliche Farbgebung am Seitenkopf sowie ein grafisches Element aus roten Balken, das im Anschnitt über die Seiten wandert. Der Hauptartikel beginnt mit einer optisch kraftvollen Aufmacherseite, die den Fluss beim Durchblättern des Heftes stoppen soll. Für diesen Artikel wurden eigene Bildmotive entwickelt, die

auf der folgenden Doppelseite zur Unterscheidung von nachfolgenden Beiträgen eine eigene Positionierung erhielten (nach dem klassischen Prinzip der Größenzunahme gegen den Uhrzeigersinn).

10 *Serie 1* Der nächste Artikel auf der folgenden Doppelseite behandelt unter anderem die Themen Geschwindigkeit und Stress. Wegen der damit auch optisch notwendigen größeren Unruhe wurde der Bilderschwerpunkt nach oben verlegt, zudem unterscheiden sich die Bilder leicht in der Größe. Ein weiterer auf dieser Doppelseite stehender Grundsatzartikel liefert zum Verständnis notwendige Informationen. Er ist daher in der Optik völlig reduziert, durchbricht aber den Satzspiegel.

11 *Serie 1* Das folgende Interview ist der vorhergehenden Doppelseite im Layout sehr ähnlich, weil beide Inhalte thematisch eng verknüpft sind. Auf den ersten Blick besteht der Unterschied in den rot gesetzten, treppenförmig angeordneten Fragen. Zusätzlich in den Text eingeklinkt ist eine Minibilderstrecke, bei der die Hauptperson mit dem roten Pullover aus optisch-dynamischen Gründen die Seiten wechselt.

12 *Serie 1* Beendet wird die Artikelstrecke in der darauf folgenden – und somit anders gestalteten – Rubrik der gleichen Zeitung. Die wesentliche optische Klammer ist das Bild der Hauptperson, die genauso gekleidet ist wie auf der vorhergehenden Doppelseite.

[Wahrnehmung] *Die Heft- und Seitenstruktur – Anfang und Ende*

13 *Serie 2* Der Artikel aus dem Spiegel-Reporter zeigt das klassische Layoutprinzip des einfachen Spannungsbogens für kürzere Artikel: Die Größe der Abbildungen nimmt auf jeder Doppelseite des Artikels ab, ihre Anzahl und die Textmenge hingegen zu. Wie die meisten großen Zeitschriftenartikel beginnt auch dieser mit einem Aufmacher, in der klassischen Kombination von doppelseitigem Bild mit Headline, einleitenden Dachzeilen und Bildunterschrift.

14 *Serie 2* Die nachfolgende Doppelseite hat üblicherweise ein oder zwei sehr große, im Anschnitt stehende Abbildungen, die vom Aufmacher in den Artikel überleiten. Stehen sie sich diagonal gegenüber, erhöht sich die Spannung auf der Seite, besonders wenn die Überschriften oder Seitenansprachen eine gegenläufige Diagonale beschreiben.

15 *Serie 2* Die nachstehende Doppelseite stellt durch das große Foto unten links eine Verbindung zu den vorhergehenden Seiten her. Die beiden kleinen Abbildungen sind so im Anschnitt angeordnet, dass sie gemeinsam mit dem großen Bild ein dynamisches Dreieck bilden. Auch die in ihrer Größe den Fotos angepassten Headlines tragen zur Bewegung auf der Seite bei, indem sie eine bogenförmige Linie bilden. Zugleich dienen sie als Strukturelemente, die den Text optisch so gliedern, dass er nicht als zu große Textmenge erscheint.

Die Heft- und Seitenstruktur – Anfang und Ende [Wahrnehmung]

16 *Serie 3* Die sehr umfangreiche Imagebroschüre zur Einführung des Smart enthält viele Artikel mit erstaunlich langen Spannungsbögen, zum Beispiel diesen Bericht, in dem die Fahrzeugentwickler vorgestellt werden. Die Grafik ist lebendig und abwechslungsreich, wobei die Klammer durch die überwiegende Schwarzweißfotografie, dem dort fixierten Spiel mit den Rahmen und den schmalen Textspalten gebildet wird. In Bezug auf den typografischen Gestaltungsraster ist die Serie nicht sehr ergiebig, auch ist der Satz mitunter von einer lausigen Lesbarkeit. Der Aufmacher zeigt Bewegung zum einen durch die Typografie, die Bildachsen und unterschiedlichen Motivgrößen, zum anderen durch die Randbetonung.

17 *Serie 3* Mit der Verlagerung des dunklen Schwerpunktes nach oben erhält die nachstehende Doppelseite eine kraftvolle Dynamik, die durch die säulenartige, vertikal und horizontal flatternde Typografie zusätzlich betont wird. **Kleiner Kniff:** Lebendige Fotostrecken mit stark unterschiedlichem Bildaufbau werden optisch zusammengehalten, indem sich mindestens zwei der äußeren Abbildungen ähneln.

18 *Serie 3* Der Spannungsbogen wird durch die Vergrößerung der Portraits und die Ähnlichkeit mit der ersten Doppelseite fortgeführt: Eine Person sieht durch einen Rahmen zum Betrachter, eine Person schaut nach rechts (die Brille hat einen, dem linken Bild ähnlichen, schwarzen, eckigen Rahmen). Auch die Typografie steht wie beim Aufmacher nah beieinander.

19 *Serie 3* Das linke Portrait führt die Serie im Sinne eines Spannungsbogens fort. Wenn den Lesern das Gestaltungsprinzip vertraut wird, muss bei langen Artikelstrecken mindestens ein weiteres Rhythmuselement hinzukommen, sonst erlahmt das Interesse. Hier geschieht dies durch das Foto im Foto mit seinem weißen Rahmen und durch eine zusätzliche Farbigkeit.

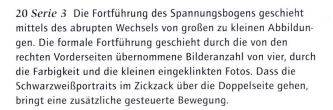

20 *Serie 3* Die Fortführung des Spannungsbogens geschieht mittels des abrupten Wechsels von großen zu kleinen Abbildungen. Die formale Fortführung geschieht durch die von den rechten Vorderseiten übernommene Bilderanzahl von vier, durch die Farbigkeit und die kleinen eingeklinkten Fotos. Dass die Schwarzweißportraits im Zickzack über die Doppelseite gehen, bringt eine zusätzliche gesteuerte Bewegung.

21 *Serie 3* Den Abschluss des Spannungsbogens bildet die auslaufende Verlagerung des Schwerpunktes nach unten, wobei das Sinkende durch das Tanzen der Bilder und der Typografie unterstrichen wird. Die Farben und die Bildmotive schließen an die Vorgaben der vorhergehenden Seiten an. Soll eine Seite optisch nicht abgeschlossen werden, kann das sehr gut dadurch visualisiert werden, dass ganz rechts ein Bild steht, dessen Motiv nach rechts blickt oder sich in diese Richtung bewegt.

Die Wahl der richtigen Spaltenzahl:
Die Qual der Zahl

Bei jeder guten Arbeitsvorbereitung, sei es für das Lackieren der Gartenbank oder den Entwurf einer Zeitschrift, gibt es drei Basisfragen: Was ist mein Ziel (Grüne Gartenbank, Lob der Liebsten – Großzügiges Layout, großzügige Vergütung)? Was habe ich an Materialien (Leider nur rote Lackfarbe – Lausige Bilder im Querformat)? Wie erreiche ich mit diesen Materialien mein Ziel (Rettender Einfall: Rot ist die Lieblingsfarbe der Frau – Vierspaltiges Layout: die Bilder werden sehr sehr klein ausfallen müssen)?

Das heißt auf unser Thema übertragen – der Festlegung einer sinnvollen Spaltenanzahl – dass neben dem Einsatzzweck vor allem die verfügbaren Bilder, Illustrationen, Textformen, Tabellen etc. vorausschauend analysiert sein wollen.

Generell gilt: Je unterschiedlicher das vorliegende Material ist, desto sinnvoller wird es sein, dass Layout freier zu halten. Der Umgang mit grafischen Elementen kann spielerischer werden, großzügigere Weißräume können Luft und Atmosphäre schaffen, oder als spannungsreichere Variante können mehrere Spaltenanordnungen innerhalb eines Werkes oder gar einer Seite in Betracht gezogen werden.

Eine gute Layoutplanung nutzt die unterschiedlichen Materialien, um dem zu gestaltenden Werk mehr Leben zu geben. Der Grundtext und andere weitgehend standardisierte Elemente geben dem Layout, unabhängig von seiner Spaltenanzahl, die solide Basis, was inhaltlich und formal abweicht, kann gut als Spielmaterial ein-

gesetzt werden. Auf die Typografie und die Horizontale bezogen, können vom Fließtext abweichende Textformen wie Überschriften, Listen und Tabellen durch variable Zeilenlängen interessant gestaltet werden. So können bei großen Zeilenbreiten starke Einrückungen, abweichend kürzere linksbündige Zeilen oder – im Gegenteil dazu – die Zusammenfassung mehrerer kurzer Spalten zu einer längeren gestattet sein.

Auch der vertikale Aufbau trägt dazu bei, die Layouts ruhig zu halten, zu beleben und rhythmisch zu gestalten. Ein **Beispiel:** Ein großzügiger Weißraum am Kopf der Seiten betont die Horizontale einer Doppelseite und vermittelt Ruhe. Wird er gleichzeitig als Gestaltungsraum geplant, in dem Überschriften stehen, Illustrationen hineinragen oder Fotos nebeneinander aufgereiht sind (Abbildung 22 und 25), lässt sich die Wirkung der Seiten nach vorhandenem Material und Inhalt gezielt steuern. Des Weiteren können diese Wirkungen und der – aus Layoutsicht – zuviel oder zuwenig vorhandene Text prima mittels einer Entscheidung gesteuert werden, ob die Textkolumnen unten auslaufen dürfen oder ob alle Zeilen unten bündig zu stehen haben.

Kurz: Es ist sinnvoll – wie immer beim Entwerfen –, erst den Inhalt, das Material, die beabsichtigte Atmosphäre und natürlich auch den gewünschten Aufwand zu durchdenken. Erst dann sollte die Festlegung der Spaltenanzahl folgen. Dazu ein paar Entscheidungshilfen, die sich auf Formate etwa in DIN-A4- Größe beziehen.

[Die Wahl der richtigen Spaltenzahl] *Die Qual der Zahl*

22–24 Je nach Textintention und Abbildungsmaterial wird das klug geplante Basislayout der Zeitschrift Slow ein-, zwei- oder dreispaltig genutzt. Die linke Spalte dient dabei als Marginalspalte, die Bildunterschriften, Worterklärungen oder Übersetzungen fremdsprachiger Textpassagen aufnimmt. Unabhängig von der Spaltenzahl gibt es einige verbindende Elemente: den Stand der Überschriften, den mächtigen Rubriktitel und die farbige Autorenzeile. Interessant ist der Stand der Pagina, die beim Durchblättern des Heftes nach unten wandert.

25 Dem Organisationsbericht der Stadt Hannover liegt ein vierspaltiges Layout zugrunde, dessen Spalten je nach Inhalt unterschiedlich gefüllt werden. Standard ist, dass der Fließtext immer an der gleichen Stelle beginnt, der Rest ist – bis auf die das gesamte Heft durchziehenden horizontalen (Menü-)Balken – im Stand freigegeben, solange nur die Spaltenbreiten eingehalten werden. Auch die Bilder sind in den Spaltenbreiten bemaßt, wurden aber bis zum Anschlag herausgezogen.

26 Ein (selten zu sehender) echter Wechsel der Spaltenanzahl bringt garantiert Leben auf die Seiten. Er funktioniert in der Regel allerdings nur dann wirklich gut, wenn eine deutlich sichtbare horizontale Trennung dazwischen liegt. Soll der Bruch nicht so stark ausfallen, ist es klug, bei den Inhalten beider Spaltenordnungen korrespondierende Inhalte vorzusehen. Bei der Computerzeitung Wired sind es in unserem Beispiel die Portraitfotos und Fließtext mit gleichem Grauwert.
Ein Tipp: Ist zu gleiches Material vorhanden, kann es sinnvoll sein, es optisch ein wenig zu trennen: Die Portraits sind groß und klein, farbig und schwarz/weiß, die Schriften Antiqua und Grotesk.

Einspaltige Layouts – die Ruhe im Karton

Abgesehen von Büchern sind Seiten mit nur einer Spalte nicht allzu häufig anzutreffen. In der Regel strahlen sie eine Ruhe aus, die im Layout Texten vorbehalten ist, die in Kurzfristmedien wie Broschüren und Zeitschriften nur eine Nebenrolle spielen, weil man sich dafür Zeit nehmen muss. Damit sind persönlich anmutende Editorials gemeint, umfangreiche Essays und Grundsatzartikel. Damit besteht eine Übereinstimmung mit Büchern, in denen nur selten unterschiedliche Textformen auf einer Seite zu stehen kommen. Die weitgehend homogenen Inhalte wollen in Ruhe linear gelesen werden und haben daher auch in der Typografie einspaltiger Broschüren- oder Zeitschriftenteile Anklänge, die aus der Buchgestaltung bekannt sind. Am auffallendsten ist zunächst die Zeilenlänge im einspaltigen Satz, die sich meist im Bereich von 12–15 cm bewegt, weil dadurch bei normaler Schriftgröße eine Zeichenanzahl in der Zeile steht, die gut lesbar ist.

Das zweite, optisch stärkere Merkmal bei einspaltigem Layouten ist ein zumeist großzügiger Weißraum an den äußeren Seitenrändern. Er eignet sich hervorragend für kleine Illustrationen oder Miniaturfotos, für Marginalien, Bildunterschriften und ausgerückte Satzteile. Grafisch ganz hübsch sind im einspaltigen Layout sehr sehr lange Zeilen, die von einer Papierkante zur anderen reichen – sie haben allerdings den Nachteil, dass sie kaum zu lesen sind. Das lässt sich zwar mit starkem Durchschuss abmildern, dennoch ermüdet der Leser deutlich schneller als bei kurzen Zeilen.

Häufig gehen die Textgattungen im einspaltigen Satz mit guten Fotos oder Illustrationen einher, die sich groß wiedergeben lassen, so dass nicht selten ein Satzspiegel der Doppelseiten komplett mit einem Bild ausgefüllt ist. Da diese Bilder dabei mächtig groß werden und das Satzbild des Einspalters sehr ruhig ausfällt, bieten sich viele Spielmöglichkeiten mit den Abbildungen an. Die Bilder stehen in einer Marginalspalte, nehmen nur halbe Spalten ein oder stehen auf einer Seite im Anschnitt und halten dafür weiten Abstand zum Text.

[Die Wahl der richtigen Spaltenzahl] *Einspaltige Layouts*

27 Einspalter erinnern in der Anlage wegen ihrer ruhigen symmetrischen Typografie, der Zeilenlängen und der Weißräume an den Seitenrändern oft an Bücher. Werden die Bilder in den Satzspiegel eingepasst, erhalten sie beachtliche Größen. Ein Layout wird interessanter, wenn zwei Gestaltungselemente über den Text hinweg in Beziehung gebracht werden, und zwar möglichst in einer Diagonalen. Das lässt sich, wie im Beispiel der Zeitschrift Slow zu sehen, noch steigern, in dem ein Bild freigestellt wird, während das andere mit einer festen Kontur umgeben ist.

28 Große Zeilenlängen in einem einspaltigen Layout verbreitern das Format und verleihen ihm optische Ruhe. Bei der Wirtschaftszeitschrift Brand Eins wird dieser Effekt durch ungewohnte Proportionen der Seitenränder noch gesteigert: Die Innenstege fallen sehr breit aus, der Fußsteg verschwindet bis auf ein Minimum. Um die Uniformität der Seiten aufzulockern, sind einzelne Absätze in einer größeren Schrift oder in Farbe wiedergegeben. Sehr lange Zeilen haben den Nachteil, dass sie keiner lesen will.

29, 30 Der einen Einspalter umgebende Freiraum ist in der Regel gut als Gestaltungsfläche für Fotos, Freisteller, herausgezogene Headlines oder grafische Elemente geeignet. Dass eine einspaltige Satzanordnung nicht langweilig sein muss, zeigt der Geschäftsbericht der Bundesregierung, der zwar einem sehr strammen Raster folgt, daraus aber keinen Zwang ableitet, die Einzelseiten ähnlich gestalten zu müssen. Interessant an der Rasterkonstruktion ist, dass der Satzspiegel nicht die übliche Spiegelsymmetrie aufweist und damit den Unterschied zwischen linker und rechter Seite ignoriert.

Zweispaltige Layouts – die Ausgewogenen

Layouts mit zweispaltiger Satzanordnung sind von ruhiger Symmetrie, sie wirken ausgeglichen und – mit viel Weißraum versehen – großzügig. Diese Eigenschaften prädestinieren für repräsentative Drucksachen wie Geschäftsberichte und hochwertige Imagebroschüren. Auch umfangreiche, linear zu lesende Inhalte wie Essays in Zeitschriften etc. sind häufig in einer zweispaltigen Anordnung sichtbar, weil die Zeilen eine zum Lesen angenehme Länge bei einer geringen Anzahl von Silbentrennungen aufweisen. Für den Satz von Headlines gibt es bei zweispaltigem Design oft eine Ambivalenz: Einspaltige Überschriften haben zu wenig Kraft, um eine Seite zu beleben, Headlines über beide Spalten erhalten mitunter bei kurzen Textlängen unangemessene Schriftgrößen. Eine Abhilfe schaffen weite, die Headline umgebende Weißräume, zum Beispiel für Headlines über eineinhalb Kolumnen oder kleine Überschriften aus sehr fetten, eventuell auch farbigen Schriften.

Textsonderformen wie Listen oder Tabellen haben oft nicht die wünschenswerte, mit dem Fließtext übereinstimmende Zeilenlänge. Ist die zweispaltige Anordnung wegen ihrer Geschlossenheit gewählt worden, kann das zu Problemen führen. Wird die Abweichung bewusst gewählt, um die Ruhe des Zweispalters mit optischen Akzenten aufzubrechen, um so besser.

Das Großzügige setzt sich im Handling der Bilder fort: Zweispalter haben fast immer große Abbildungen. Da sie in der Regel entweder über eine oder zwei Spalten reichen, kommt oft eine Breite von 7–8 cm oder von 15–17 cm heraus. Das ist mächtig groß – besonders dann, wenn die Bilder im Hochformat angelegt sind: Geht man von den üblichen Proportionen aus, wird ein Bild, das in nur einer der beiden Kolumnen steht, ca. 10–12 cm hoch sein, also ein Sechstel der ganzen Seite für sich allein beanspruchen. Ein zweispaltiges Bild benötigt im Querformat eine halbe Seite Raum, im Hochformat die ganze Seite. Ist gutes Foto-, Illustrations- oder Diagrammmaterial vorhanden, kann man es also schön groß wiedergeben. Taugt das Material qualitativ nichts und ist zudem hochformatig angelegt, stellt sich die Frage, ob es denn unbedingt stark vergrößert werden muss.

Zweispaltige Layouts lassen sich wegen ihrer getragenen Ruhe mit geringem Aufwand beleben, zum Beispiel durch asymmetrisch oder rhythmisch angeordnete Bilder und Farbflächen, durch Seitenansprachen und einen kraftvollen Lead am Textbeginn. Eine weitere Möglichkeit, allzu brave und starre Doppelseiten aufzulockern, ohne auf Eleganz zu verzichten, ist, die Textspalten deutlich zu verschlanken und in den Bund zu rücken, bis die Außenränder sehr großzügig wirken. In diesen Freiraum lassen sich nunmehr Marginalien, Zwischenüberschriften und die schlechten, nunmehr stark verkleinerten Fotos stellen.

31 Der zweispaltige Aufbau gibt einen Zeitablauf wieder, der einem Artikel des Computermagazins Wired entnommen wurde. Das Lineare eines Zeitstranges wird durch die vorsichtige Auflösung des Zweispalters durch große Zwischenräume erreicht, die die Kolumnen zu einzeln stehenden Bahnen werden lässt. Das der Zeit ebenso innewohnende Ungleichmäßige wird durch die kleinen Zwischenüberschriften, die kraftvolle Seitenansprache, die Zeiteinblendung und den linksbündigen Flattersatz dargestellt. Die Marginalspalte wird durch optisch wirksame Miniaturabbildungen belebt, die die Doppelseite zusammenhalten.

[Die Wahl der richtigen Spaltenzahl] *Zweispaltige Layouts*

44 ART

angelika kauffmann retrospektive

32 Die Art-Seite der Zeitschrift Pur verrät viel Liebe zum Detail und sicheren Umgang mit dem Layout. Die ruhige zweispaltige Anordnung wird im Arrangement der Kunstwerke aufgenommen, jedoch leicht verschoben und aus der Symmetrieachse der Seite herausgelöst. Ein weiteres leichtes Verschieben nach rechts unten ist in der Bildunterschrift zu sehen, die brav und bündig mit der rechten Satzkante abschließt. Die Überschrift täuscht eine Mittelachse vor, die sie gar nicht hat, da die Ausrichtung am Spaltenzwischenraum für eine angenehme Asymmetrie in der Headline sorgt. Alles sieht nach klassischem Zweispalter aus und hat lauter kleine aufbrechende Details.

33 Zweispaltig gestaltete Seiten haben eine starke horizontale Betonung, die auf dieser Doppelseite des Spiegel-Reporters aufgegriffen wird. Der große, einen Horizont bildende Freiraum und die entschieden waagerechte Gestaltung der Headline vermitteln Ruhe und Bewegung zugleich. Die kontrastreiche Illustration unterstützt durch Schwere, Größe, Proportion und Stand diese Intention – die Position unten rechts steht für das absolute Aus. Über den Kolumnen stehen kleine Kapitelnummern, woraus man schließen darf, dass der Satz sehr gut auf den Inhalt angestimmt wurde.

34 Die Doppelseite aus einem Merianheft verbindet sehr schön die Horizontale mit der Vertikalen: Die rechte Bildseite ist durch die Formatlage der Bilder sowie deren Motive waagerecht dominiert, die linke Textseite durch die schlanken Textkolumnen hingegen senkrecht. Der Weißraum gibt genau die Form des zweispaltigen Fließtextes wieder und bildet so einen rhythmischen Puffer zwischen bedruckter und unbedruckter Fläche. Auch die Bildunterschrift greift das Waagerecht-Senkrecht-Spiel auf.

35 Einen Vierspalter als Zweispalter wirken zu lassen und gleichzeitig ein kleines Spannungsverhältnis aufzubauen, macht diese Seiten der Wirtschaftszeitschrift Brand Eins interessant. Die großen Spaltenzwischenräume heben die übliche Waagerechte eines Zweispalters auf, so dass eine dominierende Senkrechte entsteht. Die weiße Vertikale zwischen den Spalten wird durch die Namen der Interviewpartner mit kleinen Horizontalen aufgefüllt. Beides zusammen ergibt eine schöne Rhythmik. Und eine kleine Diagonale gibt es auch noch, da Herr Thoma auf dem Foto entlang der – durch den Baum auch noch betonten – positiven Linie in eine große Zukunft blickt.

36 Der Geschäftsbericht der Bundesregierung vereint ein statisches, konsequentes Seitenraster mit lebhaftem Design. Hier wird Spannung dadurch aufgebaut, dass sich die hellen und dunklen Flächen abwechseln und die Textblöcke im Dreieck zueinander stehen. Ungewöhnlich ist Umkehrung einer grafischen Gewohnheit: Hier ist der Textvorspann hell und der Fließtext relativ dunkel. Zusätzliche Rhythmuselemente sind die nach links ausgerückten Kernsätze und die in den Satzspiegel gezogene Legende des Balkendiagramms.

[Die Wahl der richtigen Spaltenzahl] *Dreispaltige Layouts*

Dreispaltige Layouts – mal so, mal so und mal anders

Dreispaltig angelegte Seiten sind ihrer vielfältigen Einsatz- und Variationsmöglichkeiten wegen bei Zeitschriften, Broschüren und vielen anderen Bereichen zum Standard avanciert. Der Dreispalter ist die Eier legende Wollmilchsau für Drucksachen, deren Inhalt variabel ist, aber ein unproblematisches, konsistentes Layout verlangen: Je nach Thematik oder Bildmaterial können die Seiten von getragener Ruhe, lebhafter Rhythmik, schönster Eleganz oder konstruktiver Statik geprägt sein. Der Fließtext verhält sich neutral zum Inhalt, da er sich in den üblichen Spaltenbreiten linear gut lesen lässt und eine akzeptable Trennhäufigkeit aufweist. In Bezug auf Headlines gibt es mannigfache Optionen, da sie je nach Textform und Seitenwirkung über eine, zwei oder alle drei Textkolumnen reichen können. Wegen der Möglichkeit, zwei der drei Spalten zusammenzufassen, können separat zu setzende, ergänzende Inhalte in Informationskisten oder gesonderte Textformen wie Tabellen optisch wirksam in Szene gesetzt werden.

Den unterschiedlichen Einsatzmöglichkeiten des Dreispalters entspricht die Variationsbreite bei Abbildungen. Üblich sind vier Bildbreiten: ein-, eineinhalb-, zwei- oder dreispaltig. Damit lässt sich sehr gut leben, da die Abbildungen je nach Aussage und Qualität sehr groß oder sehr klein wiedergegeben werden können. Das Layout erlaubt stark unterschiedliche, sich in der Bildwirkung gegenseitig steigernde Abbildungsgrößen auf einer Seite (siehe Seite 160). Momentan sehr beliebt ist hier die Anordnung der Bilder im Dreieck, wobei sich die Abbildungsgröße gegen den Uhrzeigersinn verdoppelt. Weiterhin lässt sich Spannung im dreispaltigen Layout dadurch erzielen, dass ein Freiraum über zwei Spalten frei geschlagen wird, das Bild jedoch nur eineinhalb Spalten von dem Platz für sich beansprucht.

37 Wie der Spiegel-Reporter sind die meisten Publikumszeitschriften in einem dreispaltigen, meist kompakten Layout gestaltet. Diese geschlossene Doppelseitenkonstruktion ist hier sehr konsequent umgesetzt. Die im Anschnitt stehenden dunklen Bilder in waagerechten Formatlagen bilden einen Block, die Seitenansprache aus der versalen Auszeichnungsschrift im roten Kasten sowie der daneben stehende Weißraum kommen ebenfalls in horizontalen Blöcken daher. Der dreispaltige Fließtext hingegen bildet mit seinen senkrechten Kolumnen ein Gegengewicht, das durch das vertikal betonte, rote Initial verstärkt wird. Schön, dass die beiden roten Elemente diagonal zueinander stehen.

38 Die kompakte Wirkung eines dreispaltigen Layouts wurde in dieser Doppelseite des Spiegel-Reporters zum einen aufgegriffen, zum andern etwas aufgelöst. Das Aufnehmen erfolgt durch die quadratischen Bildproportionen und die reduzierten Perspektiven auf den Fotos: Hier ist der Verzicht auf die sonst übliche Diagonale sehr passend. Die Auflösung geschieht durch den Verzicht auf eine Textspalte, der Raum schafft für eine Linie und die Seitenansprache. Sehr gut ist auf den Fotos die Änderung von der Seitenansicht zur Draufsicht, weil derart abrupte Wechsel den Betrachter interessieren und innehalten lassen.

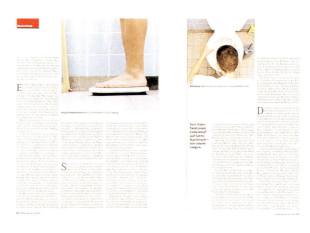

39 Dreispalter sind auch in lichten Layouts mit abwechslungsreichen Inhalten gut einsetzbar. Sind, wie auf dieser Doppelseite der Mitarbeiterzeitschrift des Klinikums Hannover, mehrere unterschiedliche Textblöcke vorhanden, die ein wenig Abstand zueinander brauchen, verhilft ein Farbfond zu einem geschlossenen Gesamtbild. Auch kleine rhythmische Elemente wie die zweizeiligen Zwischenüberschriften gliedern die Seite und verbinden ihre Bestandteile. Von der grafischen Struktur sehr homogene Seiten können durch kraftvolle Einklinker kontrastiert werden, wobei diese noch stärker zur Wirkung kommen, wenn sie von Freiraum umgeben sind.

40 Bei der dreispaltigen Doppelseite der Wirtschaftszeitschrift Brand Eins wurde der Seitenraster nicht wie üblich gespiegelt, sondern identisch auf beiden Seiten verwendet. Dadurch entsteht ein kleines Rhythmuselement auf den Seiten, die vorsichtig mit Unterschieden spielen. Zum einen gibt es einen kleinen Kontrast zwischen den dunklen kompakten Bildern und dem großen Weißraum, der durch die Blickbeziehung vom linken Portrait zur links stehenden Bildunterschrift überbrückt wird. Zum anderen entsteht ein Gegensatz aus einer großen räumlichen Ruhe im oberen Seitenbereich und der typografischen Unruhe in der unteren Hälfte. Der letzte Gegensatz geht aus den Bildern hervor: Das linke Konterfei schaut nach links, das rechte zum Betrachter.

41 Dreispaltige Doppelseiten werden lebhafter, wenn die Spalten unten nicht bündig abschließen, sondern mit deutlichem Höhenunterschied auslaufen. Diese Wirkung lässt sich noch steigern, indem alle Kolumnen gemeinsam so gesenkt werden, dass über ihnen ein ordentlicher Freiraum entsteht, in dem die rhythmisch gliedernden Überschriften eingesetzt werden. So kommt eine gute Wechselwirkung aus vertikalen Textblöcken und horizontalem Aufbau zustande. Werden, wie in dieser Mitarbeiterzeitschrift des Klinikums Hannover, noch Diagonalen eingebaut – der Schriftzug Ticker ist im Dreieck angeordnet, und der Rubriktitel und der graue Kasten stehen sich schräg gegenüber –, wird die Seite zusätzlich belebt.

[Die Wahl der richtigen Spaltenzahl] *Vierspaltige Layouts*

Vierspaltige Layouts – das Leben in der Bude

Entwürfe mit vier Spalten sind in der Regel per se lebhaft, weil wir als Betrachter bei mehr als drei gut überschaubaren Spalten immer auch die Eigenschaften »viel« und »abwechslungsreich« wahrnehmen. Zudem laden vierspaltige Entwürfe aufgrund ihrer vielen flexiblen Variationsmöglichkeiten zu einem lebendigen Miteinander von Text und Bild ein. Auch wenn die Lesbarkeit der schmalen Textspalten und häufigen Silbentrennungen wegen nicht gerade optimal ist, lässt sich die typografische Struktur lebendig gestalten. Je nach Textinhalt und -form können mehrere Spalten zusammengefasst und mit Farbfeldern unterlegt werden. Gleiches gilt bei den Überschriften, die je nach Textlänge und optischer Wirkung über mehrere Spalten reichen können. Das Gegenteil, das Freilassen von Spalten, schafft Freiräume für Marginalien, für ausgerückte Zwischenüberschriften, kleine Auflistungen und Bildunterschriften.

Vierspalter bringen automatisch eine starke Vertikale auf die Seiten, die wegen ihrer großen Eigendynamik Gefahr läuft, Unübersichtlichkeit zu erzeugen. Es ist daher empfehlenswert, kraftvolle grafische Elemente und Abbildungen vorzusehen, die einen starken Halt bieten. Ergänzend kann es sinnvoll sein, in vierspaltig gestalteten Seiten klare optische Achsen einzuziehen, die zusätzliche Bewegungsrichtungen vorgeben: Horizontale Achsen bringen wieder mehr Ruhe auf die Seiten, vertikale trennen die Seiten, indem sie unserer normalen Blickrichtung zuwider laufen, starke Diagonalen mit fest definierten Winkeln schaffen eine kontrollierbare Dynamik.

Die Bilder können bei einem vierspaltigen Layout viele unterschiedliche Größen haben, wobei es ratsam und in der Regel ausreichend ist, sich bei den Bildbreiten an den Spaltenbreiten zu orientieren. Zwischengrößen würden bei einem unruhigen Layout vermutlich schnell die Grenze zum Chaos überschreiten. Getreu dem Lehrsatz, demzufolge sich unterschiedliche Gestaltungselemente in der Wirkung steigern, wenn sie nur nahe genug zusammenstehen, kann eine kraftvolle Bildkombination dadurch erzielt werden, dass eine große dreispaltige Abbildung direkt neben einer kleinen einspaltigen Abbildung platziert wird: Das große Bild wird größer wirken, das kleine Bild noch kleiner.

42 Der den Vierspaltern innewohnenden vertikalen Rhythmisierung wird im Katalog der Büchergilde Gutenberg eine zusätzliche Waagerechte hinzugefügt. Diese ist so angelegt, dass die Bucheinbände diagonal schwingende, sich überkreuzende Linien bilden. Im Katalog werden an den Start- oder Endpunkten dieser Bilderstrecken sowie in den Binnenräumen einige Werke besonders hervorgehoben. Dazu werden die Einbände vergrößert wiedergegeben und eineinhalb Textspalten zu einer längeren zusammengefasst. Sie stehen sich natürlich auf den beiden Seiten diagonal gegenüber und geben ihnen etwas stärkere Fixpunkte, die das Layout ein wenig zusammenhalten.

43 Vierspaltige Layouts, hier im Organisationsbericht der Stadt Hannover, haben in der Regel eine aktive Gesamtwirkung, die sich mit einigen grafischen Grundregeln kontrolliert steuern lässt. Im Dreieck angeordnete Bestandteile wie die Fotos oder die rot gehaltenen Elemente beleben eine Seite. Unterschiedliche, große Flächen wie das vertikale dunkle Hauptbild und die eher waagerechte lichte Textfläche steigern sich in der Wirkung, wenn sie nebeneinander stehen. Vierspaltiger Satz wirkt besonders starr, wenn alle Kolumnen gleich lang ausfallen. Sie bilden damit einen Gegensatz zu den Abbildungen, die im ganzen Bericht Diagonalen sowie bewusste Kontraste von Schärfe und Unschärfe aufweisen.

44 Kurze, strukturierte Informationen lassen sich gut in vierspaltigen Layouts aufbereiten, da sie die ihnen innewohnende Rhythmik aufgreifen. So können, wie hier in einem Merianheft, Vertikale und Horizontale eine lebendige Symbiose eingehen, so wird das Grau der Senkrechten wird durch das Weiß der Waagerechten durchströmt. In diese dadurch entstehende, netzartige Struktur kommt eine weitere belebende Beziehung zwischen den diagonal positionierten Bildern. Ihre Bildwirkungen steigert sich, wenn die in Bezug gebrachten Abbildungen in ihren Größen kontinuierlich zu- oder abnehmen. Noch zwei kleine Mikrostrukturen sind erwähnenswert: Die roten Spitzmarken bilden ein kleines Netz und die Eingangszeilen wechseln sich in ihrer Länge angenehm ab.

[Die Wahl der richtigen Spaltenzahl] *Vierspaltige Layouts*

46 Vierspaltige Layouts bieten sich hervorragend dazu an, mehrere unterschiedliche Inhalte auf einer Seite anzubieten, weil sich der benötigte Raum gut unterteilen lässt. So ist diese Seite der Computerzeitschrift Wired in einen Rubrikbereich mit kurzen Zehnzeilensnack-Artikeln sowie einen dreispaltigen, linear lesbaren Artikel aufgeteilt. Damit die Seite nicht auseinanderfällt, wird sie durch einen gemeinsamen Balken am Kopf und durch mehrere rote, überwiegend waagerechte Elemente zusammengehalten. Ein weiteres Element für Verbundenes und Trennendes ist der Fließtext: In beiden Textformen ist er linksbündig, jedoch im gelben Streifen in einer Grotesk und im weißen Feld in einer Antiqua gesetzt.

45 Auch wenn es auf den ersten Blick nicht so wirkt – der christlichen Jugendzeitschrift TeensMag liegt ein starres, vierspaltiges Seitenraster zugrunde, das nur zugunsten eines fünfspaltigen Layouts durchbrochen wird. Ebenso wie beim Geschäftsbericht der Bundesregierung (siehe Abbildungen 29 und 30) ermöglichen konsequent angewendete Seitenraster oftmals ein lebhafteres Layout als der Verzicht auf ein konsistentes Layout. *Eine Analogie: Je stabiler das Gerüst, desto wilder werden die Kinder darauf spielen.* Einige Spielarten dieses Layouts sind kraftvolle, die Horizontale betonende Farbwechsel und starke Unterschiede in den Bildgrößen und der Darstellung ihrer Motive.

Fünf- und sechsspaltige Layouts – das Fastfood-Design

Es ist nahezu unmöglich, ein ruhiges, ausgewogenes Design mit einem fünfspaltigen Raster im DIN-A4-Format zu erzielen. Fünf Spalten vermitteln, besonders bei einer Doppelseite, eine Vielzahl visueller Impulse. Das gilt häufig auch für die Inhalte: Fünfspalter werden gerne dort verwendet, wo kurze, in sich strukturierte Informationen aufbereitet werden müssen. Dies sind zumeist kommentierte Verzeichnisse, etwa

Restauranttipps in Reiseführern, die gelesen werden, um in kurzer Zeit eine spezielle Information zu erhalten. Daher ist eine klare Auszeichnung, etwa durch fette Schriften, notwendig, die das unruhige Layout zusätzlich beleben. Eine andere, in Zeitschriften anzutreffende journalistische Form des Fünfspalters sind mehrere auf einer Seite zusammengefasste Artikel zu einem Themenkreis, zum Beispiel Produkt-

vorstellungen oder Kurzmitteilungen genannte Zehnzeilensnacks. Da hier eine optische Unruhe nicht immer erwünscht ist, werden die betreffenden Teile oft mit aufgehellten Farbflächen unterlegt.

Da derartige »Informationen« in kleine Absätze unterteilt sind, wird das vertikal unruhige Seitenbild auch horizontal mehrfach untergliedert. Hinzu kommt, dass die schmalen Spalten natürlich kurze

Zeilenlängen, also ein unruhiges Schriftbild, mit sich bringen. Bei einem nicht empfehlenswerten Blocksatz entstehen stark ungleichmäßige Wortzwischenräume mit sehr hoher Trennhäufigkeit, und selbst ein gekonnter linksbündiger Flattersatz wirkt unruhig. **Kurz:** Fünfspalter bieten sich ausschließlich für ein lebendiges, pulsierendes Design mit vertikal ausgerichteter Dynamik oder großen Papierformaten an.

Von den zu beachtenden Faktoren gilt eigentlich alles, was schon im Abschnitt über das vierspaltige Layout geschrieben steht, allerdings in verstärktem Maße. Eine hohe Spaltenanzahl ist immer eine prima Herausforderung – auch für gestandene Designer mit sensiblem Händchen.

INTRO 01

47 Das Inhaltsverzeichnis der kostenlosen Lifestylezeitschrift Pur zeigt einen Fünfspalter in einer schön reduzierten Fassung. Auch hier ist eine gute Mischung von Horizontaler und Diagonaler zu sehen. Der erste Text beginnt links unter den Bildern, die rechts folgenden Blöcke erhalten einen leichten Anstieg nach oben. Dadurch entsteht eine typografische Diagonale, die sich anschickt, über die Bildleiste hinwegzuwandern. Zwei weitere Wechsel rhythmisieren die Seite komplett: Oben steht eine Horizontale, gefolgt von vertikalem Text, dann kommt die Bildleiste, dann wieder eine Lotrechte, die von einer Waagerechten abgefangen wird. In der Waagerechten gibt es ebenfalls Wechsel in den Bildmotiven sowie der Reihenfolge von Fließtext und unbedruckten Flächen.

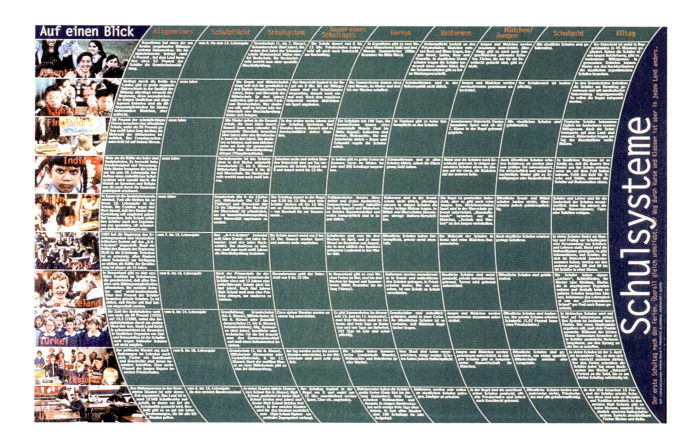

48 Ein neunspaltiges Design ist seltener als ein Selbstzweifel Helmut Kohls. Eigentlich kann bei dieser Doppelseite (natürlich aus der Heftmitte) des Jugendmagazin Jetzt der Süddeutschen Zeitung nicht von Spalten die Rede sein. Dieses Miniposter dürfte vermutlich niemanden zum Lesen einladen, und ist vielleicht auch nicht dazu gedacht. Dafür sieht es aber prima aus.

49   Üblicherweise bringen fünfspaltige Layouts eine große Unruhe mit. Diese aus dem christlichen Jugendmagazin TeensMag wird durch einige Rhythmen weiter gesteigert: In der Horizontalen gibt es entlang des schwarzen Balkens einen Wechsel von CD-Cover, Headline, senkrechter Begrenzungslinie und riesiger Rubrikenüberschrift. In der Vertikalen geschieht Gleiches, nur dass unterschiedliche Abbildungsgrößen hinzukommen – unter einem kleinen Bild beginnt ein langer linksbündiger Textstreifen mit einer Mini-überschrift, gefolgt von einem kleinen Feld mit Bewertungspunkten, das von einem großen Bild begrenzt wird.

50   Das hannoversche Stadtmagazin Schädelspalter zeigt die für Fünfspalter typische, stark vertikale Satzform in einer sehr kompakten Anordnung. Diese Anmutung wird durch einige kleine Kniffe erzielt: Die Linien verstärken die Vertikale und unterdrücken den Weißraum zwischen den Spalten, die kleine Schriftgröße erzielt den für einen Fünfspalter erstaunlich ruhigen Blocksatz, und die Überschriften werden in ebenfalls kompakte Freiräume gestellt. Zu guter Letzt haben die Bilder einen die Motive eng begrenzenden Beschnitt. Sie sind im Dreieck positioniert und nehmen kraftvoll und kontinuierlich in der Bildgröße gegen den Uhrzeigersinn zu.

51   Eines der raren sechsspaltigen Layouts ist im Finanzteil der gut typografierten und hervorragend gesetzten Publikumszeitschrift Weltbild zu sehen. Seiten mit vielen Spalten laufen Gefahr, chaotisch zu werden. Hier sind die Gestaltungselemente kraftvoll, weitgehend auf die Typografie bezogen und in ihrer Funktion fest definiert. Im Wesentlichen wird nur die Senkrechte betont, so auch im Fließtext, der nur durch das Linksbündige das Pulsierende zusätzlich verstärken kann – bei derart geringen Zeilenlängen wäre mit Blocksatz ohnehin nichts mehr auszurichten gewesen. Um dem Gesamten Halt zu geben, liegt ein heller, an die Financial Times erinnernder Farbfond unter den Seiten.

52   Die sehr interessant gestaltete spanische Kulturzeitschrift Qué Leer zeigt, wie sich Konstruktion und Rhythmik gut miteinander verbinden lassen. Hier wird die für Fünfspalter typische Vertikale nahezu ausgehebelt, dafür gehen Horizontale und Diagonale eine erquickliche Verbindung ein. Den letzten Kick erhält diese gestalterische Symbiose durch die farbigen, zumeist dunklen Buchtitel.

Umbruchformen:

Die Umbruchprinzipien – gleich und gleich gesellt sich nicht

Auch chaotische und unstete Naturen brauchen Konstanten: Der Raum, in dem sie ihr Chaos verbreiten, Personen, die ihnen immer wieder zuhören und sie ab und an aus den merkwürdigsten Situationen retten müssen. Und im Gegenzug brauchen auch die Ruhigsten und Gelassensten unter uns hin und wieder Aufregung – woher sollen sie sonst wissen, dass sie noch leben? Getreu dem Motto »Gegensätze ziehen sich an« wählen wir uns nicht selten Partner mit Eigenschaften, die bei uns selbst nur schwach entwickelt sind und das nicht Vorhandene ausgleichen. **Kurz** – unser Leben wird von einer individuell dosierten Mischung aus Konstanten und Variablen bestimmt.

Ein anderes, dem Zweck dieses Buches entsprechendes Beispiel für die Wechselwirkung, ist die morgendliche Zeitungslektüre. Unsere Tageszeitung ist uns sehr vertraut, sogar Nichttypografen erkennen ihr Layout anhand von Konstanten wie Format, Spaltenzahl und -breiten, Headlineschriften und Farbigkeit. Dennoch haben wir die Zeitung wegen des Gegenteils, wegen der Variablen abonniert – dem täglich wechselnden Inhalt also. (Es ist schon schlimm genug, dass es immer die gleichen Themen sind.)

In einem Layout wird dieses Wechselspiel zwischen Konstanten und Variablen unter anderem durch die Umbruchprinzipien herbeigeführt. Es gibt innerhalb einer Broschüre, einer Zeitschrift oder Zeitung für die Darbietung der wechselnden Inhalte eine fest definierte Anordnung von Headlines, Fließtext, Bildunterschriften etc. Damit wird den Lesern bei der Orientierung durch Unbekanntes geholfen, das Neue wird ihnen so leichter vertraut gemacht. Die meisten Umbruchsysteme bereiten die Inhalte nicht nur lesefreundlich auf, sondern machen neugierig und schaffen mit ihrer jeweiligen Rhythmik Leseanreize, die die Wichtigkeit einzelner Artikel und Abschnitte gewichten. Dazu gibt es einige Grundprinzipien, die geeignet sind, Wirkungen wie Ruhe, Lebendigkeit und Chaos zu steuern. Zeitungen sind ein probates Beispiel zur Darstellung dieser Systeme.

Der Treppenumbruch – immer in Action

Bis vor etwa fünfzehn Jahren erfreute sich beim Gestalten lebhafter, unruhiger Layouts der Treppenumbruch besonderer Beliebtheit. Sein Name stammt von der treppenartigen Anordnung der Überschriften, die den Blick diagonal oder im Dreieck über die Seiten führt.

Um diesen Effekt zu erzielen, gibt es zwei Möglichkeiten. Entweder sind alle Artikel auf einer Seite etwa gleich lang (ca. eine halbe Spalte hoch – bis auf den ersten Artikel, der deutlich kürzer oder länger sein muss) und haben eine kraftvolle einspaltige Überschrift, oder sie sind als mehrspaltiger Treppenumbruch konstruiert, bei dem die einzelnen, Schenkel genannten Spalten, unterschiedliche Längen aufweisen. Unter dem kürzeren Schenkel beginnt dann der nächste Artikel oder es wird ein Minitext zum Auffüllen der Lücke platziert. Bei dieser Layoutform reichen die Headlines über mindestens zwei Spalten und sind somit geeignet, auch große Seiten stark zu beleben. Da hier alles genau passen muss, ist der mehrspaltige Treppenumbruch besonders arbeitsaufwendig und lässt nachträgliche Textänderungen nur in geringem Maße zu. Die Zeit raubende Planung und Gestaltung des Treppenumbruchs führt dazu, dass dieses jahrzehntelang präferierte Verfahren heute nur noch in wenigen Fällen, zum Beispiel bei mehreren, inhaltlich zusammengehörenden Einzelartikeln, angewandt wird.

53 Ein klassischer Treppenumbruch bewirkt, dass die Headlines diagonal zueinander stehen. Eine Methode, dies zu erzielen, besteht darin, die einzelnen Spalten der Artikel unterschiedlich lang zu halten, um dadurch die Textblöcke verschachteln zu können. So können, zum Beispiel bei der Fußballzeitung Kicker, Seriosität und Aktivität in gleichem Maße gezeigt werden. Hier folgt die Überschriftenordnung unserer üblichen Seitenbetrachtungsweise: Unsere Blicke folgen einer imaginären Linie, die der Form eines Fragezeichens gleicht.

Der Blockumbruch – sauber gestapelt

Der Blockumbruch hat seinen Namen aufgrund seiner blockartigen Anordnung der einzelnen Artikel, getreu der alten Regel: »Gut umbrochen ist, was sich gut ausschneiden lässt«. Dieses, an Ikea-Regale erinnernde Grundlayout ist seit der Durchsetzung der Fotosatztechnik in Broschüren und Zeitungen das vorherrschende Gestaltungsprinzip. Die seinerzeit neue Technik ließ den bis dahin bevorzugten Treppenumbruch vorgeblich nicht zu – außerdem haben in etlichen Verlagen die dem Rechteck mental verbundenen Grafik Designer den Metteuren das Gestalten von Zeitungen aus der Hand genommen.

Das Anordnen der Artikel in rechtwinkeligen Blöcken lässt noch keine Aussage über die Ruhe oder Unruhe eines Layouts zu, da hier eine Unmenge an Variationsmöglichkeiten gegeben ist. Der Spannungsbogen reicht von der optisch eher betulichen Zürcher Zeitung (hier sind sogar alle Headlines in ein und derselben Schriftgröße gesetzt) bis zu den meisten Boulevardblättern, die sich bei genauem Hinsehen ebenfalls im Blockumbruch zeigen.

54 Die Stuttgarter Zeitung ist süddeutscher Meister im »Käschtle baue« – ihre Seiten zeigen sich als sauber geschichtete Stapelware. Der Vorteil dieses kreuzbraven Umbruchs: Alle Seiten sehen immer gleich aus, sogar die Headlines und Artikel haben die gleichen Längen. Der Nachteil: Alle Seiten sehen immer noch gleich aus. Überraschungen sind hier nicht zu erwarten, vermutlich nicht einmal auf den Jugendseiten (wenn es welche gibt). Dafür lassen sich die Artikel gut ausschneiden.

55 Die Leipziger Volkszeitung erlaubt eine besonders interessante Spielart des Blockumbruchs, denn die Seiten weisen unterschiedliche Spaltenanzahlen und -breiten auf. Auf diese Art entstehen lebendig-unruhige Seiten, deren Inhalte erst gefunden, dann erarbeitet sein wollen. Der Stand der Artikel wird bei Zeitungen durch inhaltliche Prioritäten bestimmt. Interessant bei der Leipziger Volkszeitung: lokales steht an oberster Stelle, regionales steht in der Mitte, internationales unten.

Der Kamin – steiler Durchgang

Um einen dynamisch-vertikalen Seitenaufbau zu erzielen, bietet sich eine Kamin oder Leiter genannte Spielart an. Sie lässt sich als ausschließliche, reine Layoutform mit einer sehr eigenen Gesamtoptik verwenden, bei der mehrere parallel laufende Vertikalen nebeneinander stehen. Damit die Seiten nicht wie eine Ansammlung von Ackerfurchen wirken, werden kleine Störelemente eingebaut. Der Kamin kann ebenso als einzelne, senkrechte Spalte durch ein ansonsten waagerechtes Blockumbruchlayout geschossen werden.

Das Herstellungsprinzip des Kamins ist höchst einfach: Man setze einen Artikel als langen, langen Einspalter. Fertig. Oder man fasse mehrere kurze Artikel, so genannte Zehnzeilensnacks, zu einer langen, langen Spalte zusammen. Auch fertig. Im Prinzip jedenfalls. Da sehr lange einspaltige Artikel nicht gerade zum Lesen ermuntern und überdies langweilig aussehen, ist es hilfreich, kleine Unterbrechungen wie Zwischenüberschriften oder briefmarkengroße Bildchen einzubauen.

56 Die Berliner Zeitung zeigt, dass der Kamin-Umbruch zu einer eigenen Optik führt, ohne das klassische Umfeld zu verlassen. Die Titelseiten sind ungewöhnlich vertikal betont, da mehrere Artikel jeweils ganze Spalten einnehmen. Für den Leitartikel gibt es eine interessante Spielart, da die Headline über drei Spalten reicht, von denen der Artikel selbst aber nur eine benötigt. Die anderen beiden Spalten werden von einem Bild in Anspruch genommen, das nichts mit der Hauptüberschrift zu tun hat. Die zweite Spalte von links ist eine zusätzliche vertikale Betonung: Zum einen hebt sie sich optisch durch ihre Linksbündigkeit ab, zum anderen ist sie in sich selbst durch die Zehnzeilensnacks mit den Miniüberschriften rhythmisch gegliedert.

[Umbruchformen] *Der Schaufelumbruch – Chaos als Prinzip*

Der Schaufelumbruch – Chaos als Prinzip

Streng genommen ist der Schaufelumbruch kein eigenes grafisches Prinzip, sondern eher die satirische Umschreibung einer mit visuellen Impulsen stark überfrachteten Seitenaufteilung. Bei genauem Hinsehen handelt es sich in der Regel um einen verschobenen Blockumbruch, dessen ansonsten klare Linienführung bewusst gebrochen wurde.

Der Name »Schaufelumbruch« beruht auf dem Verdacht, dass die Seiteninhalte unabhängig von ihrer Bedeutung, mittels einer Schaufel auf die Seite geschüttet wurden. Damit tut man den Layoutern etwas unrecht, weil dieses Zuschaufeln eines Blattes mit Texten, Bildern, Linien und Symbolen mächtig viel Arbeit macht, die eine große Disziplin erfordert. Dieses höchst kontrastreiche Layoutprinzip ist besonders häufig bei nicht abonnierbaren Boulevardzeitungen anzutreffen, die aufgrund ihrer Vertriebsspezifika auch Kaufzeitungen genannt werden.

57 Boulevardzeitungen verkaufen sich zu einem guten Teil über die Relevanz des Tagesthemas für die Zielgruppe und der damit verbundenen Schlagzeile – sie muss dem Betrachter förmlich ins Auge springen. Dies sowie eine den Lesern vertraute, lebhafte Gesamtoptik bestimmt die Titelseiten. Dennoch folgt auch die Bild-Zeitung klassischen Regeln, zum Beispiel der aktiven Leserblickführung in Fragezeichenform, denn entlang dieser Linie sind dunkle Elemente aufgereiht. Die davon nicht berührten Ecken werden gerne mit interessanten Kurzartikeln, so genannten Eckenbrüllern, oder Anzeigen ausgefüllt.

Kapitel 4
**Freiheit und Bindung –
Konstanten und Variablen im Layout**

Exkurs Gestaltungsgrundlagen
Die Wohnung im Kopf – wie wir unser Umfeld gestalten

Grafikers Liebling: Die Aufbewahrung von Stiften im Kaffeepott. Das wirkt auch noch dann kreativ, wenn die Marker nach Druckfarbnormen in den Bechern geordnet sind.

Wir sind durch Normierungen und Standards geprägt, die entweder durch die Natur (Tag und Nacht, Kälte und Wärme etwa) oder durch unsere Kultur (zum Beispiel Parkuhren, Scheckkarten und Schalteröffnungszeiten) definiert wurden. Gegen Ersteres kann man wenig machen, denn der Körper zeigt uns schnell unsere Grenzen. Spannender ist unser Verhältnis zu den kulturellen Prägungen, regeln sie doch auch unser eigenes Umfeld und das Miteinander der Menschen. Je nach persönlicher Konditionierung akzeptieren wir nur das Notwendigste und weiten unser Umfeld, oder wir sehnen uns nach einem Mehr an Regelmaß – meistens bewegen wir uns in der Mitte, zumal Regelverletzer vielleicht die Avantgarde stellen, aber dann doch schnell einsam sind. Nun macht Überangepasstes auch nicht glücklich, sonst würden wir noch mehr als jetzt in gleichen Häusern wohnen, das Gleiche essen und trinken oder schwarze Kleidung tragen – so wird die Zielgruppe zur Stilgruppe, in der der Einzelne untergeht.

Wir neigen dazu, Standards in dem Maße zu akzeptieren oder zu begrüßen, solange sie uns Sicherheiten und den Rahmen zur individuellen Entfaltung geben. Interessanter sind für uns die Variablen – die Angelegenheiten, die wir selbst bestimmen und unseren Wünschen gemäß gestalten können.

Standards und Variablen in unserem Designbüro: Der Raum, die Möbel und die Technik geben den Rahmen vor. Das sie füllende Leben ist auf den Schränken und Schreibtischen mit Blumen, Fotos, Aufklebern und Stofftieren sichtbar. Und mit umgedrehten Straßenlaternen an der Decke.

Nehmen wir ein Haus als Beispiel: Jedes Haus, jede Wohnung hat ein durch Grundstücksgrenzen und Mauern fest gefügtes Raster, sei es selbst oder vom Architekten entworfen oder vorgefunden bei einer Mietwohnung. Auch bei der Nutzung der Räume folgen wir den funktionalen Standards, das Bad bleibt Bad, die Küche bleibt Küche. Bei der ersten Besichtigung begutachten wir zunächst diese Standards, meistens bis in das Detail (Wie wird die Treppe gereinigt? Ist ein Kabelanschluss vorhanden?). Die Variablen sind es aber, die in der neuen Herberge unsere Persönlichkeit reflektieren: Die Möbel, Bilder und Lampen, die Materialien am Fußboden und an den Wänden vermitteln eine Menge über uns (ausgenommen die charakterlos-weiße Raufasertapete natürlich). Dabei bleiben die meisten von uns im üblichen Rahmen, einerseits aus unserer Prägung heraus, andererseits damit sich der Besucher nicht über den Toilettenpapierhalter im Wohnzimmer oder die Pfanne in der Wanne wundern muss.

Korrespondenz, Angebote und Rechnungen werden getreu der Devise »Dienst ist Dienst, Schnaps ist Schnaps« in ordentlichem Schwarz aufbewahrt. So sieht es niemand, falls in den Ordnern Unordnung herrscht.

130

[Exkurs Gestaltungsgrundlagen] *Die Wohnung im Kopf – wie wir unser Umfeld gestalten*

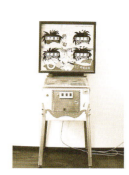

Der Flipper ist Sympathieträger und Ausdruck von Individualität zugleich. Obwohl das Spiel hoch normiert ist, denn sonst gäbe es keinen Highscore. Außerdem wird der Flipper schnell zum Staubfänger oder zur Ablagefläche, denn zum Spielen bleibt leider keine Zeit.

Über Bürotassen als Träger individueller Botschaften in standardisierten Welten wurden schon etliche gelehrte Arbeiten verfasst. Der Kompromiss: Jeder wird am Morgen durch seine Tasse persönlich begrüßt.

Wir bewegen uns in dem Verhältnis von Standard und Variablem sehr flexibel, meist ohne es zu merken. Erst ein vergleichender Blick zeigt uns, dass in der Arbeitsumgebung wesentlich weniger Farben, dafür aber mehr rechte Winkel vorherrschen als zu Hause. Die Aufhebung dieser Grenzen erinnert an ein IKEA-Arbeitszimmer, ist also nicht unbedingt schön, dafür aber individuell normiert.

Ähnlich ambivalente Grenzen und Freiheiten haben wir in unserer täglichen Designarbeit. Die Grenzen werden durch das Honorar, das Papierformat und seine -qualität oder durch drucktechnische Normen gesteckt – und sei es durch den Zwang, dass eine Drucksache eine durch vier teilbare Seitenzahl haben muss. Und mit der vermeintlichen Freiheit im Digitalen ist es noch ärger bestellt: Wer Webseiten entwirft, muss auf Bildschirmpunkte achten, beim Empfänger nicht vorhandene Schriften berücksichtigen und den Kampf um Speichervolumen und Ladezeiten aufnehmen.

Und über allem steht die Aufgabe, den Leser zu führen: Ist ein Bild unverständlich, eine Zeitschrift ohne Gliederung, eine Website ohne idiotensichere Struktur, steigt der Rezipient aus. Das ist schade, da wir als Gestalter meist von dem Wunsch beseelt sind, Neues zu schaffen (jedenfalls noch in unseren ersten Berufsjahren) – und müssen doch den Kunden dort abholen, wo er sitzt.

Das Bücherregal hat durch seine starren Formen normierenden Charakter, aber nur nach außen. Innerhalb der Fächer können die Bücher nach Autoren, Sachgebieten, Größen, Farben oder schneller Verfügbarkeit stehend oder liegend (un)geordnet werden.

Das Abwägen zwischen einem neuen Weg und einem Design, das aussieht, als hätten es zwölf Ingenieure gestaltet, kann spannend sein. Dabei können wir uns einiger praktischer Hilfsmittel bedienen, mit der wir exakt an der Linie zwischen Standard und Variabler entlangfahren. So beschreiben wir im Folgenden die Steuerelemente, Rubriken, Linien, Balken, Farben usw. Denn eines ist gewiss: Die Betrachter unserer Layouts wollen beides – das Gewohnte und das Neue. Wie schön, dass sie aus ihrer täglichen Beobachtung das Gleiche gelernt haben wie wir.

(Das Tragische beim Verfassen dieses Buches ist, dass wir nicht fortlaufend umwerfend Neues beschreiben werden, weil sich unsere Arbeit als Gestalter von alltäglichen, aus der schlichten Beobachtung entwickelbaren Grundsätzen ableitet. So ist unser Rat: Öffnen Sie Ihre Augen dort, wo Sie sind. Schauen Sie genau hin und lernen Sie, täglich Gewohntes zu tun und dabei Neues zu entdecken.)

Exkurs Farbwahrnehmung – das emotionale Raster
RGB einmal anders:
Liebe, Hoffnung, Glaube

Wahrnehmungen und Betrachtungen hängen von einer Vielzahl Parameter ab, die uns gar nicht mehr bewusst sind. Nehmen wir einmal einen Kieselstein: Wenn er nass ist, sind seine Farben nuancenreicher, kräftiger, klarer und leuchtender als in trockenem Zustand, in dem er matt und spröde aussieht. Der morgendliche Sonnentag wirkt farbenfroher als ein mittäglicher, der Nachmittag hat ein eher goldenes Licht, die Abenddämmerung ein blaues. **Kurz:** Unsere Farbwahrnehmung ist abhängig von den Sicht- und Lichtbedingungen der Farben. Auch die persönliche Kondition spielt eine Rolle, denn dem Verliebten scheint alles intensiver, farbenfroher als dem Betrübten, dem alles grau ist. Wichtiger für unsere Arbeit

Meer und Himmel verdeutlichen die emotionalen Werte der Farbe Blau: Weite, Ruhe, räumliche Ordnung und Kühle.

ist natürlich die objektive Wahrnehmung, die bei Farben allerdings nie objektiv ist. Dennoch gibt es hier eine visuelle Sprache, die ohne Worte auskommt: Wir empfinden beim Anblick von Farben – und zwar über Kulturen hinweg – nahezu das Gleiche. Rot zum Beispiel wird für alle Menschen mit Feuer, mit Blut, mit Sonnenuntergang assoziiert – daher nehmen wir alle Rot als eine erregende Farbe wahr. Das heißt nicht, dass wir dieser Empfindung mit dem gleichen Gefühl begegnen: Der eine wird die Erregung bejahen, er braucht den Kick; der andere lehnt die Erregung ab, er sehnt sich nach Ruhe. Eine Farbe wird dann als schön angenommen oder gar zur Lieblingsfarbe, wenn eine Sinnesempfindung und ein Gefühl vom Grundsatz her nicht nur bejaht, sondern auch als wichtig für die eigene Person empfunden wird.

Grün bedeckt den größten Teil unseres Bodens – und das bei einer erstaunlichen Fülle an Formen und Farbtönen. Daher steht das Grün vor allem für Festigkeit und Fülle.

Wir sind bei Farben eingenordet: Zum einen durch unsere Naturerfahrung und darüber hinaus durch unsere darauf aufbauende Kulturerfahrung. So wissen wir, dass uns der rote Punkt am Wasserhahn zu warmem Wasser verhilft, die rote Ampel die Fahrt unterbricht und der gelbe Kasten die Post aufnimmt. Und auch wo es komplexer wird, funktioniert es. **Ein Beispiel:** Gehen wir in eine Buchhandlung, sehen wir, dass alle Gartenbücher grün-grüne Rücken haben, die meisten Politikbücher hingegen schwarz-rote. Fotobände sind nur in schwarz-weißen Einbänden zu haben, Kochbücher sind oft orange oder rot (vegetarische Vorlieben grün, Diätbücher weiß), Reisebücher sind blau in allen Abstufungen: Fernweh, Fernsicht, großartige Aussichten. Romane sind bunt wie das Leben, alles ist möglich. Kinderbücher für die ganz Kleinen in Rot, Gelb und Blau, desgleichen Bastel- und Heimwerkerbücher. Das alles setzt an ähnlichen Sinnesempfindungen an, die wir gleich betrachten.

[Exkurs Farbwahrnehmung] *RGB einmal anders: Liebe, Hoffnung, Glaube*

Ziegel, Holz, korrodiertes Eisen sind typische Vorkommen von Braun in der Natur. Der Hinweis »Betreten verboten« ist kurios, da die Tür oberhalb eines sehr tiefen Burggrabens gar nicht erreichbar ist.

Einige kleine technische Winke für die farbige Praxis

Bei der Farbwahl sind Versuche ratsam, wenn eine spätere bürotechnische Verarbeitung absehbar ist: Etliche Fotokopierer ignorieren Hellblau oder Hellgrün, manche Faxgeräte übersehen rote Schrift oder Linien, Gelb wird von keiner der Maschinen erkannt. Es kann auch genau anders herum kommen, dass eine Farbe in der Kopie zu Tiefschwarz mutiert – das ist prima im Erscheinungsbild, aber schlecht im Zeitschriftenlayout, weil die schwarze Schrift im grünen oder roten Kasten verschwindet. Eine der sinnlosesten Taten ist es, wichtige Passagen mit einem roten oder mittelgrünen Textmarker anzustreichen – und danach auf das Fax oder den Kopierer zu legen. Manche Farbkombinationen funktionieren einfach technisch gar nicht oder nur am Bildschirm. So ist Blau auf Schwarz unlesbar – tiefblaue Leucht-

werbung wabert konturlos in die Nacht und dunkelblaue Schaufensterbeschriftung verschwindet auf der Scheibe. Farben gleicher Helligkeit flimmern, wenn sie neben- oder aufeinander stehen: Rot flimmert grundsätzlich auf Grün oder Grau, meistens auch auf Blau. Farbige Schriften (ultrafette Type einmal ausgenommen) oder farbige Linien wirken immer heller als sie auf dem Farbfächer oder neben einer Farbfläche erscheinen. Werden für die Schriften oder Linien eigene Farbtöne definiert, die zusätzlich ein klein wenig Schwarz enthalten, ist das Manko behoben.

Sollen Plakate für den Außenbereich länger hängen bleiben, ist es klug, daran zu denken, dass die Farben im hellen Tageslicht unterschiedlich schnell wegbleichen. Zuerst geht das Gelb, zum Schluss bleibt nur ein Cyangraugemisch übrig (dafür vergilbt dann das Papier). Das ist besonders schön zu sehen auf den alten Eiswerbefahnen, etwa von Langnese oder Iglo: Die Farben auf der sonnenbeschienen Südseite der Fahnen sind schneller ausgebleicht als die auf der Nordseite.

Die Abendsonne zeigt wesentliche Merkmale, die wir mit Rot verbinden: Bewegung, Veränderung und Energie sowie die Eigenschaft, Blicke auf sich zu ziehen.

Violett und Lila sind zwar selten in der Natur anzutreffen, fallen dann aber häufig durch eigenwillige und schöne Formen auf, zum Beispiel bei Blumen oder Edelsteinen.

Gelb steht für Weite, Leichtigkeit und Veränderung. In der Natur kennen wir Gelb durch Blumen, durch weite goldgelbe Felder oder weite Strände.

Abbildungen zum Thema: Die meisten Wahlplakate zeigen ein tiefes, gedecktes Blau als Farbe des Vertrauens, der Ruhe und Ordnung. Zudem heben sich die Gesichter gut vom Hintergrund ab.

Blau – Werte für die Ewigkeit

Blau begegnet uns in unserer Naturwahrnehmung zuerst in großen weiten Flächen: beim Anblick des hoffentlich strahlend blauen Himmels und des Meeres. Beide haben eine feste und naturgemäße räumliche Ordnung: der Himmel ist oben, das Meer unten.

Dementsprechend fallen die emotionalen Werte aus, die wir mit dem Blau verbinden. Da wären zunächst die tiefe Ruhe und Zufriedenheit zu nennen, die uns der Himmel und das Meer schenken. Durch ihre festen Positionen wird das Blau ebenso sehr mit Einordnung und Präzision, mit Vernunft, Vertrauen und Beherrschung verbunden. Kühle und Weite, zwei weitere Eigenschaften des Himmels und der Meere, werden von uns auf das Blau übertragen: Weite steht für den Weitblick und das Visionäre. Ansonsten begegnet uns Blau in der Natur seltener, am ehesten noch bei Blumen und Edelsteinen, woraus sich zwei weitere Assoziationen ableiten: Blau wirkt vornehm und wertvoll.

Blau ist auch die Farbe der Sinnansprache, der Träume und Visionen, hier ein Artikel der Gartenzeitschrift Eden. Häufiger findet Blau im Zeitschriftenlayout Verwendung, wenn es thematisch um Kühl-rationales und Technisches geht.

Unser Farbempfinden schlägt sich im Grafik-Design nieder. So ist das Blau mit seinen »seriösen« Eigenschaften am ehesten dort anzutreffen, wo Sicherheit, Vernunft und Präzision eine wichtige Rolle spielen. Die meisten Banken, Versicherungen und öffentlichen Körperschaften sowie viele Technologieunternehmen finden in blauen Logos ihre farbliche Entsprechung – oft ist es die »vornehme« Variante mit einer geringen Beimischung von Magenta und Schwarz. Oft ist das gedeckte Blau dort auch die beliebteste Blusen-, Hemden-, Anzug-, Kostümfarbe.

Nahezu alle Banken und die meisten Versicherungen setzen das Blau als Hausfarbe ein. Im Gestalten von Websites ist das gedeckte oder mit Rotanteilen versetzte Blau für den Betrachter angenehm anzuschauen, zumal es bei den meisten Betriebssystemen die Menüfarbe ist.

[Exkurs Farbwahrnehmung] *Grün – stabiles Wachstum*

Grün steht für Positives, Expansives, Reiches und Hoffnungsvolles – kein Wunder, dass es die Hausfarbe der meisten Versicherungen ist. Im Internet kann ein helles, leuchtendes Grün (je nach Monitoreinstellung) wesentlich unangenehmer als ein gedeckter Grünton wirken.

Grün – stabiles Wachstum

Unsere Wahrnehmung und unser Empfinden der Farbe Grün ist weitgehend durch die Natur bestimmt. Verlassen wir unsere Städte, sind wir von Grün umgeben – es bedeckt mit Wiesen und Feldern, mit Wäldern und Blumen den Boden in einer unglaublichen Vielfalt an Formen und Farben. Die Palette reicht vom intensiven Leuchtgrün über schlammiges Graugrün bis hin zu einem tiefen, gedeckten Blaugrün. Unsere Assoziationen, die dem Grün die Eigenschaften Konstanz, Stabilität und Festigkeit zusprechen, beruhen im Wortsinne auf dem festen Boden mit seinen vielen Grüntönen.

Dass wir Grün als positiv, frisch, expansiv, reich und hoffnungsvoll wahrnehmen, beruht auf der Tatsache, dass das Grün in jedem Frühjahr wiederkehrt. So bekommt auch die Aufforderung »Komm an meine grüne Seite« einen Sinn – wurde sie doch ursprünglich von den unverheiratet Hoffenden ausgesprochen. Stabilität und Wachstum, aber auch Expansion und Hoffnung sind Werte, die in einigen Branchen eine besondere Rolle spielen: Grün ist neben Blau die Farbe von Banken und Versicherungen. Unternehmen und Verbände, die Naturnähe, Gesundheit und Kraft herausstellen, zeigen dies mit der Natürlichkeit des Grüns. Die katholische Kirche hat eine besondere Affinität zur Farbanmutung, denn Messgewänder geben die emotionalen Farbwerte wieder. So trägt der Priester an den gewöhnlichen Tagen ein grünes Gewand.

Dort, wo von der Natur die Rede ist, greifen wir Designer automatisch zum Grün. Als Layoutfarbe ist Grün zwar verhältnismäßig selten sichtbar, ist aber bei Inhalten beliebt, die von Positivem, Frischem und Expansivem berichten. Die beliebtesten Kontrastfarben zu Grün im Layout sind das Rot oder Orange.

Grün gibt es in unendlich vielen, in der Bedeutung jedoch unterschiedlichen Nuancen. Das leuchtende, frische Grün ist zur Zeit am beliebtesten wie es diese Dresdner Bank-Anzeige zeigt.

135

Gelb – Mut zur Veränderung

Gelb zeigt sich in der Natur als Variable: Als wandernde und strahlende Sonne, als wogendes Kornfeld, als leuchtende Blume oder als ein durch Wind und Wellen ständig neu geformter Strand. Diese und die meisten anderen Naturvorkommen von Gelb haben hohe emotionale Qualitäten – sie leuchten, wärmen, fallen auf oder bieten eine große Weite.

So steht Gelb in unserer Farbvorstellung für Veränderung und Entfaltung, für Leichtigkeit und Strahlendes. Gelb ist mutig, lebhaft, aufregend und spektakulär – also nicht konform und somit genau das Gegenteil zum stark normierenden Blau.

In der Werbung kommt Gelb überwiegend dort zum Einsatz, wo die Produkt- oder Hausfarben schon gelb sind. Gelb wird gerne mit einem strahlenden Blau, hin und wieder auch mit Rot verknüpft.

Es gibt nicht allzu viele Unternehmen, die sich mit einer Farbe darstellen wollen, die stark individualistische Merkmale zeigt und zudem strahlend und unstet wirkt. Mitarbeiter, die einen festen Bezugsrahmen suchen oder nach Sicherheit strebende Kunden sind in diesem Punkt sensibel: Wer würde schon sein Geld zu einer Bank tragen, die mutig, spektakulär und veränderlich auftritt (von einer kommerziellen Bank abgesehen)?

Als Hausfarbe ist Gelb in erster Linie in Unternehmen anzutreffen, die diese Farbe aus Tradition schon immer hatten. Dort, wo Bewegung und Leichtigkeit eine Rolle spielen, kommt Gelb selten als Hausfarbe, oft aber im Farbklima der Produktausstattungen und der Werbung vor. Manche Reiseunternehmen haben hohe Gelbanteile in ihren Katalogen und Anzeigen. Auch der Blick in die Lebensmittelregale unserer Supermärkte zeigt viel Gelbes auf Verpackungen, sehr oft im kraftvollen Dreiklang mit Blau und Rot. Sie gehören nicht direkt zu einer Branche, sind aber dennoch erwähnenswert: Monarchistische Herrscherhäuser, deren Vorliebe für das strahlende Gelb den Mut und das Leuchten symbolisieren soll. Auch der Vatikan zeigt Gelb: An Ostern, dem höchsten kirchlichen Feiertag, hisst die katholische Kirche gelbe Flaggen. Oder man denke an die Ortseingangsschilder mit den Gottesdienstzeiten – Katholiken haben gelbe Kirchensymbole, Evangelische haben violette. Und weil das Gelb im Stadtbild so schön leuchtet, sind auch die im Straßenverkehr Orientierung bietenden Schilder gelb.

Im Magazindesign treffen wir Gelb überwiegend dort an, wo es um Strahlendes, um Weites, Bewegtes und Genussvolles geht, also in der Darstellung positiv verlaufender Geschäfte, bei Wellness, Reisethemen oder Kochrezepten.

Gelb ist von weitem sehr gut sichtbar und wegen seines seltenen Vorkommens gut merkfähig. Gute Eigenschaften für eine Hausfarbe und sehr gut zur Post passend. Gelb hat auf Monitoren eine hervorragende Leuchtkraft, kann dort aber leicht einen Stich ins Grüne oder Blaue erhalten.

136

[Exkurs Farbwahrnehmung] *Rot – die laute Kraft*

Rot – die laute Kraft

Rot ist, ebenso wie Gelb, eine Farbe der Veränderung: Die sinkende Abendsonne, der üppig blühende Mohn, das pulsierende Blut oder das verzehrende Feuer fordern Aufmerksamkeit und tragen hohe Erlebnisqualitäten in sich. Rot ist die kraftvollste Farbe, sie wird mit Erregung, Aktivität und Selbstvertrauen gleichgesetzt. Dem entsprechen die Eigenschaften von Rot: Es ist revolutionär und laut, auffordernd und warnend zugleich. Daher sind sowohl die den Blick suchenden Sonderangebote als auch Feuerlöscher und warnende Verkehrsschilder rot.

Es gibt viele Branchen mit roten Hausfarben, oft sind es die, die bewegen wollen, innovativ und hoch aktiv sind. Rot ist daher eine bevorzugte Farbe bei EDV-Unternehmen, Sportausstattern, Bau-, Möbel- und Supermärkten oder in der Elektrobranche. Sicherlich aus Tradition, aber auch aufgrund der Erlebnis- und Blickfangqualität ist Rot die beliebteste Logofarbe politischer Parteien. Der hier des öfteren im Feuer und Blut zu suchende Ursprung des Roten ist auch in der katholischen Kirche zu finden: An Gedenktagen für die Märtyrer trägt der Priester ein rotes Messgewand. Dass Rot selten für Feines, Edles und Kostbares gewählt wird, lässt sich im

Umkehrschluss zeigen – Banken, die aus ihrer Tradition heraus »volkstümlich« sind, zeigen Rot zumindest in Spurenelementen, so die Volksbanken, die Postbank oder die Sparkassen. Hier gibt es eine Ausnahme: Sind rote Schriften oder Linien leicht und von viel Weißraum umgeben, wirken sie zurückhaltend und edel.

Wegen der Eigenschaft, laut zu sein, wird kraftvolles Rot häufig als Hausfarbe von Bau-, Möbel- und Supermärkten sowie von Boulevardzeitungen eingesetzt – auch weil es wegen des Marktschreierischen etwas billig wirkt. Auf Bildschirmen entwickelt Rot eine große Strahlkraft, die bei einem schlecht kalibrierten Monitor unangenehm grell werden kann.

Rot bietet sich im Layout an, wenn ein Thema kraftvoll oder Stellung beziehend dargestellt werden soll, so in einem Artikel der Jugendzeitschrift »jetzt«, in dem es um Überfülle und Größen geht. Rot muss im Layout genügend Fläche bekommen, sonst wirkt es edel und elegant.

In Anzeigen wird Rot gerne verwendet, um Bewegung, Selbstvertrauen und Stärke – gerne mit Individualität gepaart – zu zeigen. Am liebsten wird es dabei mit Gelb oder mit Grün kombiniert.

Braun – die pure Gemütlichkeit [Exkurs Farbwahrnehmung]

Im Layout ist Braun meistens dann sichtbar, wenn sehr unterschiedliche Inhalte auf einer Seite zusammengefasst oder wenn historische und naturnahe Themen beschrieben werden. Braun hat im Layout den Vorteil, dass es sich mit nahezu jeder Farbe verträgt.

Braun – die pure Gemütlichkeit

Braun ist eine höchst sinnliche Farbe, deren Assoziation seit Urzeiten durch die Natur fest definiert ist: Es ist die Farbe des Holzes und der Erden. Viele Naturprodukte sind ebenfalls braun – Back- und Wurstwaren, unbehandelte oder pflanzengefärbte Textilien, Leder- oder Keramikwaren etwa.

Damit ist Braun als die Farbe für Urwüchsigkeit, für Gemütlichkeit und Sinnlichkeit allgemein anerkannt. Deshalb sind die meisten Wohnungen mit ihren Möbeln, Wohntextilien und Büchern deutlich brauner gehalten als die Arbeitsumgebungen. Zeitgenossen der siebziger Jahre wissen schaudernd von Höhlenbewohnern zu berichten, die sich mit Cordsitzelementen und Schrankwänden in Braun, mit Makramee und Korktapeten, Strohblumen und selbst Getöpfertem umgaben – um sich von ebenso braunen Eichenmöbelinhabern abzugrenzen. Als sekundäre Emotion vermittelt Braun Harmonie und Romantik, man denke nur an die Schönheit alter, vergilbter Fotos. Wer nur einen geringen Bezug zu solchen Gefühlen hat, mag die Farbe deshalb in der Regel nicht. Auch die Branchen, die Braun als Hausfarbe einsetzen, orientieren sich überwiegend an der Natur und ihren Rohstoffen: Möbel und Textilien, Lebensmittel (Brot, Kaffee, Schokolade!), Keramik und Baugewerbe. Andere Unternehmensbereiche tun sich schwer mit Braun, da es nicht gerade Aufbruch und Wachstum signalisiert.

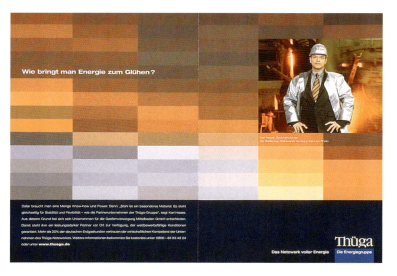

Auch in den Anzeigen orientiert sich die braune Farbwahl überwiegend an den archaischen Bedeutungen oder an Produktfarben, besonders wenn Lebensmittel und Rohstoffe beworben werden.

Im Screendesign ist Braun eine unproblematische Farbe, die auch auf unterschiedlich eingestellten Monitoren in etwa gleich erscheint, zudem ist die Gefahr eines intensiven »Anleuchtens« gering.

[Exkurs Farbwahrnehmung] *Violett und lila – Geheimnis und Mythos*

Violett und Lila sind zwar selten in der Natur anzutreffen, fallen dann aber häufig durch eigenwillige und schöne Formen auf, zum Beispiel bei Blumen oder Edelsteinen.

Violett und Lila – Geheimnis und Mythos

In der Natur ist das Violett eine ausgesprochen seltene Farbe. Dort, wo sie jedoch zu sehen ist, berührt sie unsere Seele, etwa bei Blumen, Edelsteinen oder kurzfristigen Veränderungsstadien, zum Beispiel bei Sonnenuntergängen. Dem entsprechen die vom Violett vermittelten Gefühlswerte: Sensibilität, Verwandlung und Geheimnis. Auch das rare Vorkommen findet seine Entsprechung insofern, dass Violett von spirituell motivierten und gesellschaftlichen Randgruppen als »Hausfarbe« angenommen wird (so Ende der siebziger Jahre während der unsäglichen Lila-Latzhosen-Phase). In einem mit Spiritualität verwandten Sinne spielt Violett in den Kirchen eine Rolle: In den evangelischen Kirchen ist diese Farbe häufig in Logos und Publikationen zu sehen, zudem tragen katholische Priester in der Fastenzeit und im kontemplativen Advent violette Messgewänder.

Im Layout wird Violett nur selten eingesetzt und ist dann meistens an einen Inhalt geknüpft, der eng mit der Farbe verbunden ist. Hier ein »Gebotbüchlein«, das auf einem Typografentreffen in einer evangelischen Kirche verteilt wurde.

In der visuellen Unternehmenskommunikation spielt Violett wegen seiner emotionalen Werte und seiner Besetzung durch Gruppen, die der Wirtschaft fern stehen, keine Rolle. Außer beim Bäckerhandwerk, denn hier ist ein Lila die Gewerkfarbe. Andere Vorkommen sind zumeist firmenhistorisch bedingt oder zeugen von Mut und Geschick – wenn Violett selten ist, dann fällt es mit Sicherheit auf.

Nicht wenige Kinder glauben, dass Kühe lila sind. Milka ist ein gutes Beispiel dafür, dass der konsequente und geschickte Einsatz einer Farbe alle Corporate Design- und Marketingregeln widerlegen kann. Zur Website: Lila und Violett sind als Bildschirmfarben schwer steuerbar – man weiß nie, wie der Monitor des Empfängers eingestellt ist.

Die Kombination aus den Primärfarben Rot, Gelb und Blau ist im Straßenbild am ehesten an Ge-bäuden und auf Schildern sichtbar, die auf Bewegtes und Aktives hinweisen, Supermärkte, Textilgeschäfte und Kfz-Zubehörhändler etwa.

Farbmischungen – die Kombikiste

Weil Monitore auch nur Lampen sind, entwickeln ohnehin leuchtende Farben eine noch stärkere Leuchtkraft. Da die Lebensmittelindustrie einen starken Bezug zur Kombination Rot-Gelb-Blau hat, wirken die Farben in ihren Internetauftritten besonders intensiv.

Die meisten Branchen und Unternehmen verwenden heute für ihren visuellen Auftritt mehr als nur eine Hausfarbe. Entweder werden zwei Farben kombiniert oder es wird ein komplettes, für Corporate Design und Werbung gültiges Farbklima angelegt.

Für das Kombinieren zweier Farben gibt es jede Menge Beispiele, deren einzelne Farben auf dem natürlichen Ursprung beruhen: Nehmen wir die Elektrobranche mit ihrem Gelb und Rot, weil Sonne und Feuer für Energie stehen; oder das Heizungs- und Sanitärgewerbe, dessen eigenwillige Logos gar nicht erkennbar wären, wenn Blau und Rot als Symbolfarben für Wasser und Feuer fehlen würden.

Das Farbklima kann unter unterschiedlichen Gesichtspunkten zusammengestellt sein, zum Beispiel wenn ein Gleichklang aller Farbbilder innerhalb einer Broschüre erreicht werden soll, – dann werden alle Bilder auf ein bestimmtes Klima »eingetönt«. In der Werbung werden Farbklimas gerne verwendet, um die Hausfarbe eines Unternehmens mit einer zweiten Farbe zu verbinden, die weitere emotionale Botschaften vermittelt. Im Sommer 2002 war Werbers Lieblingsverbindung die aus hell leuchtendem

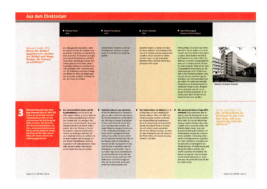

Neben unserer durch die Natur geprägten Farbwahrnehmung gibt es eine gelernte oder kulturell geprägte. So haben wir zum Beispiel die Farben politischer Parteien gelernt; hier ein Layout, in dem Parteipositionen vergleichend nebeneinander gestellt werden.

Blau und Grün. Sind harmonische Kompositionen erwünscht, empfiehlt es sich, Farben zu verwenden, die im klassischen Farbkreis nahe beieinander stehen. Soll die Kombination hingegen lebhaft und kontrastreich ausfallen, werden häufig Farben gesucht, die sich im Farbkreis gegenüberstehen. Die kräftigste und beliebteste Mischung ist ein Dreiklang aus den Primärfarben Rot, Gelb und Blau. Er ist meist dort zu sehen, wo Aktivitäten in einem starken Maße gefragt sind, zum Beispiel bei der Konkurrenz im Lebensmittelregal, oder bei allem, was mit dem Vertrieb von Fahrzeug(-teilen), mit Werkzeugen und mit Kindern (Kleidung, Einrichtung, Spielzeug und Kindernahrung – außer Babynahrung, die ist prinzipiell orange-blau) zu tun hat.

Private Fernsehsender oder Zeitschriften haben eine große Vorliebe für leuchtende Farben, besonders in Anzeigen und auf den Titelseiten. Die Kombination aus den Grundfarben hat neben ihrer hochaktiven Wirksamkeit den Vorteil, ein hervorragender Blickfang zu sein.

Rubriken
Strukturelemente – das Spiel mit dem Ähnlichen

Viele wichtige Dinge in unserem Leben – essen, schlafen, spielen, lesen, lieben und layouten zum Beispiel – haben eines gemeinsam: Sie kehren regelmäßig wieder und gliedern durch ihren Grundrhythmus unsere Zeit und unser Tun. Es gibt noch eine weitere Gemeinsamkeit, weil die genannten Verrichtungen einen mehr oder weniger festen, durch wiederkehrende Abfolgen bestimmten Verlauf haben. Nehmen wir zum Beispiel das tägliche Frühstück, eine für viele Menschen nahezu rituelle Handlung, die frei von Überraschungen zu bleiben hat. Um den morgendlichen Adrenalinpegel seiner Lieben sprunghaft zu steigern, kann folgendes unternommen werden: Das saubere Geschirr aus dem Schrank nehmen, die Lieblingsnahrungsmittel verstecken (das kommt bei Nutella-Abhängigen ganz besonders prima an); das Ei zu kurz und den Kaffee zu stark kochen; die Tageszeitung verknicken und – ganz wichtig – deren Reihenfolge durcheinander bringen. Ist schlussendlich die Zahnpastatube leer, werden unsere Probanden ausgeglichen und voll freudiger Erwartungen den neuen Tag beginnen.

An diesem kleinen Beispiel sei gezeigt, dass wir unmerklich viele Gewohnheiten verinnerlicht haben, die schon so fest installiert sind, dass eine Fehlleistung ausreicht, um das sorgsam Eingespielte gründlich zu stören. Änderungen des Ablaufs sind denkbar, solange alles im Fluss bleibt. Aber absolut gleich getaktete Vorgänge sind auf Dauer todlangweilig. Wir brauchen positive Höhepunkte in unseren Prozessen und Riten, um sie bewusst erleben zu können. Ergänzend zu unserer Analogie wären beispielhaft das Sonntagsfrühstück, der Brunch mit Freunden oder die festlich gedeckte Tafel am Oster- bzw. Weihnachtsmorgen zu nennen.

58 Bei der Planung von Internet-Auftritten sind die Navigation und die damit verbundene grafische Rubrizierung/Menügestaltung der Inhalte die erste und eine der wichtigsten Aufgaben. Die Web-Gestaltung des Design-Museums weicht von der üblichen Oben-und-links-Position des Navigationsmenüs ab, denn es steht immer an der hier gezeigten, die Inhalte ordnenden Stelle. Unterhalb des Balkens sind weitere Verzweigungsmöglichkeiten und grundsätzliche Informationen angezeigt, oberhalb des grünen Streifens stehen zumeist Angaben zu den oft ungewöhnlich fotografierten Exponaten.

Nicht anders verhält es sich bei unseren Sehgewohnheiten von Drucksachen, denn auch hier wünschen wir Menschen Vertrautes, das uns immer wieder begegnet. Hier wären die Corporate Designs unserer Firmen zu nennen oder das Layout favorisierter Zeitschriften und vor allem eigene Stilvorlieben, die immer wieder zur Anwendung kommen. Neben den Formaten und der Typografie sind es stetig wiederkehrende Layoutstandards, die für einen gleichmäßigen Grundrhythmus sorgen: Farben, flächige Unterleger, Balken und Linien, Infokästen und Rubriktitel. Sie alle bilden analog den Frühstücksgewohnheiten die Basis für das Vertraute und sind zugleich die Grundlage für das Variable und Besondere. Die genannten grafischen Strukturelemente stehen in fester Verbindung mit ebenso fest definierten Textformen, erhalten jedoch wechselnde Inhalte und dienen als Grundmaterial für völlig neue Entwürfe innerhalb eines wohl bekannten Layouts.

Rubriktitel und Infokästen – das Leitsystem

Bei vielen Broschüren, nahezu allen Magazinen, Geschäftsberichten, Internetauftritten sowie umfangreichen Broschüren sind die dargebotenen Informationen nach einem inhaltlichen Kriterium in einem übergeordneten Schema – den Rubriken – geordnet. Dieses Schema muss sich dem Betrachter in der Regel sofort erschließen, da er die für ihn neuen Inhalte gleich zuordnen will. Noch wichtiger wird die Zuordnung, wenn Informationen gezielt gesucht werden, z. B. Programmvorschauen, neue Anzeigen in bekannten Rubriken oder feste Kolumnen wie der montägliche Hohlspiegel. Wichtigstes Leitsystem bei der grafischen Darbietung sind die zuvor genannten Strukturelemente.

Sie sind in der Regel so gestaltet, dass sie Verbindendes und Trennendes haben, zum einen also als zusammengehörig erscheinen, zum anderen ihre spezifische Form für einen spezifischen Inhalt haben. Das Gemeinsame der grafischen Elemente wird durch Ähnlichkeiten bei den Farben oder einen logischen Bezug zur Headlinetyografie erreicht. Das Trennende zeigt sich durch eigene Formen, Positionen und Helligkeiten, die durch die Funktion der Rubriken und Informationskästen definiert sind. Im Magazinlayout ist die Leitfunktion von Grafik-Design am besten nachvollziehbar.

59 Das Kundenmagazin Future des Aventis-Konzerns hat nur wenig Standards für die Rubrizierung. So erhalten die Themen ihr eigenes Design – mit Ausnahme der zahlreichen Kommentare, die mit identischen Rubriktiteln eingeleitet werden. Passend zur Stellung beziehenden, oft klaren und deutlichen Sprache der Kolumnisten sind die Kopfbalken kontrastreich gestaltet. Hier wird der Eindruck durch ein markant ausgeleuchtetes und angeschnittenes Portrait verstärkt.

60 Die Rubriken des gemeinsamen Informationsheftes der OBI-Baumärkte und der Zeitschrift Öko-Test sind Bestandteil eines kleinen Headlinesystems. Rubrik, Überschrift und Dachzeile haben auf einem Liniengebilde einen fest definierten Textbeginn, während die jeweilige Zeilenlänge je nach Seitenlayout variiert. So entsteht eine lockere, aber systematisch nachvollziehbare Überschriftentypografie. Weitere typografische Zutaten sind kleine rote Pfeile für Textanfänge oder Querverweise sowie Infokästen, deren Farbigkeit den Rubriktiteln entspricht.

[Rubriken] *Rubriktitel und Infokästen – das Leitsystem*

61   Das Greenpeace-Magazin hat die Rubriktitel in eine große Kopfbalkenlösung einbezogen. Am Anfang und Ende des Heftes stehen oberhalb der kleinen Artikel breite Streifen, die verschiedene Inhalte aufnehmen, hier ein Zitat sowie der rechts stehende Rubriktitel, der zur Verdeutlichung durch eine weiße Linie abgetrennt wird. Die Dominanz des Kopfbalkens ermöglicht einen rhythmischen Wechsel bei den Spaltenbreiten, Schriftformen und Bündigkeiten. Hier lässt sich wegen der Balkenfarbe der Hinweis unterbringen, dass sich das Wort Rubrik vom lateinischen Rubrum, gleich Rötel ableitet.

63   Zwei grafische Standards auf einer Doppelseite sind nur selten zu sehen, hier sind das Inhaltsverzeichnis und das Editorial der Mitarbeiterzeitschrift Impuls des Klinikums Hannover zusammengefasst. In solchen Fällen müssen beide Textformen auch grafisch deutlich unterscheidbar sein. Das links stehende Inhaltsverzeichnis ist in der Bildanordnung und Typografie stark flatternd angelegt. Die Bilder zeigen in der Regel Köpfe, die den Fotos der jeweiligen Artikel entnommen wurden. Rechts stehen in Abgrenzung dazu reine Blöcke in Form von kursiv gesetzten Textspalten und einem quadratischen Bild. Da sich beide Textformen mit dem Inhalt der laufenden Ausgabe befassen, haben sie die gleiche Farbe im Kopfbalken, der nur auf Breite des Inhaltsverzeichnisses variiert.

62   Umfangreiche Artikel haben häufig Service- oder Hintergrundinformationen, die in Blöcken oder Kästen mit eigenen Headlines und eigenständiger Grafik stehen. Auf dieser Seite des Wirtschaftsmagazin Impulse werden die Inhalte durch die kraftvolle Headline geteilt. Oben steht zwischen den Portraits der im Blocksatz in einer Antiqua gesetzte Hauptartikel, unten stehen die Infoblöcke in linksbündiger Grotesk. Die Headlines dieser gleich langen Blöcke sind dabei ungewöhnlich markant und bildhaft. Sehr schön ist der Farbrhythmus von oben nach unten: Schwarz (Artikel), rot (Seitenansprache), schwarz (Überschrift), rot (Headline-Pillen), schwarz (Text der Infoblöcke), rot (Abbinder der Infoblöcke)

143

Flächen
Freiräume, Farb- und Rasterflächen – die Raumordnung

Unser Sehvermögen wird immer mehr gefordert; wir nehmen immer kleinteiligere Informationen im Sinne von Spots und Impulsen auf. Die Bilder werden zahlreicher und als Rhythmuselemente in die zunehmende Menge kürzerer Texte eingestreut. Hinzu kommt bei Broschüren, Berichten und Zeitschriften der Trend, große Informationsblöcke in mehrere eigenständige Texte aufzudröseln oder weitere, zuvor unterrepräsentierte Inhalte aufzunehmen, z. B. Servicetexte, Adresssammlungen oder Terminvorschauen.

Die daraus resultierende Gefahr ist aus dem Fernsehen bekannt: Mutiert die Vielfalt zu einem visuellen Grundrauschen, reagieren die Zuschauer mit Ausstieg. Auch im Print- und Web-Design ist heute bereits eine Art Print-Zapping als Folge des allerorten überbordenden Grafikmatsches und -quatsches zu beobachten. **Kurz:** Sie können den Leser nicht ständig wie die Sau durchs Dorf jagen – gönnen Sie ihm Orientierung und ein wenig Ruhe. Nicht umsonst gibt es seit wenigen Jahren einen Gegentrend mit erstaunlich coolen und klaren Layouts. Bei der Orientierung hilft eine grafisch deutliche Rubrizierung, wie im vorhergehenden Abschnitt beschrieben, – auch dies ist ein Merkmal jüngerer Layouts.

Grafische Freiräume, Farb- und Rasterflächen unterstützen sowohl den Inhalt als auch die Gestaltung. Ist der Fluss des Durchblätterns für bestimmte Inhalte und Textformen zu stoppen, sollten die Leerflächen bzw. Rasterunterleger in ihrem Aussehen dem Hauptlayout zuwiderlaufen. Ist dieses kleinteilig angelegt, sollten die Flächen groß ausfallen. Ist das Basislayout ruhig und getragen, wird ein Unterbrechen am ehesten durch kleine, farbige Flächen erzielt. Generell gilt, dass große helle Leerräume oder Rasterflächen als großzügig und elitär gelten und Raum zum Atmen lassen – viele Geschäftsberichte erfolgreicher Großunternehmen verfügen daher über weite, unbedruckte Bereiche. Kleine, stark farbige oder kontrastreiche Unterleger mit einem Wechsel von Farben oder Farbtönen wirken sehr lebhaft, weil von ihnen eine Vielzahl visueller Impulse ausgeht.

64 Das Spiel mit den farbigen Flächen gehört zum Layoutkonzept der de:Bug, einer Monatszeitung für »Musik, Medien, Kultur und Selbstbeherrschung«. Ihre Gestaltung ist eine sehr eigenständige Mischung von Innovation und Konvention, von Bewegung und Statik. Auf dieser Titelseite haben die farbigen Kästen die Funktion, die Inhalte klar zu gliedern. Das ist nicht auf allen Seiten so, weil die Farbfonds des öfteren einfach mitten durch die Texte gehen – warum nicht, wenn die Leserschaft hart gesotten ist? Zu den Farben: Die Farbabstimmung zwischen den (natürlich diagonal angeordneten) Bildern und den Flächen macht das Layout schön homogen. Dadurch wird ein regelmäßiger vertikaler Farbwechsel Gelb-Blau-Gelb-Blau-Gelb-Blau-Gelb möglich.

[Flächen] *Freiräume, Farb- und Rasterflächen – die Raumordnung*

65 Farbfonds können auch eine rein dekorative Funktion haben, wie diese Imagebroschüre für die Unternehmensberaterin Petra Regine Mertz zeigt. Die frischen Farben und die dazu gehörenden Formen der Rasterflächen wurden nach ihrer emotionalen Wirkung zusammengestellt: Blau und grün stehen für das Beständige und Ordnende, gelb für das Strahlende und Innovative, wobei die gelbe Form eine extreme Vergrößerung des Unternehmenslogos ist. Die Linien und Farbbalken vor den Headlines sowie die kleinen, im Duplexton gehaltenen Bilder dienen als Kontrastmittel zur Belebung der großen Flächen.

66 Texte, die eine persönliche Meinung wiedergeben, Vorworte, Kommentare oder andere regelmäßige Kolumnen zum Beispiel, sind oft ruhiger und großzügiger gehalten als der restliche Inhalt. Die Wirtschaftszeitung Brand Eins geht einen Schritt weiter und umgibt ihre Rubrik Denkzettel mit einem ungewohnt großen Freiraum. Weil die Spalten stark abgesenkt und in die Mitte gerückt sind, wirkt die Doppelseite stabil und ruhend. Einer allzu großen Statik wird innerhalb des Textes durch den wellenartigen Stand der Zwischenheadlines vorgebeugt, außerhalb des Blockes übernehmen die Überschrift und die Dachzeilen diese Funktion. Beim Lesen ist ein nettes Spielchen zu sehen: das Wort Strom ist immer grün gesetzt.

67 In der christlichen Jugendzeitschrift 7×70 werden mehrere Funktionen, die eine Rasterfläche haben kann, auf einmal gezeigt: Als Fond für die ganze Doppelseite, als dunkler Kistenunterleger für Informationen und als Halt für die Bilder. Die große graue Fläche ermöglicht, dass das Weiß oben und rechts sowie bei den linken Fotos als Gestaltungselement zum Tragen kommt. Sehr schön ist auch das Zusammenspiel der ungewöhnlichen Fotoformate und ihre bogenförmige Platzierung.

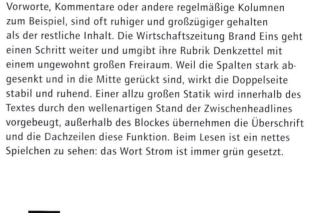

68 Die Medien- und Fernsehvorschauseite des Spiegel-Magazins zeigt einen Haupteinsatzzweck für Rasterflächen: Die mit einem meist gedeckten Braunton unterlegten Seiten fassen mehrere kurze Artikel zu einem Oberthema grafisch zusammen und geben den dazugehörigen, oft kleinen Abbildungen Halt. Der Wechsel bei den Flächen lässt den Weißraum wiederum zur Fläche werden, in der sich der Kollege Erik Spiekermann zum neuen ZDF-Logo äußert. Die linke Kommentarspalte ist in Abgrenzung zu den Nachrichtentexten durch einen Fond, eine Illustration, durch Blocksatz und ein Initial gekennzeichnet.

Balken
Linien und Balken – das Gleissystem

Jeder kennt die farbigen Verkehrsspinnen, die im öffentlichen Nahverkehr Auskunft darüber geben, mit welcher Bahnlinie der angestrebte Zielort zu erreichen ist. Das Erstaunliche daran ist, dass jeder sie trotz des hohen Abstraktionsgrades verstehen kann, die Abstände stimmen nämlich mit der Realität gar nicht überein und die Richtungen nur ungefähr.

So ähnlich verhält es sich mit den Balken und Linien im Design von Geschäftsberichten, Broschüren und Zeitschriften. Auch ihre Funktion erschließt sich dem Betrachter auf Anhieb, denn er weiß, wann eine Linie verbindet, wann sie trennt und wann ein farbiger Kopfbalken bei der Orientierung hilft. Um diese Steuerungsfunktion beizubehalten, ist es sinnvoll, schon bei der Planung einer Drucksache die Eigenschaften dieser Strukturelemente exakt zu definieren.

Linien dienen im Layout normalerweise der Trennung von Inhalten, sei es als Spaltenlinie zwischen Textspalten, als Tabellenlinie zwischen Kolonnen und Zeilen oder als Trennlinie zwischen einzelnen Absätzen. Balken haben einerseits eine Trennfunktion, zum Beispiel wenn kurze, untereinander stehende Artikel zu gliedern sind. Andererseits helfen breite, meist farbige Balken beim Zurechtfinden in umfangreichen Broschüren, Katalogen, Magazinen und Internetauftritten. Dabei muss der Balken nicht unbedingt am Kopf stehen, er kann durchaus auch in der Vertikalen im Anschnitt stehen und damit als Griffregister dienen. Je nach Stärke und Farbintensität erfüllt der Balken weitere Funktionen: Er kann den Rubriktitel oder andere kurze Texte und – bei entsprechender Höhe – auch Fotos aufnehmen.

69 Der links senkrecht stehende Balken erfüllt bei der Wirtschaftszeitschrift Econy die Funktion des Rubriktitels. Stände er auf der rechten Seite im Anschnitt, hätte er wegen seiner Dominanz zusätzlich als stoppendes Element beim Durchblättern dienen können. Die Balkenfarbe wird im Layout gerne aufgegriffen, z. B. als stark aufgehellte Fondfarbe der linken Seite oder als Bilderrahmen rechts oben. Ein interessantes verbindendes Element ist der für Bilder geschaffene Einklinker in den Textblöcken; so wurde die eher neutrale Rechteckform zugleich beibehalten und aufgelöst. Und eine gute Bild-Text-Zuordnung ist auch noch herausgekommen.

70 Die amerikanische Computerzeitschrift Wired zeigt einige Balkenanwendungen auf nur einer Seite: Als Unterleger für die einzelnen Tabellenzeilen, als Farbmarkierung für die links stehenden Kurzviten und – zur Quadratreihe mutiert – als Griffregister am linken Blattrand. Dieser Variantenreichtum mit dem kleinen Element Balken setzt sich in der Typografie fort, weil lediglich drei Schriftschnitte ausreichen, um Folgendes wiederzugeben: Kolumnentitel, Autorenzeile, Überschrift, Dachzeilen, Vortext, Haupttext, Tabelle, Kurzviten sowie Pagina – und bis auf die Headline ist alles in nur einer Schriftgröße gesetzt, ohne dass die Seite langweilig aussieht.

[Balken] *Linien und Balken – das Gleissystem*

71 Das schon etwas ältere Merianheft Neapel – Capri hat den Kopfbalken als rein dekoratives Element eingesetzt: Ähnlich einem Fries werden alle Doppelseiten einer Artikelstrecke von einem Fotobalken gekrönt. Das Schöne daran ist, dass die Motive mit jedem Umblättern wechseln und sich so zu einem Kaleidoskop römischer antiker Wandmalerei- und Mosaikkunst ergänzen. Die Typografie folgt in ihrer linearen und geblockten Anordnung der Balkenform, wobei den Blocksätzen ein freigestelltes Foto als Kontrastelement gegenübergestellt wird.

72 Bei den elektronischen Medien sind Balken, Farbflächen und Linien seit der Einführung der menügesteuerten grafischen Benutzeroberfläche bekannt. Im Webdesign erfahren die Balken eine noch stärkere Bedeutung, da sie häufig die Navigation des Webauftrittes von der des Betriebssystems und des Browsers trennen müssen. Zudem übernehmen die Balken durch ihre Farben meistens die Orientierungsfunktion innerhalb der Inhalte. Daher ist, wie bei diesem Internetauftritt einer kirchlichen Pfadfinderorganisation, eine starke Abgrenzung zum Umfeld sinnvoll, mit klar getrennten Farben für die unterschiedlichen Inhalte.

73 Je nach Rubrik haben die Kopfbalken und Headlines der Mitarbeiterzeitschrift Impuls des Klinikums Hannover andere Farben: Die das Heft selbst betreffenden Inhalte wie Inhaltsverzeichnis, Editorial, Impressum usw. haben einen grauen Streifen, Blau ist den Berichten aus den einzelnen Abteilungen vorbehalten, Grün steht oberhalb des Titelthemas und Rot ist die Streifenfarbe für Mitteilungen des Klinikdirektoriums. Da die Mitarbeiterzeitschrift einen bevorzugt waagerechten Seitenaufbau hat, werden kleinere, untergeordnete Artikel am Fuß platziert. Um sie vom Haupttext abzuheben, stehen sie auf keinem oder einem abweichenden Fond und werden durch kleinere Farbbalken gekrönt, in denen die Headlines in einer Negativschrift stehen.

74 Die Doppelseite aus der Bahn-Kundenzeitschrift Mobil zeigt den multifunktional genutzten Balken schlechthin: Je nach Artikel dient er zur Aufnahme des Rubriktitels, von Serviceinformationen, Seitenansprachen, Abbildungen und Bildunterschriften. Als zweites grafisches Element werden feine rote Linien zur Trennung der einzelnen Artikel verwendet. Sie unterstreichen den blockigen Charakter der Bilder und ergeben dadurch ein gutes Kontrastmittel zum Flattersatz. Zusätzliches Leben entsteht durch die an die Balkenfarbe angelehnte Farbstellung der Typografie und die zeitgenössischen fetten Bildunterschriften.

147

Kapitel 5
Das Große zuerst –
die Abbildungen platzieren

Gestaltungsgrundlagen [Seiten planen und mittels Raster aufbauen]

Exkurs Gestaltungsgrundlagen
Bildungshunger – wie Bilder wirken

Die Sozialisation bestimmt den Bezug zum Motiv: Auf den einen wirkt es fachlich-sachlich, der Zweite hält es für Deutschtümelei, der Dritte findet es witzig und der Vierte bloß albern.

Sie kennen diese Situation sicherlich auch: Sie sitzen im Wartezimmer Ihres Hausarztes, haben sich beeilt, pünktlich zum Termin zu sein und müssen doch eine Stunde lang warten. Zum Glück liegen einige interessante Zeitschriften auf dem üblichen niedrigen Tisch, darunter auch Hefte, die Sie sich selbst nie kaufen würden.

Schräg gegenüber sitzt ein junges Mädchen, ein bisschen blass. Suchend wandert ihr Blick über die ausgelegten Titel. Die Zeitschrift für anspruchsvolles Wohnen liegt ganz oben – die Innenansicht eines sonnendurchfluteten, großzügig geschnittenen, schrägen Raumes leuchtet ihr in warmen Farben entgegen. »Neue Ideen für den Dachausbau.« Ihr vom Selbstbau-Fieber gebissener Vater hat schon den Dachboden ausgemessen und erste Skizzen gemacht. Sie selbst hat eigentlich noch nie einen Nagel in die Wand geschlagen.

Der Wildlederjacken-Mann mit den grauen Schläfen rechts neben ihr greift zur Autozeitung. Er ist sofort vertieft in Testberichte mit Zahlenkolonnen. Die erschöpft wirkende, übergewichtige Mutter blättert mit ihrem zappeligen Söhnlein in einem Micky-Maus-Heft.

Ein veränderter Zusammenhang macht ein Bildmotiv interessanter als wenn es im altbekannten Kontext stände.

Ein Zeit-Leser hat andere Ansprüche als ein Goldenes-Blatt-Leser. Eine Autozeitschrift bietet weniger Horizonterweiterung, sondern vielmehr praktische Informationen. Comics in bunten Farben mit leicht verdaulichen Kurzgeschichten werden nicht nur von Kids geliebt, auch ein Denkmensch greift dazu, wenn er keinen Text mehr aufnehmen mag. In den japanischen Mangas, die von hinten nach vorne gelesen werden, entwickeln stereotype Figuren Fortsetzungen, mit denen man sich nicht identifizieren muss. Reisezeitschriften locken mit neuartigen, ungewöhnlichen Sichtweisen der Realität. Da wird der Betrachter magisch in weitwinkelgeöffnete Aussichten hineingezogen und verzaubert. Biohefte geben mit ihren Makro-Aufnahmen dem Auge Rätsel auf, das Interesse an dem Zusammenhang, der Entstehung einer Abbildung wird geweckt, man möchte mehr darüber erfahren. Immer geht es bei solchen Publikationen darum, eine bestimmte Gruppe von Menschen zu erreichen und sie zu treuen Lesern zu machen.

Was passiert da täglich in Tausenden von Wartezimmern, Hotelhallen, Wohnküchen, ICE-Zügen zwischen den Lesenden, Betrachtenden, Blätternden und der von ihnen ausgewählten, bebilderten Literatur? Was suchen sie, was finden sie und was reizt sie? Ein Hunger nach Sinnesreizen belebt die Menschen. Es geht nicht nur darum, sich irgendwie zurechtzufinden in dieser Welt, man möchte sie auch verstehen.

150

[Seiten planen und mittels Raster aufbauen] *Gestaltungsgrundlagen*

Bilder können Assoziationsketten auslösen. So wird vor dem inneren Auge sichtbar, was nicht gezeigt wird: Die lila Kuh ist immer dabei.

Bilder führen zu Reaktionen. Wir haben eine Meinung über diesen Torhüter und gehen sofort davon aus, dass hier ein äußerst unangenehmer Zeitgenosse haust.

Zeitschriftenleser suchen mit Lust und Neugier nach dem, was sie interessieren könnte. Passionierten Bücherlesern geht es darum, innere Bilder zu entwickeln, in ihrer Phantasie zu schauen, nachzuempfinden und mitzuerleben. Sie erfassen abstrakte Sinnzusammenhänge und ordnen ein, was ihre Vordenker beschrieben haben. Beide Lesergruppen setzen sich damit einer anderen, für sie fremden Welt aus, sie erweitern ihr Erinnerungsvermögen und suchen oft persönliche Problemlösungen. Man nennt es auch Wissensdurst. 80 Prozent der Menschen denken in Worten und führen dabei einen inneren Monolog. Immer bewirkt das Denken und Hören, das Lesen und Erkennen eines Begriffs, dass in einer Kettenreaktion die entsprechende Assoziation hervorgerufen wird. Der Mensch möchte mehr über die Welt erfahren als dies in seinem eigenen Lebensradius möglich ist.

Zu viele gleichartige visuelle Reize führen zur Gleichgültigkeit oder zur Desorientierung.

Ein Bild erreicht dieses Reaktionsvermögen rasch; Emotionen sind angesprochen, die Stellungnahme, ob Sympathie oder Ablehnung, Freund oder Feind – ist schnell getroffen. Ein Bild bietet einen emotionalen Assoziationsreiz, transportiert eine erhöhte Erinnerungsqualität, kommuniziert direkt. Unsere Sehgewohnheiten in unseren Städten werden durch die allgegenwärtigen Plakate und von der Flut der Print- und Bildschirmmedien stark beeinflusst. Werbung greift auf, was »ankommt«, schafft selbst Neues, stellt es dar, bringt es groß heraus durch Wiederholung und überdimensionierte Vergrößerung. Die Werbung mit ihrer Kaufverlockung, der vielfältigen Darstellung von Idealschönheit und Glücksverheißungen prägt unsere Kultur heute mehr als je zuvor. Jedes Jahr gibt es mehr Plakatwände, mehr Zeitschriften, mehr Filme, mehr Anzeigen.

Wir sehen zunächst nur das, was wir zu sehen meinen oder sehen wollen.

Bilder in Anzeigen und auf Plakatwänden haben die Aufgabe, Wünsche zu vergrößern, die im Betrachter schlummern. Diese Wünsche sollen intensiviert und dahin kanalisiert werden, ein Bedürfnis zu entwickeln für das angebotene Produkt. Die Phantasie wird zur Identifikation angeregt, durch das Erzeugen einer Stimmung werden Gefühle ausgelöst, eine Sehnsucht wird geweckt. Man erlebt etwas! Die Absicht eines Werbefotos oder einer Darstellung ist immer die Übermittlung einer verkaufsstrategischen Botschaft. **Aber:** Interessiert mich wirklich noch, was dieses oder jenes beleuchtete Bild mir signalisieren will? Nur auf das, was mich ganz persönlich anspricht, kann ich positiv reagieren.

Unsere Erinnerung beruht weitgehend auf dem Sehen. Daher reicht oft ein Fragment, um einen Gesamtzusammenhang herstellen zu können.

Das bedeutet: Wir meinen nicht das, was wir sehen, sondern wir sehen das, was wir meinen. Die stolze Großmutter zeigt begeistert das verwackelte Foto ihres Enkelkindes herum. Dem Typografen sticht im Lokal auf der präsentierten Speisekarte als Erstes der unglaublich schlecht ausgeglichene Schriftzug ins Auge. Der Handwerker schüttelt den Kopf über die unpraktische, utopische Linie des Designer-Sofas in seiner Fernsehzeitschrift. Jeder hat seinen eigenen Kosmos im Kopf. Ebenso unterschiedlich wie die Erwartungen beim Sehen sind die Sehgewohnheiten, denn jeder Mensch macht sich sein eigenes Bild.

Jemand schaut zum Himmel und sieht in der fusseligen Wolkenformation einen springenden Tiger, einen riesigen Pantoffel, ein Herz – auch wenn niemand sonst eine annähernd ähnliche Form darin erkennt. Was wir sehen, deuten wir sogleich – wer kann sich dagegen wehren? Also hat es eine Bedeutung, ist damit für uns sinnvoll. Gewohnheiten und somit auch Sehgewohnheiten entstehen, weil wir ein Gedächtnis haben. Unser Gedächtnis bietet die Struktur für die Organisation von Wissen, dabei wird es laufend durch neue Informationen erweitert und verändert. Der Lernvorgang, das »Sich-Inhalte-Einprägen« und sie abrufbar machen wird effektiv mit der Wiederholung in bestimmten Intervallen. Das Gedächtnis stellt die Ordnungsrahmen dafür bereit, diese leiten die Erkundungsvorgänge und interpretieren aufgenommene Informationen. Wir behalten nur, was auf irgend eine Weise verstehbar ist, also dem entspricht, was wir zu suchen imstande sind. Daher kann unsere Wahrnehmung nie objektiv sein – sie ist stets mit anderen inneren Prozessen verbunden. Mit der Erinnerung zum Beispiel, einem vergrabenen Trauma, mit Vorlieben, irrealen Ängsten, eigenen Festlegungen, Abhängigkeiten, einem Rachegefühl oder Befindlichkeiten. So wie die vielen Farbtupfer auf impressionistischen Gemälden den Eindruck einer Landschaft erst im Zusammenklang ergeben, so kommen in der Wahrnehmung viele Einzelteile zu einem Gesamtergebnis zusammen.

Bildnerische Gegensätze steigern sich in der Wirkung: Hoch- und Querformat, Anschnitt und Totale, Alt und Jung, Schwarzweiß (Adenauer) und Farbe (Wulff).

Auch das Layout selbst ist eine Komposition, ein Zusammenklang vieler Elemente zu einem Großen und Ganzen. Da wir gestaltete Seiten ebenso wie Bilder immer als eine Gesamtheit wahrnehmen, gelten für das Layout fast die gleichen Regeln wie für den Bildaufbau selbst. Der Blick und die Aufmerksamkeit des Betrachters lassen sich lenken: Ein erster Blickfang zieht das Auge an, das Layout führt es durch die Bildgrößen und -reihenfolge weiter, lässt es am Ort verweilen oder über die Heftgrenzen hinaus wandern. Die Mittel dazu heißen Kontrastfülle oder -armut, Reihung oder Ballung, Dynamik oder Statik. Hinzu kommen neben der Bildanordnung die Größenunterschiede und die Mengenverhältnisse: Wenige gleich große Bilder in einer geordnet stehenden Reihe wirken ruhiger und getragener, als viele Abbildungen stark unterschiedlicher Größen und Proportionen, die auf kleinem Raum zusammengeballt stehen.

Interessant finden wir immer Variationen von Ähnlichem, zum Beispiel vielen Porträts, die in abweichenden Größen und Darstellungsformen gezeigt werden, etwa Color- und Schwarzweißfotos, Zeichnungen und Gemälde. Da dies meistens nicht möglich ist, behelfen wir uns mit den Größen, Mengen und Positionen: Einem einzelnen großformatigen Konterfei stehen zum Beispiel viele kleine Passbilder gegenüber, möglichst in der Diagonalen, das macht eine Doppelseite dynamischer.

Ähnliche Bildmotive fordern zum Differenzieren oder zum Reflektieren heraus: zum Beispiel darüber, warum die Frau nicht auch sitzt.

152

[Exkurs Gestaltungsgrundlagen] *Bildungshunger – wie Bilder wirken*

Immer noch nicht spannend genug? Menschen haben einen Sinn für das Ganze, Heile und Feine – alles was stört, zieht die Aufmerksamkeit an und überhöht die Motivwirkung. Daher sind wichtige Politiker auf ihren Wahlplakaten meist im Anschnitt zu sehen. Nie aber werden sie auf gegenüberliegenden oder gar von allen vier Seiten angeschnitten. Diese Behandlung ist nur Mördern, Kinderfressern und Kanalwandlern vorbehalten.

Auch das Gegenteil zieht unsere Aufmerksamkeit an, der Freisteller. Er signalisiert die Wichtigkeit des Motivs, denn es wurde vom Hintergrund befreit. Außerdem machen Freisteller Arbeit, und die macht man sich nicht für Läppisches. Nun kommt der Kontrast hinzu: Das freigestellte Foto wird im Dreieck mit zwei rechteckigen Bildern – einer hochformatigen Illustration und einem querformatigen Foto – positioniert, schon ist die Aufmerksamkeit des Betrachters garantiert.

Die »Rahmenbedingungen« eines Bildes werden mitbetrachtet und -bewertet: Welche Perspektive ist gewählt, wo ist der Durchblick, was reflektiert?

Am dichtesten sind Bilder, bei denen alles »stimmig« ist: Die Atmosphäre, der Aufbau, die Farbe. Manchmal ist es aber auch nur langweilig.

Auch die Formatlage beeinflusst unsere Sicht der Bilder: Hochformatiges ist steiler, also dynamischer als das ruhig lagernde Querformat. Spannend wird es, wenn sich Motiv und Ausschnitt unterschiedlich orientieren, zum Beispiel wenn der weite Blick über das Meer durch das Hochformat begrenzt wird. Oder wenn der aufragende Baum nicht mehr ganz in das Querformat passt und dadurch länger wirkt. Selten schön, aber immer als Blickfang geeignet sind kreisförmige, achteckige oder sonstige Bildbegrenzungen, für die die Geometrie keine Namen mehr kennt. Natürlich muss das Motiv mitspielen, sonst fühlen sich die Betrachter verunsichert.

Schon gemerkt? Wir sind erstmalig beim Motiv, das wird beim Layouten oft nicht so wichtig genommen. Sehr wohl aber hat es eine Auswirkung für den atmosphärisch stimmigen, kompakt geschlossenen Entwurf, der oft den Zauber ausmacht und die Leserbindung herbeiführt. Wenn ich das erreichen will, muss ich mich in das Bild, seinen Stil, seine Aussage und seine Betrachter einfühlen. Ich muss fragen, beobachten, mich hineindenken: Wer mag welche Bilder? Was verbindet die Betrachter miteinander? Bildredakteure erfolgreicher Zeitschriften sind vertraut mit den Sehgewohnheiten ihrer Zielgruppe. Sie wissen um ihre Wahrnehmung.

Denn es gibt auch einige objektive Messkriterien für Bilder. Große Bilder ziehen mehr Aufmerksamkeit auf sich als kleinere. Hier ist der Ausschnitt entscheidend, denn ein groß gewählter Ausschnitt vermittelt Nähe, manchmal sogar bis zur Bedrohung. Farbe ist lebendiger als ein reiner schwarzweißer Ton, demzufolge werden Bilder mit leuchtenden und warmen Farben interessierter betrachtet, als jene in gedeckten und kühlen Tönen.

Gleich und Gleich gesellt sich gern, deshalb sind Fotos mit Menschen immer interessanter als Bilder ohne. Besonders spannend ist es, wenn sich viele auf dem Bild tummeln. Eltern wissen es längst: Kinder taugen als Aufmerksamkeitserreger mehr als Erwachsene, zum Beispiel als sympathischer Blickfang. Da wir über unsere Augen mit Blicken kommunizieren – man denke an das Schöne-Augen-Machen – sind Augen immer das Motiv, auf das unser Blick zuerst fällt; daher stehen Headlines und Bildunterschriften neben Porträts und oft auf Augenhöhe.

Kurz: Wir geben der Action den Vorzug gegenüber der Ruhe und ziehen den Menschen der Darstellung eines Autos vor. Deshalb haben die Zeitschriften im Wartezimmer auch so viele Porträts auf den Titeln. Bis auf das Auto-Magazin, nach dem der ältere Herr mit den grauen Schläfen greift. Der aber, zugegeben, selber verdammt gut aussieht.

Manche Motive stechen andere einfach aus. Glückliche und selbstvergessen spielende Kinder sind durch nichts zu schlagen.

Bilder im Layout anordnen

Alles Gute kommt von oben

Beim Entwerfen fangen wir in der Regel mit den fest stehenden
und den großen, bildwirksamen Elementen an.

Egal ob wir umziehen, Akten ablegen, ein Buch
schreiben oder eine Broschüre layouten, wir
gehen nach einem gleichen und rationellen Verfahren vor: Wir interessieren uns zuerst für das
große Ganze und dann für die Details. Beim
Umzug gibt es in der Regel bereits vor dem Ein-
räumen der Möbel und Regale eine Vorstellung
davon, wo sie später zu stehen haben. Bei den
Akten hat ein Ordner die Funktion, mehrere
zusammengehörende Inhalte zu bündeln und
an einem fest definierten Platz aufzubewahren.
Beim Verfassen eines Buches gibt es bereits vor
dem Schreiben eine Themeneingrenzung oder
die Vorstellung der Geschichte. Wäre es anders
herum, entstände eine heillose Unordnung in
Wohnung und Büro (Bodenhaltung) oder vom
Schriftsteller eine verworrene Never-Ending-Story.

Beim Layouten der einzelnen (Doppel-)Seiten
gehen wir natürlich geordnet vor und fangen in
der Regel mit den fixen oder den großen, bildwirksamen Elementen an. Dann arbeiten wir uns
nach und nach auf die kleinteiligen Ebenen her-
unter. Beim Auswählen, Kombinieren und Positionieren der Bilder sind wir nur zum Teil rational,
da hier unsere subjektiven Kriterien stärker greifen – was uns aber nicht daran hindern sollte,
ihnen sachlich zu begegnen.

Zunächst können wir uns für den Stand der
Bilder das im Exkurs am Beginn des 3. Kapitels
(Seite 94) geschilderte Positionsprinzip zunutze
machen: Wir sind es gewohnt, dass die Positio-

nen von Gestaltungselementen auf einer Fläche
verschiedene Assoziationen auslösen. So ist die
obere Hälfte einer Fläche mit der Eigenschaft
Aktivität, die untere hingegen mit Passivität
besetzt. Die linke Hälfte steht für den Start, die
rechte für das Ziel. Die Mitte gilt als ruhender
Pol, sie weist keine dieser Eigenschaften auf.

Auf unserem Reflex, den Blicken anderer zu
folgen (man denke an das Kinderspiel, bei dem
mehrere Personen in den Himmel starren), beruht ein weiteres, äußerst wichtiges Positionie-
rungsprinzip für Abbildungen. Die meisten Bilder
haben eine Blicksituation oder eine Körperbe-
wegung im Motiv – wir folgen dem Blick in der
Bewegung. Das lässt sich beim Lay-outen nutzen:
Blicke und Bewegungen werden in der Regel
durch andere Bilder, durch Headlines oder Logos
»abgefangen« und auf ein Ziel weitergeleitet.
Ein klassisches Beispiel sind Wahlplakate, auf
denen die Statements oder Parteilogos meistens
auf Augenhöhe der Kandidaten stehen. Auf
diese Art und Weise ergibt sich bei vielen Bildern
ihr Stand im Layout schon aus dem Motiv heraus
von selbst. Ist kein Ziel für die Blickbewegung
erwünscht oder vorhanden, gilt die Layouter-
regel: Blicke und Bewegungen sollten zum Bund
laufen, weil das Heft kompakter und ruhiger
wirkt. Sind Bewegungen ein Wert für sich, zum
Beispiel bei Sportzeitschriften, gilt das Gegenteil:
alle Bewegungen gehen nach außen, besonders
auf der rechten Seite.

[Bilder im Layout anordnen] *Alles Gute kommt von oben*

1 Bilder, die oben rechts im Layout stehen, wirken kraftvoller und aktiver als unten stehende. Bei vielen Zeitschriften und Zeitungen haben Konterfeis von Spitzbuben dort ihre feste Layoutposition, während die Opfer (möglichst links und aufgereiht) an der Blattunterkante stehen. Dass es sich bei der Person oben um einen Massenmörder handelt, wird spätestens durch den Anschnitt deutlich, denn nur bei Bösewichten werden Portraits an gegenüberliegenden Seiten angeschnitten. Der nächste Kontrast liegt in der Abbildungsschärfe des Bösen und der Unschärfe der Opfer.

3 Wir folgen dem Blick, er ist im Layout so positioniert, dass wir auf Wesentliches, zum Beispiel auf eine Überschrift oder ein weiteres Bild, blicken. Je nach Gruppenzugehörigkeit gibt es Konventionen: Machtmenschen und andere Lenker blicken dem Betrachter fest nach vorne ins Gesicht. Visionäre und Künstler hingegen dürfen ihren Blick mitunter auch ins Leere, in die unendlichen Weiten des Alls schweifen lassen.

2 Die untere und die mittlere Position strahlen Passivität und Ruhe aus, hier noch durch das Motiv und die Körperhaltung der Frau zusätzlich betont: Ihre Senkrechte ist zugleich die Anzeigenmitte, an der wiederum der ruhige Blocksatz ausgerichtet ist. Auch die (angetäuschte) Mittelachse hat eine eher harmonische Wirkung. Dass die Bildfläche unterhalb der Typografie ein Quadrat ergibt, betont die gestalterische Intention zusätzlich. Alles ist nach dem Positionsprinzip ausgeklügelt bis auf eines: Wo stellt man hier bloß die Kaffeetasse ab?

4 Das Spiel über Bande: Betrachter können einer Blickbewegung auch dann folgen, wenn sie über eine oder zwei Stationen weitergereicht wird. Zum Beispiel, um hochkomplexe Liebesbeziehungen zu verdeutlichen. Die Positionierung und die Mienen zeigen dem flüchtigen Leser schnell und eindeutig die Rollenverteilung – wenn auch selten so schöne Opferbilder dabei sind wie auf dieser Zeitungsseite der Zeit. Betrachter finden noch eine weitere Darstellungsart interessant: Dass ein Motiv in verschiedenen Darstellungen und Größen gezeigt wird.

[Bilder im Layout anordnen] *Alles Gute kommt von oben*

5 Die Titelseite der Wirtschaftszeitschrift setzt das Bildmotiv direkt um: »Aufrecht gehen«. Alles, was eine einzelne oder rechte Seite nach rechts verlässt, symbolisiert das Gehen, den Abgang oder die Flucht. Die Typografie unterstützt diese Intention zusätzlich durch ihre lineare Ausrichtung.

6 Ungewohnte Bewegungen und Blicke erfordern auch eine unerwartete Positionierung im Layout. Aufgrund unserer normalen, aufrecht stehenden Haltung nehmen wir Köpfe größer wahr als die Füße – ist es umgekehrt, sind wir interessiert und irritiert zugleich. Aber keine Bange: Noch lächelt der Mann, und seine Füße bekommen durch die Schrift ihren Halt. Dadurch, dass die Schriftfarbe aus dem Ball gemessen wurde, wird dieser erst richtig sichtbar.

7 In der Broschüre für den Urlaubsort Putbus sind die meisten Abbildungen (unabhängig von ihrem Inhalt) einem Gestaltungsprinzip unterworfen, das sie in einer Bogenform gekonnt anordnet. Diese Ordnung geht auf das Logo von Putbus zurück, das dem kreisförmigen Ortszentrum Circus nachempfunden ist. Verbindendes Element ist zudem die Typografie der Headline und der linken Textspalte, während die Bildunterschriften sich der Layoutsituation der jeweiligen Doppelseite anpassen.

8 Abbildungen können, wie in diesem angejahrten Merianheft, einen vorhandenen Rhythmus verstärken oder gar erzeugen. Der Rhythmus besteht hier in erster Linie aus dem Wechsel kleinerer und größerer Abbildungen, die trotz aller Unterschiedlichkeiten gemeinsame Farben aufweisen. Der Rhythmus wird hier durch den Takt der darüber stehenden Typografie definiert.

9 Schlüssig in Leserichtung aneinander gereihte Bilder werden als ein Handlungsstrang begriffen. Bei der Imagebroschüre für den Smart wurde dieser Effekt verstärkt genutzt, indem die Bilder von links nach rechts in ihrer Größe zunehmen, während sich die Bildabstände verringern. Verbindendes Ausrichtungselement ist dabei die gemeinsame Mittellinie. Die Abbildungen der linken Seite werden dadurch zunächst als zur Serie gehörig verstanden, obwohl sie nur ähnliche Crash-Situationen zeigen.

Neben Positionsprinzipien, die auf reiner Wahrnehmung oder dem Motiv gründen, gibt es Anordnungsmöglichkeiten, die auf der Art der Komposition beruhen, also dem Zusammenwirken mehrerer Bilder in einem Layout. Welche Form hier zu wählen ist, geht natürlich schon aus den Bildinhalten hervor, diese haben aber verstärkt der Intention beim Layouten zu folgen.

Die Reihung von Abbildungen bietet sich für die Darstellung linearer Handlungsabläufe an, bei der – einem Filmstreifen gleich – vom Beginn bis zu einem verdichteten Ende eine kleine Dramaturgie entstehen kann. Daneben besteht die Möglichkeit, die Bilder einer Reihung als formales Element zu begreifen, wenn die Einzelbilder einem Gestaltungsprinzip unterworfen werden. So können mehrere Fotos unabhängig vom Inhalt zu einer Bogenform oder als unterschiedlich große Rhythmuselemente aneinander gereiht werden.

10a Ein Motiv, das immer wieder fotografiert und verschieden – aber als Block massiert – dargestellt wird, lässt das Thema wichtig erscheinen. Dieser Eindruck lässt sich steigern, wenn der dunkle Schwerpunkt der Seite nach oben gelegt wird. Ansonsten folgt dieses Layout der Wirtschaftszeitschrift Econy mit einer kurzen Headline am Kopf jeder zweiten Spalte dem absoluten Minimalrhythmus. Wie schaffen es deren Autoren bloß, so zu schreiben, dass die Textmenge immer ganz genau passt?

10b Das Bildmotiv als Rhythmusgruppe: Wird ein Motiv in ähnlichen Perspektiven und Ausschnitten wiederholt, verliert das einzelne Motiv zwar seine Prägnanz, trägt aber zur Bedeutungssteigerung des Gesamten bei. Kommt eine zweite Taktung hinzu, hier durch die Laptops, wird das Layout ein weiteres Mal belebt. Die Überhöhung zu einem gewaltigen Grundrauschen tritt bei dieser AOL-Anzeige mit dem Repetieren immer gleicher Farben ein.

Der Reihung als Bildanordnungsprinzip verwandt ist das Zusammenfassen von Abbildungen zu tableauartigen Blöcken. Für diese Gestaltungsform gibt es mehrere Gründe, die zumeist mit dem Erzielen von Gesamteindrücken verbunden sind und bei dem das einzelne Bild keine herausragende Rolle spielt. Hier wird vielmehr darauf geachtet, dass die kombinierbaren Bilder ähnliche Formen, Farben oder Motive aufweisen.

Beliebt ist hier zunächst das Zeigen eines gleichen Bildinhaltes, der entweder aus unterschiedlichen Entfernungen oder Perspektiven oder in unterschiedlichen Anordnungen fotografiert wurde. Dadurch wird das einheitliche Motiv besonders mächtig und wirksam inszeniert. Daneben herrscht das absolut gegenteilige Prinzip vor, demzufolge nur keine ähnlichen Motive direkt nebeneinander stehen dürfen: Ziel ist das Darstellen einer großen Vielfalt. Manchmal trifft man gelungene Mischformen, bei denen entweder sehr ähnliche Objekte in anderer Umgebung fotografiert wurden oder bei denen sich das Objekt ständig ändert, während z. B. die Umgebungsfarbe konstant bleibt.

11 Bei einer feldartigen Anordnung von Bildern ist der Gesamteindruck wichtiger als das einzelne Motiv. Dennoch funktioniert ein derartiges Tableau nur dann wirklich gut, wenn in dieser Vielfalt auch verbindende Elemente sind. Im Inhaltsverzeichnis der Econy ist das eine männliche Person pro Bildzeile sowie eine mittenbetonte Positionierung der meisten Motive, wodurch ein neuer Raster im Raster entsteht.

Ein Klassiker ist die lebendige Anordnung von Bildern, Seitenansprachen oder Initialen im Dreieck.

Eine der beliebtesten Anordnungen von Bildern, aber auch von Initialen und Seitenansprachen, ist deren Positionierung im Dreieck. Sie hat den Vorteil eines dynamischen Layouts, bei der der Betrachter jedoch auf der Doppelseite verbleibt. Um diese aktive Wirkung noch zu verstärken, nehmen die Abbildungen in ihrer Größe häufig kontinuierlich zu. Dabei lässt sich der Blick des Betrachters steuern, denn es beginnt beim Bild links oben und wandert über das mittelgroße Bild zum kleinsten weiter.

12 Drei einzelne Geschichten werden durch den bekannten dreieckigen Bildaufbau zu einer geschlossenen Doppelseite kombiniert. Die Fotos wirken durch den Anschnitt größer, wichtiger und kontrastreicher. Gut gelöst ist auf der rechten Seite die Zuordnung der Headlinefelder zu den Bildern. Auch wenn alle Bilder unterschiedliche Größen haben, sind die Überschriften in der gleichen Größe gesetzt und zeigen damit die Gleichwertigkeit der drei Artikel. Durch den Balken links oben weiß der Betrachter, wo er mit dem Lesen beginnen soll.

13 Am besten funktioniert die Bildanordnung im Dreieck, wenn die einzelnen Motive zusammengehören oder einem Themenkreis entstammen, z. B. bei den tanzenden Paaren aus dem Buch »Skulpturen« über den Bildhauer Stephan Balkenhol: Es ist für den Betrachter immer interessant zu sehen, wenn Ähnliches unterschiedlich dargestellt wird. Schöne Feinheiten am Rande sind das »tanzende« Initial und die harmonisch integrierten Bildunterschriften.

14 Gutes Handling im Wortsinne zeigt die Wirtschaftszeitschrift Impulse in einem Interview mit Rita Süßmuth, denn die Bildauswahl zeichnet sich durch die gemeinsamen Motive Gesichter und Hände aus. Sehr gut ist, dass Frau Süßmuth als Hauptperson den Takt vorgibt: Ihre Blicke sind auf den Interviewer gerichtet, und ihre lebhaften Gesten geben die Bildformen vor. Die aktive Wirkung eines Dreiecks wird oft dadurch gesteigert, dass einige der Bilder im Anschnitt stehen. Etwas heftig wirkt bei so viel Dynamik die Vielzahl an Einklinkern und Einzügen.

[Bilder im Layout anordnen] *Alles Gute kommt von oben*

15 Auf dieser Doppelseite der Zeitschrift Colors ist ein Streuprinzip für Abbildungen sichtbar, das auf den zweiten Blick ein Rastersystem offenbart. Die Konterfeis von Religionsstiftern und -repräsentanten sind in drei Portraitgrößen auf einem diagonalen Gitter angeordnet. Abgesehen vom Fond werden die Figuren durch die strahlenförmige und zweisprachige Typografie miteinander verbunden. So kann optisch Trennendes gut miteinander verknüpft werden.

Vielfalt ist auch durch die gleichmäßige Verteilung von Bildern darstellbar. Dabei wird eine gesamte Doppelseite (bei Einzelseiten funktioniert die Streuung oft nicht befriedigend) gleichmäßig mit Abbildungen überzogen. Die Intentionen sind die gleichen wie bei der Anordnung im geometrischen Tableau: Ziel ist das Zeigen einer großen Vielfalt, meist von ähnlichen Gegenständen. Im Unterschied zur Tableauordnung ist die Streuform in der Regel lebhafter und bietet sich auch für freigestellte Motive an (wenn der Untergrund zurückhaltender bleibt). Ein weiterer Vorzug ist die Möglichkeit, einzelne Objekte herauszugreifen und zu vergrößern.

Das Maß der Objektverteilung sollte vom umgebenden Layout bestimmt werden, denn die Streuform lässt sowohl eine ruhige rastermäßige als auch eine wilde Streuung zu, z. B. bei den Sonderangebotsbeilagen der Tageszeitungen. Sind die Motive optisch zu uneinheitlich, lässt sich eine eventuell benötigte Verbindung über einen gemeinsamen Darstellungsstil, über gleiche Farben oder eine dominante Begleittypografie erzeugen.

16 Auch innerhalb eines festen Rastersystems lässt sich eine lebendige Motivstreuung erzeugen. Eine – wenn auch aufwändige – Möglichkeit besteht in der Freistellung der meisten Motive, die sich besonders dann anbietet, wenn viel unterschiedliches Material zu verarbeiten ist. Auf dieser Doppelseite der Frauenzeitschrift Madame gesellen sich noch fest konturierte Abbildungen und eine statische Typografie hinzu. Daraus ergibt sich wieder etwas Ruhe und die Möglichkeit zum Kontrast.

161

17 Bilderfelder nach dem Kumulationsprinzip bieten sich auch für rhythmische Gestaltungen an, bei denen zwischen dem Hauptmotiv und die Nebenmotive noch ein besonderes grafisches Element (z. B. ein Freisteller) platziert werden soll. Bleiben wie bei diesem Fleurop-Prospekt noch Stege zwischen den Abbildungen stehen, wirkt das gesamte Ensemble großzügiger, leicht und eleganter.

Abbildungen lassen sich nach einem Kumulationsprinzip zusammenstellen, bei dem eine größere Hauptabbildung durch mehrere kleine Fotos ergänzt oder akzentuiert wird. Diese Anordnung ist darüber hinaus in der Lage, über die Bildgrößen und ihre Bildzusammenstellung mehrere Inhalte zu einer kleinen Geschichte oder einem atmosphärischen Gebilde zu verquicken. Werden Bilder mit starken Größen- und Proportionsunterschieden direkt aneinander gelegt, entsteht eine aktive Optik; sind die Unterschiede geringer und bleiben zwischen den Einzelbildern größere Abstände stehen, kommt das Ensemble ein wenig zur Ruhe. Mitunter werden die Bilder zwecks Erzielung höchster Aktivität ein wenig übereinander gelegt, wobei empfohlen wird, dass entweder das Hauptmotiv oder einige außen liegende Bilder das Raster einhalten, damit das Seitengefüge erhalten bleibt. Überhaupt sollten bei allen Bildkumulationen mindestens eine vertikale sowie eine horizontale Anordnungsachse deutlich sichtbar sein.

18 Um zu verhindern, dass mehrere auf einer Doppelseite stehende Bilderfelder in eine inhaltliche Verbindung gebracht werden, ist es ratsam, einige der Abbildungen an den Satzspiegel oder andere markante Begrenzungen anschlagen zu lassen. Dieser Ausstellungskatalog der Werkakademie für Gestaltung in Hannover zeigt, dass sich das optisch hoch wirksame Kumulationsprinzip anbietet, wenn stark unterschiedliche Bildinhalte oder Motivgrößen gemeinsam präsentiert werden müssen.

19 Über die Anordnung der Bilder lässt sich eine inhaltliche Steuerung in geringem Maße vornehmen, wie der Flyer für die Werkakademie für Gestaltung zeigt: Die kumulierten Bilder zeigen, dem Ornament folgend, erst einen Innenraum (Schrank), dann eine Außentür, ein ganzes Gebäude und schlussendlich eine Stadtansicht. Bildüberlagerungen wirken kontrastreicher, wenn sich die einzelnen Bilder am Übergang deutlich unterscheiden (Stadt auf Gebäude). Überlagerungen wirken in ihrer Gesamtheit interessanter, wenn nicht alle Abbildungen einbezogen sind.

Bilder miteinander kombinieren
Wechselspiele

»Gegensätze ziehen sich an« sowie »Gleich und gleich gesellt sich gern« sind wohlfeile Volksweisheiten, die sich zwar beide auf das Gleiche – das Kombinieren – beziehen, aber von unterschiedlichen Standpunkten aus zitiert werden. Während die erste Aussage die Wirksamkeit von Kontrasten meint, zielt die zweite Aussage auf das harmonische Miteinander. Beide Aussagen sind jede auf ihre Weise gerechtfertigt, denn es kommt auf die persönliche Konditionierung und die Intention derjenigen an, die dem Volksmund ihr Ohr leihen.

Im Grafikdesign verhält es sich nicht anders: Je nach Inhalt, Zielgruppe und persönlicher Vorstellung der Gestalter ist das Ergebnis – neben weiteren Möglichkeiten – ein kontrastreiches oder ein eher harmonisches Layout. Einer der wirksamsten Wege, die gewünschten Wirkungen zu erzielen, liegt in der Auswahl und Zusammenstellung des Bildmaterials. Wir können uns bei der Motivauswahl, dem Bildaufbau und der Bildanordnung darauf verlassen, dass die meisten Menschen in ihrer persönlichen Medienrezeptionsgeschichte

20 Sind die Abbildungsmotive von großer Ähnlichkeit, lässt sich gut – wie auf dieser Doppelseite der Zeitung Die Zeit – eine einfache Handlungsfolge inszenieren. Da das Motiv vom Betrachter sofort gelernt ist, können Ausschnitte, Bildgrößen und umgebende Typografie flexibel verwendet werden. Die kleine Rhythmik in den Bildern findet sich auch in den farbigen Headlines und den Autorennamen wieder, so dass ein guter, schneller und einfacher Zusammenklang hergestellt ist.

21 Es ist spannend, Ähnlichkeiten zu zeigen, besonders wenn dafür bildnerisches Material in abweichenden Darstellungsformen verfügbar ist. Hier hebt die betagte Zeitungsseite der Zeit auf die Gleichheit in den Posen der bayerischen Landesväter ab. Um das Gemeinsame zu betonen, sind die Körperhaltungen zueinander gedreht (Ludwig II. ist vermutlich gespiegelt), in gleicher Form angeschnitten und durch zueinander strebende Bildunterschriften bekräftigt. Schlussendlich blickt Edmund Stoiber geradezu layoutschulbuchmäßig auf die Headline.

gelernt haben, Bilder in unserem Sinne zu interpretieren. Die Betrachter haben gelernt, ohne lange über das Warum zu reflektieren, dass ein angeschnittenes Portrait Aktivität und Kraft ausstrahlt oder dass sich ähnliche, nebeneinander stehende Motive harmonisch ergänzen.

Für eine gute Kombination von Bildern sind zwei Komponenten zu berücksichtigen: die inhaltliche und die gestalterische. Nach Möglichkeit sollen alle wichtigen Abbildungen einer Anordnung in Bezug zueinander treten können. Die Gemeinsamkeit in einer Bildkombination lässt sich am ehesten über gleiche Personen oder Gegenstände erzielen. Da diese spätestens nach dem dritten Bild vertraut sind, weiten unterschiedliche Ausschnitte oder Bildgrößen den grafischen Spielraum. Eine zweite Variante, um Gemeinsamkeiten zu zeigen, ist das Herausstellen von Ähnlichkeiten, z. B. in Gestik und Mimik. Hier ist die grafische Bandbreite in der Regel gering, da die Konzentration des Betrachters stärker auf das Motiv selbst gerichtet werden muss.

Wechselspiele [Bilder miteinander kombinieren]

22 Die einfachste Form, Trennendes und Gemeinsames in einer Bildkombination zu zeigen, ist das »Wechselspiel«. Hierbei hat etwa jedes Foto einen direkten Bezug zum übernächsten Bild, z. B. die Konterfeis von Wolfram Siebeck in dem Zeit-Sonderheft. Die dazwischenliegenden Abbildungen haben eine Illustrationsfunktion, in der sie beispielsweise das Umfeld skizzieren. Werden Bilder unterschiedlicher Perspektiven und Ausschnittgrößen kombiniert, wirkt ihre Aneinanderreihung aktiv.

Trennendes darzustellen, verlangt manchmal die Quadratur des Kreises, da das Abweichende oft erst erkennbar wird, wenn ein vergleichender Maßstab mit abgebildet wird. In der Regel bedient man sich dazu einer Rhythmusebene, die gleiche Bildelemente (z. B. gleiche Personen) zeigt, während das Trennende mit einer zweiten Ebene hinzukombiniert wird. Eine weitere Möglichkeit ist, dass nahezu alle Abbildungsgegenstände in die gleiche Richtung weisen. Ist dies aufgrund der Motive nicht machbar, bleibt der Lösungsweg, alle Abbildungen über eine gemeinsame Farbgebung, einen verbindenden grafischen Stil oder verwegene PhotoShop-Filter kombinierbar zu machen.

Um stilistisch und darstellungstechnisch derart unterschiedliche Illustrationen eng miteinander verquicken zu können, wurden sie rigoros in quadratische Felder eingeklinkt. Die fast durch die Reihe weg Menschen darstellenden Ausschnitte sind nach kompositorischen Regeln gewählt. So beginnt eine vertikale Bilderreihe mit einem Portrait und endet mit einem ebensolchen. Dabei beginnt das oberste Bild mit zentrierten Blicken und Kopfhaltungen, das darunter stehende hingegen weist divergierende Blicke auf.

Die Illustrationen der horizontalen Reihe bilden einen Rhythmus durch die Größe und die Abbildungsperspektive der dargestellten Personen. Die Personen zeigen mit ihren Tätigkeiten fast alle nach rechts, diese Bewegung wird durch den linksbündigen Flattersatz zusätzlich betont.

Die letzte Seite des Inhaltsverzeichnisses hat wiederum eine senkrechte Illustrationsreihe, ebenfalls mit Menschen, die ihre Tätigkeiten und Blicke nach rechts richten. Auch zum Abschluss der kleinen Serie haben die zuoberst und die zuunterst stehende Person jeweils die gleiche Größe und fassen damit die dazwischenstehenden Bilder ein.

23 Lebhafte Kombinationen lassen sich erzielen, indem die Definition dessen, was ein verbindendes Element ist, weiter gefasst wird. Bei den Bildern im Inhaltsverzeichnis der Lifestylezeitschrift Pur gibt es einen Wechsel von »toten« Gegenständen und »lebenden menschlichen« Motiven. Der Rhythmus entsteht durch eine abwechselnde Positionierung und die Graustufenwiedergabe der Personenfotos. Sehr schön sind auch die kleinen Wechsel und Leerräume in der Typografie sowie der Freisteller unten links als Kontrapunkt zu den geblockten Fotos.

[Bilder miteinander kombinieren] *Wechselspiele*

24   Manchmal lässt sich eine kleine Geschichte schon mit zwei Bildern erzählen, vorausgesetzt, die Bilder sind von so großer Ähnlichkeit, dass der Unterschied sofort sichtbar ist. Bei diesem Aufmacher der Wirtschaftszeitschrift Econy werden zwei nahezu gleiche Bilder miteinander so in Beziehung gebracht, dass sie wie ein geteiltes Bild wirken und den Eindruck »Geschwindigkeit« verstärken. Der Rest ist das Vertrauen auf unsere Wahrnehmung: Bewegungen von rechts nach links assoziieren »Kommen« und wirken kraftvoller als von links nach rechts.

25a–c Bei der amerikanischen Wirtschaftszeitschrift Harvard Business Review sind Fotos nahezu tabu, sie zeichnet sich durch besonders hervorragende und treffende Illustrationen aus. Der Umgang mit den Illustrationen ist sehr geschickt, sie werden gut in die Typografie integriert und fungieren als Impulsgeber für weitere grafische Elemente. Darüber hinaus werden die Illustrationen zum guten Teil für die Gestaltung des Inhaltsverzeichnisses verwendet, dem sie als Ausschnitte beigeordnet sind. Hierbei gelten die Grundprinzipien für lebendige Kompositionen.

Wechselspiele [Bilder miteinander kombinieren]

26   Die Zeichnungen und das Hauptfoto haben sowohl etwas Trennendes (einfarbige Linearität gegen vierfarbiges Foto) als auch etwas Verbindendes (gleicher Abbildungsgegenstand, daher ähnliche Formelemente). Damit lässt sich beides gut miteinander kombinieren. Diese Doppelseite eines etwas älteren Merianheftes ist im Wortsinne »regelrecht« durchkonstruiert: Alle bildwirksamen Elemente – Fotoblöcke, Zeichnungen und Initialen – befinden sich ihrer Darstellungsart entsprechend in diagonalen Anordnungen. Zusammengehalten wird das Ganze durch die marginalen Bildunterschriften.

Bei der Kombination von Illustrationen mit Abbildungen sind im Wesentlichen die gleichen Regeln gültig wie für die Verbindung kontrastierender Bilder: Beide Formen sollten etwas Verbindendes und etwas deutlich Trennendes haben. Das Gemeinsame können gleiche Motive, gleicher Bildaufbau o. Ä. sein. Das Trennende ist in den meisten Fällen durch die unterschiedliche Darstellung der Illustration vorgegeben. Sind sich Fotos und Zeichnungen zu ähnlich, lassen sie sich über die räumlichen Positionen im Layout trennen (z. B. Fotos oben, Illustrationen unterhalb des Textes am Fuß der Seite). Da beide Abbildungsformen dazu neigen, in Konkurrenz zueinander zu treten, ist es sinnvoll, sich zu Beginn des Layoutens darüber klar zu werden, ob die Illustration oder die Fotografie die Hauptrolle spielen soll.

27   Fotos und Zeichnungen lassen sich über die bekannten Anordnungsprinzipien so positionieren, dass sie in lockerer Verbindung stehen, ohne sich gegenseitig Konkurrenz zu machen. Auf dieser Merian-Doppelseite stehen die Zeichnungen daher in einer klammerbildenden Dreiecksform und die Fotos mittendrin in einer eigenen Diagonale. Die Verbindung erhalten Fotografien und Zeichnungen durch ihre Motive: Die rechte Illustration enthält Blätter, die denen auf dem Foto ähnlich sind, der gezeichnete Bischof findet seine Entsprechung im oberen Foto.

[Bilder miteinander kombinieren] *Wechselspiele*

28 Stark unterschiedliche, zu einer Assoziationskette verbundene Abbildungen lassen sich durch starke grafische Elemente wie dominierende Farben, normierende Bildformen oder Filter, miteinander verketten. Bei der Verknüpfung von Tieren mit einem Schalter in dieser Mercedes-Anzeige wurden mehrere Möglichkeiten angewandt: Zuerst wurden Flipper und Lassie in einem ähnlichen Illustrationsstil gezeichnet, dann erhielten alle drei Rettungsinstitutionen einen farbähnlichen Fond und wurden jeweils in der Bildmitte positioniert.

*Die Gestaltungsabsicht bestimmt darüber,
ob ein formal gleicher oder gegenteiliger Aufbau
sinnvoll ist.*

Der richtige Rahmen – Bilder im Layout präsentieren

Alle Menschen haben aufgrund ihrer jeweiligen Mediensozialisation eine Menge über Darstellungsformen gelernt, die sie »verstehen« können, ohne sich intensiv mit ihrer Bedeutung in der visuellen Kommunikation auseinander setzen zu müssen. Auf den vorhergehenden Seiten wurde es mehrfach erwähnt und wir wissen es aus unserer Naturerfahrung, dass Waagerechtes ruhiger als Senkrechtes ist. Auf die Bildrezeption übertragen haben wir gelernt, dass ein Querformat in der Regel mehr Ruhe ausstrahlt als ein hochformatiges Bild. Ähnliche Wahrnehmungsparameter gelten für die Positionen im Layout, die Helligkeiten der Bilder, ihren Aufbau usw.

Diese Wahrnehmungskonditionierung ist beim Layouten recht hilfreich, weil sie dazu beiträgt, dass die Betrachter unsere Werke richtig verstehen. Bei der Wahl der Formatlage ist es daher sinnvoll, neben dem Drucksachenformat auch das Motiv selbst und natürlich die Gestaltungsabsicht zu berücksichtigen. Wird ein ausgeglichenes, stimmiges Layout angestrebt, sollten alle wichtigen Ausrichtungen übereinstimmen: Werden beispielsweise viele Portraits gezeigt, wird die Formatlage vermutlich dem Motiv angepasst hochformatig sein, ebenso die einzelne Seite. Bei kontrastreichen Gestaltungen ist es erwägenswert, hier einen Bruch einzubauen, weil Abbildungen, die »normalerweise« hochformatig sein müssten, als Querformat ungewöhnlicher und kraftvoller wirken werden. **Kurz:** Die Gestaltungsabsicht bestimmt, ob in formalen Ketten ein gleicher oder ein gegenteiliger Aufbau sinnvoll ist. Am meisten juckt uns das richtungslose Quadrat, weil es eine unnatürliche Form ist, in die nur wenige Bilder gut hineinpassen.

Neben der Bildausrichtung hat die Außenform einer Abbildung ein hohes Aufmerksamkeitspotenzial. Ein rundes, ein ovales oder ein achteckiges Bild erzielen eine hohe Beachtung als Blickfang, weil es ungewöhnlich ist. Stimmt das Motiv oder eine erkennbare gestalterische Absicht mit der gewählten Form überein, nimmt der Betrachter das Bild als stimmig und gut an. Gleiches gilt auch für Freisteller, denn freigestellte Abbildungen signalisieren, dass diese Bilder wichtig sein müssen, sonst hätte sich niemand die Mühe des Ausschneidens gemacht. Andersherum argumentiert ist es so, dass ein hoher grafischer Aufwand, der nicht durch das Motiv »eingelöst« wird, als unpassend und affektiert wahrgenommen wird. Freigestellte Abbildungen bieten sich also in erster Linie für gut wahrnehmbare Betonungen an, oder um etwas darzustellen, das ohne einen Hintergrund besser sichtbar wäre. Die Kombination eines freigestellten mit einem rechteckigen Bild ergibt einen guten Kontrast, denn die freigestellte Abbildung wird zusätzlich betont und dadurch noch wirksamer.

[Bilder im Layout präsentieren] *Der richtige Rahmen*

29 Dass ein guter Freisteller mehr erzählt als das eigentliche Bild, beweist diese Seite der Zeit: Hier wird sichtbar, dass Altbundeskanzler Kohl und Altbundespräsident von Weizsäcker nicht viel miteinander anfangen konnten. Auf dem normalen Bild wäre der leere Stuhl zwischen den beiden nicht so schnell aufgefallen, und auch die ausweichenden Blicke kommen nun besser zur Geltung. Als wären sie vom Layouter arrangiert, gehen die Blicke der beiden zur keilförmigen Überschrift und den Dachzeilen.

30 Getreu dem Lehrsatz, dass sich gegensätzliche Elemente in der Wirkung steigern, wenn sie nahe zusammenstehen, entfalten Freisteller ihren größten Effekt in unmittelbarer Nähe fest konturierter Abbildungen und Farbflächen. Aber auch hier ist es ratsam, Verbindendes im Layout herauszustellen, weil dadurch die Seite zusammengehalten wird. Das Sonderheft Ernährung der Stiftung Warentest erzielt diese Wirkung in erster Linie durch eine lebendige Rhythmik und durch Farben, die in den Flächen und Fotos wiederzufinden sind.

Die Position eines Motives innerhalb einer Abbildung hat die gleiche Aussagefähigkeit wie die Anordnung eines Fotos im Layout: Ob sich das Motiv oben oder unten, links oder rechts befindet, wird in gleichem Maße beurteilt wie der Inhalt selbst. Am interessantesten wird eine Bilderserie, wenn sich der Abbildungsgegenstand nur wenig ändert, dieses Motiv aber von Bild zu Bild wandert und dabei seine Größe verändert. Hier ist der Betrachter zum genauen Hinsehen und zum Interpretieren aufgefordert, denn er muss sich den Inhalt und die beabsichtigte Aussage erarbeiten.

Durch das starke oder unregelmäßige Beschneiden eines Portraits an mehr als zwei Seiten verschwindet jede Kontur. Dadurch wird es unmöglich, das Gesicht zu erfassen und zu beurteilen: So erscheint jeder Mensch selbst dann als Dämon, wenn er kein ausgewiesener Kinderschreck sein sollte.

31 In diesem Zeit-Artikel wird der etwas eigenwillige Umgang einiger europäischer Regierungschefs mit der Demokratie beschrieben. Die zerschnittenen Portraits visualisieren somit die Zerstörung von etwas Ganzem und das Umformen zu einem unstimmigen Gefüge: Soll ein bildnerisches Spannungsverhältnis aufgebaut werden, bedient man sich dazu am besten der Kontraste, z. B. von Abbildungsgrößen. Sind die Proportionen der Bildformate und -inhalte stark unterschiedlich, suchen wir sofort nach den Gründen, besonders bei gleichartigen Motiven.

32a Die Bildausschnitte auf dieser Seite der Zeit sind von einer deutlichen Negation, wie sie im journalistischen Layout ausgesprochen selten sind. Gezeigt wird Wladimir Schirinowskij bei einem Mittagessen mit der amerikanischen Schriftstellerin Irene Dische. Die Fotos nehmen an Breite zu, und die Abbildungsgröße des (in den neunziger Jahren zärtlich »Russen-Hitler« genannten) Protagonisten verändert sich in der Abfolge deutlich. Auf dem linken Bild wird Schirinowskij höchst despektierlich im Gesicht angeschnitten – schließlich hat er glasige Augen und weist mit der pistolenartig-gestisch geformten Hand auf sich selbst. Das nächste Foto zeigt den Mann hinter einer leerer Flasche und leerem Glas sowie einer zum Betrachter gerichteten Handhaltung. Das dritte Bild mit einer bäurischen Geste spricht für sich selbst und hat daher den größten Ausschnitt. Foto Nummer vier schließlich zeigt Schirinowskij als ebenso egozentrischen wie eindringlichen Typen, der schon einiges intus hat und von dem die Autorin besser abrückt. Erstaunlich, dass diese kleine Fotoserie keine Bildunterschrift erhält.

32b Der bildnerisch völlig anders aufgebaute und somit überraschende Clou steht auf der Folgeseite: Wer so ausschaut, frisst auch kleine Kinder! Die Bildunterschrift wird genau auf die Pupillenmitte platziert und betont damit den Blick des Irrwischs. Klar, dass der Text die schreckliche Rache Schirinowskijs an Journalisten ankündigt, die Unbotmäßiges über ihn schreiben. Sowohl die gesamte Bildserie als auch das einzelne Konterfei sind aus bildjournalistischer und grafischer Sicht sehr gut und sehr solide gemachtes Handwerk – ob sich »so etwas gehört«, steht auf einem anderen Blatt.

Bildelemente als Impulsgeber im Layout
Vom Mikro- zum Makrokosmos

Die für ein Layout vorgesehenen Fotografien und Illustrationen können häufig mehr bieten, als bloße Anhaltspunkte für ihre Positionierung im Layout oder für die Kombination mit weiteren Abbildungen zu sein. Die in den Bildern vorhandenen Formen und Farben sind oft als Quellen für die Gestaltungselemente eines Layouts nutzbar, denn das genaue Studium eines Fotos zeigt charakteristische Details und Motive, deren Wiederaufnahme sich lohnen kann.

Ein übliches Prinzip ist das Ausmessen der CMYK-Farbwerte eines Bildes, um es, eventuell in mehreren Helligkeitsstufen abgetönt, als Basisfarbe für das Layout insgesamt zu nutzen. Dabei kann entweder eine dominante Farbe mit großflächigem Anteil als Ausgangsfarbe für eine harmonische Farbkomposition verwendet werden oder eine markante, aber seltene Spotfarbe mit großer Leuchtkraft wird für kontrastreiche Akzentuierungen eingesetzt.

Ähnliches ist für die Generierung von Formen möglich: Hat eine Fotoserie überwiegend runde, weiche und fließende Formen, können diese im Layout für Rasterfonds oder Linien aufgegriffen oder durch eckige und spitze Formen kontrastreich konterkariert werden.

32 In einigen Fällen kann sich die impulsgebende Leistung von Bildern statt auf Fonds und Formen auch auf den Fließtext erstrecken. Des Öfteren ist dies in Interviews zu sehen, bei denen die Fragen in einer Bildfarbe gehalten sind. Bei dieser Broschüre des Messebauunternehmens Holtmann in Hannover wurden Logoformen und -farben der Kunden für den Text aufgenommen. Das untere Beispiel übernimmt im Flattersatz die Farben und das Fließende der Wortmarke, während der obere Blocksatz die Magenta-Quadrate der Telekom enthält.

[Bildelemente als Impulsgeber im Layout] *Vom Mikro- zum Makrokosmos*

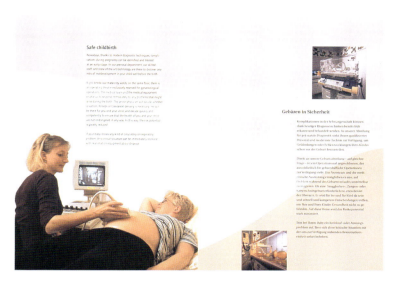

33   Mitunter – leider viel zu selten – gibt es
Entsprechungen von Fotografie und Typografie.
Das Bild aus einem Merianheft enthält gleich
zwei Gestaltungshinweise, die sich in den (drei-
eckig angeordneten) Initialen bzw. der Seitenansprache rechts wiederfinden: Zum einen in der
Buchstabenform der Schrift »Remedy Double«,
die dem zinnenartigen Fries des Gebäudes und
der Silhouette der Bäume gleicht, zum anderen in
der Schrift- und Linienfarbe, die dem intensiven
Rot des Gemäuers entspricht.

34   Wenn etwas Kleines ganz groß werden soll, bietet es sich
an, eine Abbildung nach wiederkehrenden Formen und Farben
zu durchsuchen. Bei der Geburtshilfebroschüre des Klinikums
Hannover gaben zwei Formen den Impuls für das Basislayout:
In fast allen Hauptmotiven sind weich fließende Körperformen
sichtbar, die durch ihre flächige Vergrößerung gut zum Thema
Schwangerschaft passen. Als vorsichtiges »Kontrastmittel« werden die auf etlichen Abbildungen im Hintergrund stehenden
eckigen Monitore und Geräte in der Darstellung kleiner eckiger
Abbildungen wieder aufgegriffen. Auch die Fondfarben sind
den Bildern entnommen – ein Prinzip, das in allen Klinikums-
broschüren gilt: Die Hausfarben einzelner Abteilungen und
Stationen, OP-Kittel usw. dienen zur Definition des jeweiligen
Farbklimas.

173

Kapitel 6
**Den Raster mit Leben füllen –
die Typografie als Variable**

Gestaltungsgrundlagen [Exkurs]

Exkurs: Das Raster mit Leben füllen
Bitte, geben Sie es mir schriftlich

Bestimmte Hunderassen lassen sich wegen ihres Charakters oder Aussehens mühelos mit Frakturschriften in Zusammenhang bringen. Ein derart durchgestylter und dynamischer Hund passt nur mit Mühe dazu. Die sichtbare Anbringung der Schrauben ist herzlos.

Einige Branchen haben starke typografische Affinitäten: Pommestempel zur schmalfetten Grotesk etwa oder Anwälte zu Antiquaversalien und -kapitälchen. Dieses Schild zeigt einen schönen Gegensatz von Schrift und Karikatur der Streithähne.

Ich bin sicher: Lebte ich auf einer einsamen Insel, die Lianen malten mir die schwünge klingender Selbstlaute vor das flirrende Grün des Dschungels, in den Wolken könnte ich Botschaften lesen. Dort würde mir die Sorte Schmetterlinge begegnen, deren Flügelzeichnung Buchstaben wiedergibt.

Doch ich lebe in einer Zivilisation. Hier kann ich keinen zweckfreien Fantasien nachhängen, denn ich erhalte ununterbrochen überlebensnotwendige Botschaften, die ich gar nicht alle brauche. Das Privileg unserer Kultur ist: Kein Mensch soll dumm bleiben, er soll sich auch dort zurechtfinden, wo Botschaften ihrer Komplexität wegen der Schrift- und der Zeichenform bedürfen.

Ich bin umzingelt. Kaum habe ich am Morgen meine bleischweren Lider geöffnet, fällt mir der erste Schriftzug ins Auge. Mein Wecker ist schwarz und heißt BRAUN, in der Helvetica gesetzt. Seine Ziffern zeigen mir die Zeit, huch! Nachdem der Schreck mich zum Aufstehen bewegt hat, wanke ich ins Badezimmer und greife zur Zahnbürste. Ich erkenne sie wieder, ihr Name steht in den Gemeinen der fettkursiven Helvetica auf ihrem Stiel: Oral-B. Wie gut, das hilft mir weiter. Schmerzhaft-grellblau leuchtet mir von der Zahnpastatube ein Rhombus mit dem weißen Schriftzug »aronal« in der fetten Folio entgegen. Aha, genauso weiß und appetitlich werden jetzt meine Zähne, so frisch wie das Blau wird mein Atem sein. Die Tüte meiner haltbaren Aufback-Brötchen spricht versal in der schmal-hässlichen ITC-Garamond zu mir: »Wir sind deine SONNTAGSBRÖTCHEN.« Und noch einmal: »Wir sind 8 Gemischte Brötchen zum Fertigbacken.« Warum nur steht da ein versales G im gemischt? Die Verpackung meiner Frühstücksbutter ist mit der gestauchten Cooper-Black bedruckt, die erdverbunden in fettfließend abgerundeten Flatschen ihr optisches Muh abgibt, mein Jogurt erklärt sich mir in der Bratwurst-Grotesk, der VAG-Rounded, als weiße Milchwolke im Himmelblau schaukelnd. Verlasse ich das Haus und schließe die Tür, werde ich – schon wieder Helvetica – daran erinnert wie ich heiße, denn mein Name steht auf dem Klingelschild. Gehe ich einige Schritte weiter, kann ich Weiß auf Dunkelblau in einer schmalfetten Grotesk (auch bei Nacht leserlich) den Namen meiner Straße nachlesen. Mein Bäcker hat einen gelb-orangefarbenen Appetit-Werbeslogan über der Tür: Frische heißt Böhmert ... und das Böhmert sieht aus wie eine Brezel, zum Reinbeißen.

Die stille Ansprache der Natur, hier dargestellt mit weißen Händen. In der Gebärdensprache ist wenigstens keine Schriftwahl möglich. Ihre Eindeutigkeit gilt nur Eingeweihten, alle andere sehen die Poesie.

176

[Exkurs] *Gestaltungsgrundlagen*

Individualität ist Trumpf. Die Beschriftung dieser Markise entspricht nicht ganz den aktuellen Corporate Design- und Marketingvorstellungen. Dennoch hat der Schriftzug unbestreitbar Vorteile in Bezug auf die Alleinstellung und die Merkfähigkeit.

Vom Morgen bis zum Abend verfolgen mich Wörter. All die Namen, Schriftzüge, Slogans, Wegweiser und Beschreibungen wollen informieren, strukturieren, helfen, werben. Oft genug sind sie verwirrend: Aventis, Averna, Avenir oder Avacon hüten ihr Mysterium.

Im Zustand schwerer Übermüdung drückte ich eines späten Abends statt der Zahnpasta den reinweißen Strang der Handcreme-Tube auf meinen Zahnbürstenkopf und war von dem fettig-seifigen Geschmackserlebnis unangenehm überrascht. Ein anderes Mal wollte die Body-Lotion aus der versehentlich gegriffenen Flasche auf meinen nassen Haaren gar nicht schäumen. Danach wusste ich die Kennzeichnung der verschiedenen Pflegemittel wieder neu zu schätzen.

Ohne dass die Hersteller sich untereinander abgesprochen haben, hat sich hier eine anwendbare Kultur herausgebildet. Man kann beobachten, dass eine Zuordnung der Produkte zu entsprechenden Schriftschnitten üblich ist. Die Dusch-Lotion trägt, wie auch der größte Teil meiner Pflege- und Kosmetik-Produkte, eine Optima-Beschriftung (elegant, hand-made wirkend, lebendig-bewegt) in zartem Violett. Hier findet frau gestretchte Optima, plissierte Optima, weichgespülte Optima, geliftete Optima, bügelfreie Optima. Pharmazeutische Produkte werden fast ausschließlich mit einer sachlichen, kraftvollen schmalfetten Grotesk beschriftet. Eine Ausnahme bilden sedierende Medikamente. Beruhigungstropfen und Schlafmittel sollen den Stress nehmen, das Leben leichter machen und seriös wirken – man will ja wieder aufwachen. Dafür werden formschöne Antiqua-Schriften eingesetzt, manchmal wieder die Optima für Naturmixturen. Kfz-Händler dagegen benutzen gern eine fettkursive Gill in Königsblau, sie wirkt zuverlässig kraftvoll, scharf und vorwärtsbewegt – hier wird Sicherheit und gleichzeitig Dynamik vermittelt. Rechtsanwälte setzen mit Vorliebe die Versalien der Times (edel, seriös mit stimmiger Statik) oder einer ähnlichen Antiqua ein. Sie demonstrieren damit gerne, dass sie vernunftgeleitet sind, mit sensiblem Charakter und aufrechtem Rückgrat.

Der Köder muss dem Fisch schmecken, nicht dem Angler: Die Helvetica ist in der Außenwerbung die Schrift schlechthin, gerne auch im Versalsatz. Da bedarf es schon einer großen typografischen Inszenierung, damit das Geschäft Biss bekommt.

Wenn ich in eine fremde Stadt komme, laufe ich gerne durch die Straßen zum Schaufenster gucken. Das Niveau eines Stadtteils zeigt sich auch an der mehr oder weniger gelungenen Beschriftung der Firmenschilder. Sind sie abgeblättert und aus eigenwilligen Typen, wie sie nur ein Werbetechniker auf seiner Festplatte hat, bin ich wahrscheinlich in einem Vorort gelandet. In den Fußgängerzonen treffe ich überall auf bekannte Logos und Schriftzüge. Hier ist alles auf seine Wirksamkeit getestet und egalisiert, hier bin ich unter Designer geraten, die alle die gleichen Ideen hatten. Und über dem Schauen habe ich ganz vergessen, in welcher Stadt ich gerade bin.

Amtlich-funktionales wird bevorzugt in Mittelachse gesetzt und von einem Rahmen umgeben, damit die Information nicht herausfällt. Erste Wahl ist dabei oft eine schmale Grotesk, die weder zur Mittelachse noch zur allerliebsten Zeigehand passt.

Drum prüfe wer sich ewig bindet –
Die Wahl der richtigen Schrift

1 Problemfeld Tiefdruckschredder: Eine feine Negativschrift die auf einem dunklen vierfarbigen Fond steht, lebt gefährlich, denn wenn nur eine der vier Farben ein minimales Passerproblem hat, ist die Lesbarkeit dahin. Und kleine Schwankungen bei der Passgenauigkeit müssen im Tiefdruck immer mit einkalkuliert werden.

Die meisten von uns mögen Optionen, denn sie regen das Vorstellungsvermögen an oder erleichtern Standortbestimmungen. Ob Berufsentscheidungen, Partnerwahl oder politische Wahlen – wir malen uns aus, was »passieren würde, wenn ...« und denken zugleich ziemlich rational darüber nach, welchen Einfluss unsere Entscheidung auf das spätere Leben haben wird. Hier, aber auch bei unwichtigeren Wahlmöglichkeiten, sind für uns meistens zwei Arten von Entscheidungskriterien wichtig: emotionale und sachliche, wobei die Grenzen oft fließend sind. Nicht anders geht es bei der Wahl einer Schrift zu: Es gibt für im Wesentlichen sachliche und ästhetische Kriterien. Erstere sind relativ einfach zu umreißen, da sie primär die Satz- und Drucktechnik betreffen.

Da wäre erst mal das bevorzugte »Satzsystem« zu nennen, da nicht jede Schrift auf allen Betriebssystemen gesetzt werden kann: Einige Schriften sind nur für den Apple-Macintosh verfügbar; andere, insbesondere die mit heißer Nadel gestrickten Ex-und-Hopp-Typen sowie etliche Clones von Markenschriften, werden kaum ihren Weg auf den Mac finden. Wer seinem Kunden eine neue Hausschrift empfiehlt, tut gut daran, *vorher* in den einschlägigen Katalogen nachzusehen, ob die ausgewählten Typen auf seinen gängigen Rechnersystemen laufen. Oder man fasst es etwas liberaler an, zum Beispiel beim Corporate Design des Landes Niedersachsen, denn hier sind außer der Hausschrift Frutiger auch deren Clones zugelassen.

Die gravierenderen Beschränkungen bei der Schriftwahl sind durch die Drucktechnik gegeben, da Verfahren wie Tief- oder Siebdruck auf Grund ihrer Rasterung einige Schriften von vornherein ausschließen. Das sind zum Beispiel alle mageren Schriften, die sich ohne Qualitätseinbußen nicht drucken lassen, insbesondere leichte Antiquatypen in normaler Lesegröße. Diese Schriften sind auch problematisch, wenn sie in der Zeitung gedruckt werden sollen, da der hochtourige Rotationsdruck mit dünnflüssigen Farben auf rauem Papier schon eine Menge Typen ausschließt. Diese Hemmnisse gelten verstärkt, wenn der Text in einer kleinen Negativschrift auf einem vierfarbigen Fond steht, da nur eine der Farben im Passer ein wenig ungenau zu sein braucht, und schon ist die Lesbarkeit perdu. Und das Passerproblem tritt bei einem Tiefdruck mit an Sicherheit grenzender Wahrscheinlichkeit auf, wie man jeden Montag in Spiegel oder Focus sehen kann.

178

Eingedenk des Primats, dass Designer immer auch daran denken sollten, was später mit ihren Entwürfen passiert, gilt dies auch für die Schriftwahl und die Fragen: »Was passiert mit dem Entwurf? Wo und wie wird er später sichtbar gemacht?« Bei Verpackungen ist zum Beispiel auf die mikroskopisch kleine Wiedergabe oder auf den »Kratzfaktor« zu achten: Eine leichte Avant Garde hat sicherlich nicht das Idealschriftbild für einen Zementsack, der auf der Baustelle einen robusten Umgang erfährt. Die Büroautomation und hier insbesondere das Faxgerät schaffen jede Schrift, zuerst trifft es Antiquatypen unter 12 Punkt. Das lässt sich noch vereinfachen, indem als Vorlage ein aschgraues Umweltpapier dient. Fotokopieren oder faxen Sie Schmirgelpapier, das optische Ergebnis ist das gleiche.

Zu guter Letzt sind Fragen zum späteren Stand einer Schrift sinnvoll: »Wird sie auf einem unruhigen, einem farbigen, einem gerasterten oder einem grauen Untergrund stehen?« Sind diese Faktoren gegeben, ist Vorsicht geboten, weil der Fond die Schrift optisch völlig aufsaugen oder unlesbar machen kann. Problematisch sind hier leichte, kleine und hellfarbige Schriften. Als Leseprobe kann ein Laserdruck mit einer Auflösung von 300 DPI dienen, denn was hier übel aussieht, wird später mit Sicherheit danebengehen.

3 Problemfeld Kontrastanzeige: Eine Schrift muss sich deutlich von ihrem Untergrund abheben, sonst ist Schluss mit der Lesbarkeit. Problematisch sind hier alle unruhigen Untergründe sowie Fonds, die in Bezug auf Farbigkeit und Helligkeit der Typografie zu nahe sind.

2 Problemfeld Kaffeesatzlese: Ein harter und grober Raster ist der Tod jeder kleinen oder feinen oder negativ gesetzten Schrift. Hier wurde alles getan, um dem Notfalldienst seine Arbeit zu erschweren. Positiv anzumerken ist hingegen, dass es eine Outlineschrift, und dann noch die Bauhaus getroffen hat, denn die verdient es nicht anders.

Ähnliche, technisch bedingte Faktoren spielen bei Schriften eine Rolle, die am Monitor gelesen werden. In Bezug auf den Farbfond hilft nur systematisches Testen, indem die Schriften und Farbflächen in den Tönen eines gewählten Farbsets angelegt und miteinander kombiniert werden. Am Besten wird der Test je einmal mit und ohne Antaliasing ausprobiert (hier werden die Kanten der Schriften weichgezeichnet, indem aus der Schrift- und der Hintergrundfarbe Zwischenfarbtöne erzeugt werden). Zu bedenken ist bei der Testreihe, dass die Farbdarstellung und -wirkung von Mac und Windowsrechnern unterschiedlich ist. Grundsätzlich gilt aber in Web- und Printdesign das Gleiche: Kleinteilige, unruhige und kontrastarme Fonds sind der Tod jeder kleinen Schrift.

Der Umfang einer Schriftfamilie kann bei der Auswahl mit entscheidend sein. Bei einem belletristischen Werk spielt das zwar keine Rolle, sehr wohl aber bei einem wissenschaftlichen Buch oder einem Schulbuch mit starker Auszeichnungshäufigkeit. Mindestens drei Fetten mit dazugehörigen Kursiven und möglichst einem Kapitälchensatz sind hier ratsam. Ähnliches gilt für Schriftfamilien, die journalistisch und werblich genutzt werden, da hier ein größerer Bereich an typografischen Funktionen abgedeckt werden muss.

Liebhabern von Details oder Corporate-Design-Schriftentscheidern ist die Wirkung der einzelnen Familienmitglieder in verschiedenen Schriftgrößen nicht unwichtig. Eine im Schriftmuster mit 16 Punkt dargestellte Type sieht unter Umständen bei 8 oder 84 Punkt anders aus. Dies gilt besonders für klassizistische Schriften, die sich mit ihren Größen auch in der formalen Wirkung verändern oder in kleinen Graden leseunfreundlich sein können. Bei konsultierend gelesenen Büchern wie Nachschlagewerken ist der möglicherweise kostenträchtige Raumbedarf erheblich wichtiger als die Lesefreundlichkeit, da diese Werke ohnehin mit einer hohen Motivation aufgeschlagen werden. Ganz anders bei einem gut gesetzten Roman oder einem bibliophilen Werk, denn hier soll nichts das Lesen stören. Welche dieser Kriterien in welchem Maße gewichtet werden, ist stark unterschiedlich. Daher ist es sinnvoll, vor einer »wichtigen« Schriftentscheidung einige »Pflichtpunkte« zu definieren.

4,5 Im Setzen nichts Neues: Einige Branchen haben »Hausschriften«, die vom einzelnen werbetreibenden Unternehmen völlig losgelöst sind. Berüchtigt ist hier die Pflegekosmetik-Industrie: Logos, Anzeigen, Verpackungen – hier sieht immer alles irgendwie nach Optima aus. Die blaue Headline belegt, dass Kontrastarmut die Lesbarkeit herabsetzt.

Allerdings ist Zeitungsschrift auch dann nicht gleich Zeitungsschrift und Buchschrift auch dann nicht gleich Buchschrift, wenn bloß die technisch-formalen Kriterien erfüllt sind. Hinzu kommen noch die nicht ganz so einfach fixierbaren Auswahlkriterien ästhetischer Natur und die Fragen: »Wie sollen das Unternehmen, die Zeitung, die Zeitschrift oder das Produkt wirken? Und in welchem, durch Branche oder Zielgruppe definierten, ästhetischen Umfeld bewegen sie sich?« Hier kann eine typografische Milieustudie höchst aufschlussreich sein, denn eine genaue Betrachtung zeigt, dass innerhalb eines Umfeldes gewisse Schriftartenvorlieben bestehen: So hat die Medizin den gleichen Hang zur schmalfetten Grotesken wie Baumärkte, Discountläden, Wirtschafts- und Sportzeitschriften. Pflegeprodukte sowie Kirchen haben es mit optima-ähnlichen Derivaten, und Uhrenhersteller neigen zur klassizistischen Antiqua.

Bei den eher emotionalen Kriterien der Schriftwahl sind typografische Trends ein wichtiger Punkt. In den letzten Jahren ist verstärkt zu beobachten, dass neben kurzzeitigen Schriftauszeichnungsmoden auch bestimmte Schriften für ein oder zwei Jahre besonders häufig auftreten. Dies waren zum Beispiel – in der Reihenfolge ihres Auftretens – die Trixie, die Meta, die Thesis, die Scala Sans, die Bell Gothic und derzeit die Quay Sans. Auffallend ist dabei, dass sich die Einsatzgebiete aktueller Schriften immer mehr überlappen und dass sich selten eine Antiqua unter ihnen befindet. Eine Schriftwahl unter Trendgesichtspunkten ist schon ganz o. k., wenn bedacht wird, dass die eigene Arbeit nicht Gefahr laufen darf, in Bälde »alt auszusehen«. Und man darf sich nicht dran stören, dass viele Kollegen das Gleiche machen.

Ein weiteres, gerade für den Entwurf von Büchern wichtiges Schriftwahlkriterium ist das Wissen um den Autor, sein Umfeld, seine Epoche und der von ihm bearbeiteten Materie. So wäre es einfach haarsträubend, ein Werk Luthers in der Bodoni zu setzen, weil sie erst Jahrhunderte nach ihm entstand und weil ihr kühl-rationales Wesen garantiert nicht dem herben Temperament Martin Luthers entspricht. Aber auch das Gegenteil, das Überangepasste kann schlimm werden: Vermisst wird zum Beispiel immer noch ein Buch über das Bauhaus, dass nicht in Akzidenz-Grotesk oder Futura gesetzt ist.

Wer nun seine Schriftfamilien fürs Leben gefunden hat, sollte noch einmal sein Augenmerk schärfen, denn nun steht die Versionssuche an. Es gibt, gerade bei den Klassikern, ungezählte Spielarten von Schriften, die den gleichen Namen tragen: So existieren Scharen von Bodonis, Garamonds, Baskervilles, Walbaums ... Ihnen allen ist gemeinsam, dass sie bestimmte »zitierfähige« Gestaltungsmerkmale des historischen Originals tragen, ansonsten aber häufig in den Proportionen, den Fetteabstufungen und im Lauf mächtig voneinander abweichen. Es gilt also, die Schrift inklusive ihrer Abstammung exakt zu definieren oder zumindest eine Eingrenzung vorzunehmen.

In diesem Zusammenhang noch eine Erfahrung aus dem Schaffen als Corporate Designer: Kunden lassen sich gerne eine neue Hausschrift vorschlagen und setzen sie in der Regel auch bei ihren Drucksachen ein. Häufig endet das typografische Empfinden aber beim Geldbeutel, wenn es um den Erwerb von Korrespondenzschriften geht. Kunden kaufen so gut wie nie Schriften für ihre Rechnersysteme, bloß weil der Designer sie toll findet. Es gibt zwar einige Gegenbeispiele, dennoch muss man leider sagen: »Vergesst es einfach – als gute Designer müsst ihr auch aus vorhandenem Murks etwas Brauchbares machen können.«

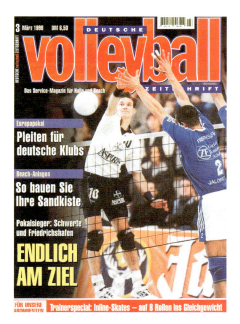

6–10 Spiel ohne Grenzen: Oft teilen mehrere völlig unterschiedliche Branchen ihre Schriftvorlieben, da sie mit den gleichen Eigenschaften operieren. So erfreut sich die schmalfette Grotesk dort großer Beliebtheit, wo Aktivität und Kraft, manchmal auch Lautes und Billiges herausgestrichen werden.

Medikamente zum Beispiel sollen kraftvoll wirken, Maschinen für die anonymen Baumarktabhängigen desgleichen und der Sport sowieso. Mit diesen Eigenschaften bewusst eng verbunden wird oft das Antielitäre und Billige. Dadurch ist der schmalfette Schrifttypus die erste Wahl bei Boulevardzeitungen und Sonderangeboten.

Gleiche Schrifttypen gehen oft mit gleichen Farben und einem gleichen Seitenaufbau einher. In der Regel entsprechen die Farben der aktiven Wirkung der Schmalfetten: Es sind kraftvolle und leuchtende Töne in kontrastreichen Kombinationen, hier sind Orange/Schwarz und Rot/Blau (gerne mit einem gelben Fleck) sehr beliebt.

Die Layouts entsprechen dem Aktionsdrang, indem sie stark auf Kontrast layoutet sind oder die Seiten mittels Diagonalen beleben, bei denen die oft etwas unruhigen Bilder die Headlines oder Flächen teilweise überlagern. Die Typgrafie ist in der Regel dazu passend linksbündig und rhythmisch angeordnet.

183

Aktiv oder integriert
Schriftauszeichnung mit System

11 Ein Übermaß an Schriftauszeichnung verhindert die sachliche und differenzierte Aufnahme von Texten. Da sich die Zuweisung der Schrifttypen und die Auszeichnungsordnung nicht erschließen, wird eine Bewertung der Dienstleistungen sowie ihrer Qualitäten ebenfalls erschwert.

Manchmal kennt man es aus dem Unterricht oder von Lehrveranstaltungen, bei denen der Professor das Wort Vorlesung etwas zu wörtlich nimmt: Da vorne redet jemand ausschließlich mit monotoner Stimme und hat obendrein eine Mimik und Gestik mit dem Eros eines Cassettenrecorders. Zur Strafe schlafen alle Lernberechtigten ein und müssen sich den Stoff dann aus Büchern anlesen. Auf unser Gebiet übertragen, gleicht das Beispiel dem einer Zeitschrift, die zwar Bilder enthält, aber ausschließlich mit einer Grundschrift in einer Textgröße auskommt – egal ob für den redaktionellen Teil, die ganzseitigen Anzeigen oder die Titelseite. Was not tut, ist eine stimmliche bzw. typografische Modulation, eine Möglichkeit der visuellen Wertung und Leitung sowie ein Spannungsbogen – eine Hervorhebung oder Auszeichnung.

Typografische Auszeichnungen heben die Aufmerksamkeit des Betrachters, machen das Layout für ihn interessanter, leiten ihn durch die Inhalte und schaffen gegebenenfalls einen größeren Leseanreiz. Die Methoden sind mannigfach, meist wird mit dem Auszeichnen das Abweichen von der Grundschrift, das Ändern des Schriftgrades oder der Einsatz von Farben verstanden. Streng genommen fällt der Satz von Überschriften bzw. Rubriken oder das räumliche Trennen von Textblöcken darunter, aber das wird ab Seite 204 gesondert behandelt.

Im Wesentlichen werden zwei Auszeichnungsarten unterschieden: die integrierte Auszeichnung und die aktive Auszeichnung. Bei der integrierten Auszeichnung werden Abweichungen von der Grundschrift so vorgenommen, dass sie erst beim Lesen des Textes bemerkt werden. Darunter fallen Kursiv- und Kapitälchenschriften mit Minuskelziffern, Versalsatz und eventuell noch der gesperrte Satz, bei dem Typografen jedoch Bauchschmerzen bekommen. Die aktive Auszeichnung hingegen ist bereits beim Betrachten einer gesetzten Seite sichtbar, weil sie sich in der Schriftstärke, der Schriftbreite oder -größe von der Grundschrift abhebt. Hinzu kommen in diesem Bereich abweichende Schriftarten, Unterstreichungen, Symbole, farbliche Hervorhebung oder Verzerrrungen.

Kursivschriften – die für die Schmetterlinge im Bauch

Die Kursivschrift hat ein bevorzugtes Einsatzgebiet und eine Wirkung, die heute noch auf ihrem Ursprung beruht. Sie kam um 1500 als Adaption der bei den Humanisten beliebten Cancellaresca Corsiva, einer von Hand geschriebenen Urkunden- und Kanzleischrift, in das Druckwesen. Ursprünglich wurde die schmal laufende Kursivschrift als eigenständige und raumsparende Schrift verwendet.

Ihrem Ursprung entsprechend hat die Antiquakursive einen starken Bezug zur Handschrift sowohl in Bezug auf ihre Anmutung als auch auf die reine Form, die flüchtiger und bewegter als bei der aufrechten Antiqua ist. Ihr annähernd gleicher Grauwert harmoniert mit dem der Grundschrift, bremst aber an den hervorzuhebenden Stellen den Lesefluss etwas ab, ohne dabei den Leserhythmus zu stören.

Die Kursive ist heute überwiegend die bevorzugte Schrift zur integrierten Textauszeichnung, als allein stehende Schrift wird sie bei Headlines und bei kürzeren Texten mit einer persönlichen Note gewählt, zum Beispiel bei Vorworten. In linear zu lesenden Texten dient die Kursive hauptsächlich zum Hervorheben von Literatur- und Eigennamen oder von fremdsprachlichen Begriffen und Zitaten, weil dem Leser das Umschalten auf die andere Sprachform erleichtert wird. Eine weitere Anwendung bilden in den Text eingeschaltete Gedichte und andere von ihm abweichende Literaturformen. Soll hingegen ein kursiver Text ausgezeichnet werden, so geschieht dies genau umgekehrt, mit der aufrechten Antiqua nämlich.

Im werblichen und im journalistischen Bereich gibt es einige, ebenfalls auf der handschriftlichen Wirkung und ihrem zarten Duktus beruhende, Lieblingsthemen für die kursive Antiqua-Headline: Immer wenn weiche, persönliche und gefühlvolle Erlebnisqualitäten betont werden sollen, ist sie das erste typografische Darstellungsmittel. Besonders bevorzugt sind hier die Bereiche Genuss, Natur, Liebe und Reisen, bei den beworbenen Gütern gesellen sich hochpreisige Lebensmittel, Kosmetika und Kleinkinderprodukte hinzu. Alle kursivprädestinierten Branchen haben zweierlei gemeinsam: Zum ersten handelt es sich um überflüssige, aber vermeintlich hochwertige und relativ teure Produkte.

12 Mit der Englischen Schreibschrift wird – im Wortsinne – das Gefühl angesprochen. Das Traumensemble wird getragen von einem Fries fotografischer Ausschnitte, die so allgemein gehalten sind, dass sie für eigene, gefühlvolle Assoziationen offen bleiben. Die obere Hälfte der Anzeige könnte auch für ganz andere Produkte werben, ebenso steht die untere Hälfte in ihrer Härte für sich. Die zierlichen Preise halten das Ganze zusammen. Typisch: Fahrzeughersteller lieben Versalien neben ihrem Logo.

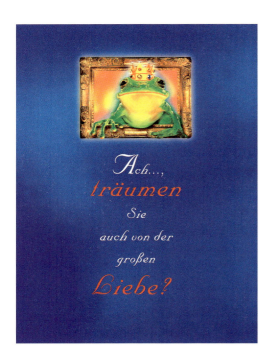

13 Kursive Antiqua- sowie Schreibschriften sind verstärkt dort anzutreffen, wo es um Gefühle und Träume geht. Kaum eine Liebesgeschichte, kaum ein Artikel über Weihnachten, Gärten, klassische Musik oder Poesie, der nicht von einer entsprechenden Kursivheadline gekrönt würde. Und sei es (wie hier) eine Anzeige für ein Feinwaschmittel.

14 Einer der mit Träumen und Sehnsüchten am meisten behaftete Bereich ist das Reisen. In dieser hässlichen Anzeige kommt eine Lieblingsanwendung der Kursivschrift voll zum Tragen: Reiseunternehmen, Flug- und Schiffsgesellschaften, Hotels, Städte und Urlaubsländer greifen daher gerne auf die Antiquakursive zurück.

Zum zweiten werden fast alle erwähnten Produkte von Frauen erworben – und die Reiseentscheidungen fällen sie sowieso. Es ist geradezu auffallend, dass Erzeugnisse, die von Versorgerinnen gekauft werden, in einem erstaunlich hohen Maße mit Kursiven typografiert werden. Ist das nicht albern?

Auch bei den kursiven Groteskschriften gibt es einen bevorzugten, ebenfalls auf der Anmutung beruhenden Bereich, denn Groteskkursive wirken kraftvoll und dynamisch. Dementsprechend sehen die Vorkommen aus: Sie ist anzutreffen, wenn es um Sport, um Action, Bewegung und Spannung geht.

Aus der Perspektive der reinen typografischen Lehre betrachtet, gibt es ein paar Das-ist-aber-unfein-Regeln: Da Antiquakursive weich und kalligrafisch wirken, sind formale Widersprüche »verboten«: Gesperrte Kursive würden sofort ihren gleichmäßigen Lauf aus aneinander hängenden Zeichen verlieren, und Kursivkapitälchen konterkarieren durch ihre schräge Kantigkeit die sanfte Anmutung. Alles verboten – es sei denn, der Verstoß macht doch noch Sinn oder stellt einen typografischen und gestalterischen Gewinn dar.

[Das Raster mit Leben füllen] *Schriftauszeichnung mit System*

15 Lebensmittel gehören zum persönlichen und privaten Umfeld. Sie sollen ein Genusserlebnis bieten und oft als sofort wirksame Stimulanzien dienen. Deshalb bieten sich Kursiv- und Schreibschriften als visuelle Botschafter geradezu an, wobei die Faustregel zu sein scheint: Je industrieller die Produktion, desto persönlicher wirkt die Typografie.

16 Brei, Fläschchen und Windel werden nicht gekauft, weil sie besonders nahrhaft, ausgereift oder trockenlegend sind, sondern weil sie die unmittelbaren Bedürfnisse ihrer User direkt erfüllen müssen. Erst wenn diese zufrieden sind, sind es auch die Eltern. Diese sehr auf Emotionen basierende Funktion ist ein klarer Fall für die Antiquakursive.

Kapitälchenschriften – die für das Kapital

Die zweitwichtigste integrierte Auszeichnung ist der Satz von Kapitälchen. Er ist in den letzten Jahren immer häufiger sichtbar und auch als Groteskkapitälchen anzutreffen. Kapitälchen haben zwar eine stärkere Auszeichnungswirkung als die Kursiven, der Leserhythmus wird aber durch das Fehlen von Ober- und Unterlängen abgebremst, da ein normales Lesen mittels Erfassen von Silben nicht möglich ist. Die Lesbarkeit und die optische Wirksamkeit von Kapitälchen lässt sich durch Spatiieren oder Spationieren, also durch das minimale Erweitern des Buchstabenabstandes, beträchtlich erhöhen.

Richtige Kapitälchen sind nicht einfach verkleinerte Versalbuchstaben, selbst wenn man sie in vielen Programmen erzeugen kann, indem die Versalien einfach auf eine Zweidrittelgröße skaliert werden. Das Verkleinern wirkt sich auch auf die Strichstärken aus, die beim proportionalen Verkleinern magerer werden. Derart erzeugte unechte Kapitälchen fallen innerhalb eines in der Grundschrift gesetzten Textes auf und durch. Was bei diesen aus echten Kapitälchen gesetzten Zeilen durchaus nicht der Fall ist.

Echte Kapitälchen, die für alle neuen und viele klassische Schriften verfügbar sind, haben eine Strichstärke, die derjenigen normaler Gemeinbuchstaben entspricht. Darüber hinaus ist das Schriftbild der echten Kapitälchen etwas offener und breiter als das der unechten.

Die Auszeichnungsmöglichkeiten mit Kapitälchen sind vielfältig: Sie werden im Fließtext häufig zum Hervorheben von Eigen-, Autoren- oder Ortsnamen sowie zum Satz von Kolumnentiteln und römischen Ziffern gewählt. Auch der Einstieg in ein neues Kapitel kann mit einer Kapitälchenzeile ansprechend gestaltet werden: Das Hervorheben der ersten Wörter oder der ersten Zeile eines Absatzes ist vor allem dann sinnvoll, wenn dieser mit einem Initial beginnt, da die Kapitälchen einen ästhetisch schönen Übergang zum Haupttext herstellen.

17 Teure Uhren und kostbarer Schmuck verkörpern neben ihren tatsächlichen auch immer emotionale Werte: Präzision, Ewigkeit und Solidität. Das sind Eigenschaften, die in der Form und Anmutung von Kapitälchenschriften ihre ideale Entsprechung finden.

[Das Raster mit Leben füllen] *Kapitälchen*

18 Geschichtsbücher, Politikerbiografien oder Werke über Religion sind häufig in Kapitälchen gesetzt, besonders wenn die Inhalte oder Personen dem konservativen Spektrum nahe stehen. Das Staatstragende ist auch in entsprechenden Corporate Designs sichtbar: Kaum ein Anwalt oder eine Regierung verzichtet auf ihre Kapitälchen oder Versalien.

19 Banken haben (neben ihrer Vorliebe zur fetten Grotesk) einen Hang zu Kapitälchen weil diese Stabilität, Edles und Distanziertes zugleich ausstrahlen. Dem entsprechend sind derartige Anzeige meistens farblos oder blau-schwarz gehalten. Falsche und kursive Kapitälchen sind überflüssig.

20 Ungewöhnliche Fahrzeuge, und hier besonders teure englische und amerikanische Wagen, werden gerne mit Kapitälchen beworben. Die Schrift unterstreicht das Souveräne, Exklusive und Luxuriöse, dass die (vor allem männliche) Kundschaft mit dem Wagenkauf verbindet.

Einen schmalen Fuß machen in Kapitälchen gesetzte Marginalien oder Zwischenüberschriften (besonders wenn sie im gleichen Schriftgrad und Zeilenabstand wie der Haupttext gesetzt sind). Ihrer repräsentativen Wirkung wegen sind Kapitälchenschriften auch zum Entwurf von Geschäftsausstattungen geeignet.

Im werblichen und im journalistischen Bereich gibt es einige Lieblingsgebiete für Kapitälchen, ebenfalls auf deren repräsentativer und statischrationaler Wirkung beruhend. Sie sind überwiegend dort anzutreffen, wo es um eine Menge Geld, um Edles, um technisch Hochwertiges geht, zum Beispiel in der Werbung für Banken und deren Finanzprodukte, für luxuriöse Uhren oder für seltene, besonders ausländische Fahrzeuge. Im Corporate Design erfreuen sich die Kapitälchenschriften darüber hinaus eines regen Gebrauchs bei staatlich-repräsentativen Stellen und Berufen, Notaren und Rechtsanwälten zum Beispiel. Bei den Schriftauszeichnungen lohnt übrigens immer ein Blick nach deren Vorkommen auf Buchtiteln: So finden sich Kapitälchen häufig auf historischen und politischen Werken wieder. (Es gibt kaum ein Buch von bzw. über Helmut Kohl, das nicht mit Kapitälchen betitelt wäre.)

Es folgt ein mageres Kapitelchen über fette Kapitälchen, denn auch hier gibt es eine Reihe typografischer Das-ist-aber-unfein-Regeln, die aus der Beachtung formaler Widersprüche resultieren: Schmale, schmalfette, fette und kursive Kapitälchen laufen der feierlich-repräsentativen Wirkung entgegen und sollten daher nicht verwendet werden. Diese Regel gilt mit der Einschränkung, dass eine der genannten Formen wirklich gut aussieht und doch noch Sinn macht.

Versalschriften – die für den Statiker

Die dritte integrierte, also erst beim Lesen deutlich sichtbare Schriftauszeichnung, ist der Versalsatz, also der Satz in Großbuchstaben. Er sollte, abgesehen von Überschriften und ähnlich kurzen Textpassagen, der Auszeichnung vorbehalten bleiben, da reiner Versalsatz schwerer lesbar als gemischter Satz oder Kapitälchensatz ist: Der Satz muss fast buchstabiert werden, wobei die deutsche Sprache aufgrund ihrer langen Wörter eine Hürde für diese Auszeichnung darstellt. Amerikanern scheint dieses Problem weniger Kopfzerbrechen zu bereiten, wie man an ihren Buchtiteln, Filmplakaten und -nachspannen sehen kann.

Ein gelungener Versalsatz zeichnet sich zunächst einmal durch ein ruhiges Zeilenband aus. Da aber die Versalien in der Regel so zugerichtet sind, dass sie unmittelbar links neben Gemeinbuchstaben stehen, führt unausgeglichener Versalsatz zu einem unrhythmischen, löchrigen Satzbild. Deshalb wird in der Regel die Laufweite ein wenig erhöht, damit die größeren Buchstabeninnenräume der Versalien gut mit ihren Zwischenräumen korrespondieren. Erst wenn die Innenräume von C, D, G, O und Q keine Löcher mehr in das Schriftbild reißen, gilt der Satz als ausgeglichen. Steht ein weißer Text auf einem dunklen Fond, ist das Erhöhen der Laufweite noch zwingender, weil negative Buchstaben eine größere Leuchtkraft haben als positive.

Durch seinen kastenartigen Look ist eine Versalauszeichnung auffallender als die anderen integrierten Hervorhebungen. Eine Möglichkeit des harmonischen Zusammenfügens ist, die Schriftgröße der Versalauszeichnung gegenüber der Grundschrift um einen Punkt zu vermindern. Das geht ganz gut, weil die Grundstrichstärken der Großbuchstaben häufig um 10 Prozent kräftiger als die der Gemeinen sind. Gleiches gilt für versalhohe Ziffern, die die Kontonummernblöcke von Briefbögen in normaler Schriftgröße übergewichtig erscheinen lassen.

21 PKWs haben drei Dinge gemeinsam: Vier Räder, ein Lenkrad und Werbung in Versalien. Abgesehen von Fahrzeugwerbung die sich direkt an eine weibliche Zielgruppe wendet, ist über die Hälfte der Anzeigen für KFZ und KFZ-Zubehör mit Großbuchstaben betitelt.

Versalschriften [Das Raster mit Leben füllen]

Die üblicherweise anzutreffenden Verwendungen für den Versalsatz sind mit denen für die Kapitälchen identisch, sei es im Verlagswesen, im journalistischen oder werblichen Bereich. Versalien, hier insbesondere Antiquaversalien, sind die Erhabenheit schlechthin, zu sehen als Capitalis Quadrata an jedem Triumphbogen. Großbuchstaben versinnbildlichen das Streben nach Höherem und sind demzufolge häufig bei Produkten anzutreffen, deren Einzigartigkeit oder Noblesse über Gebühr herausgestrichen werden soll.

Ein anderer Gesichtspunkt für die Wahl von Versalien ist ihre statisch-rationale Wirkung; sie werden daher gerne für Produkte eingesetzt, deren Finanzierung schon einer sehr guten Erklärung (gegenüber der Familie) bedarf. Werbung für Güter und Dienstleistungen, deren Kaufentscheidungen statistisch gesehen eher von Männern gefällt werden, sind zu einem Großteil in Versalien oder Kapitälchen ausgezeichnet. Vermutlich weil beide einfacher aussehen.

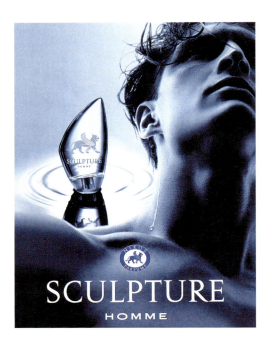

22 Versalien bilden das typografische Rückgrat der Werbung für männliche Konfektion, Parfums und Pflegekosmetika. Die Großbuchstaben drücken das Zurückhaltend-Elegante und Konservative ebenso gut aus wie das Edle und Luxuriöse dieser Produkte.

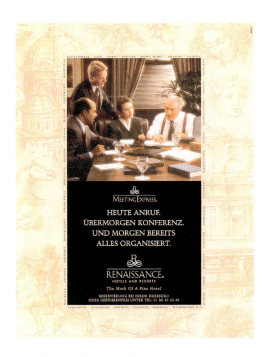

23 Anzeigen aus dem gehobenen Business-Bereich haben oft ein paar Gemeinsamkeiten: Sie sind wortreich, haben wenig Farben, viel Weißraum und sind in Versalien gesetzt. Die Auszeichnung unterstreicht das Beständige und Seriöse, das mit dieser Branche verbunden wird.

24 Die harte Tour: Gediegenheit und Bewahrung alter Werte, veranschaulicht durch Doppelrahmen mit Zeichnungen, durch Weichzeichnerfoto und sofabraunes Farbklima. Kongenial ist die typografische Weiterführung durch Mittelachse und (unausgeglichenem) Versalsatz.

[Das Raster mit Leben füllen] *Fette Schriften*

25 Fette Schrift wirkt durch ihre Schwere. Wird diese im Layout hinreichend zur Geltung gebracht, erhält eine fette Headline einen ausgesprochenen Signalcharakter. Schade ist, wenn zu viele gleichwertige Inhalte und visuelle Elemente zusammenkommen, weil sie sich dann neutralisieren.

Fette Schriften – die für den ganzen Kerl

Mit dem Einsatz von stärkeren Schriftschnitten wenden wir uns den aktiven Auszeichnungen zu, den Hervorhebungen, die bereits beim Betrachten einer Seite auffallen. Heute muss eine neue Groteskfamilie oder eine stilistisch neutral gehaltene Antiquafamilie, sofern sie auch für den journalistischen Bereich geeignet sein soll, über ein großes Fettenspektrum verfügen. Mit der Anzahl der Stärken kommt ein Benennungsproblem auf uns zu, weil Bezeichnungen wie Halbfett oder Fett relativ sind, denn sie hängen von der Stärke der Grundschrift und deren Einsatzzweck ab. So kann eine fette Buchschrift daher ebenso schwer erscheinen wie eine andere Schrift, die unter dem Namen »Halbfett« geführt wird.

Fette Schrift macht das ebenmäßige Satzbild unruhig und fleckig, sie neigt dazu, eine Auszeichnung eher blickfangartig zu betonieren als zu betonen. Innerhalb eines Fließtextes tut man also gut daran, nur wirklich wichtige Passagen halbfett oder fett hervorzuheben, da die Signalwirkung sonst zu schnell abnützt und die Aufmerksamkeit der Leser auf Nebensächliches gezogen wird. Aus diesem Grunde und der Lesbarkeit wegen ist es wenig sinnvoll, längere Textpassagen in fetter Schrift zu setzen: Das Lesen fetter Schriften ist auf Dauer anstrengend und führt zum vorzeitigen »Ausstieg« des Lesers.

Wenn ein Werksatz durch Überschriften gegliedert werden soll oder gut sichtbare Stichwörter oder Merksätze vorkommen, ist eine fette Auszeichnung genau richtig. Halbfette Auszeichnungen hingegen sind für Tabellen und Zwischenüberschriften gut einsetzbar, wobei der Verbleib im Schriftgrad der Grundschrift recht gut aussieht. In einem Werksatz sollten fette und halbfette Kursivschriften nur sparsam verwendet werden, am besten nur dann, wenn der Text selbst entweder in Halbfett/Fett oder Kursiv gesetzt ist. Wie immer mit dem Vorbehalt, dass diese Maßgaben hier nicht richtig sind, wenn ein »Verstoß« zu einem besseren Ergebnis führt.

26 Fett gesetzte Headlines funktionieren besonders markant, wenn der Zeilenabstand bis in den Minusbereich reduziert wird. Die Wirkung wird jedoch verschenkt, wenn die gesamte Anzeigentypografie fett gesetzt ist und das Layout à la »In-allen-vier-Ecken-soll-Liebe-drin-stecken« gestaltet wird.

193

Fette Schriften [Das Raster mit Leben füllen]

27 Eine fette Grotesk-kursive verleiht einer Headline immer Dynamik. Diese Wirkung kann durch Zeilenfall und unterschiedliche Schriftgrößen zusätzlich betont werden. Sind Layout wie Typografie ebenfalls kontrastreich gehalten, ist das Ergebnis eine klare und kraftvolle Einheit.

28 Der von Zeit zu Zeit auftretende Trend, fette oder halbfette Schriften in Grau wiederzugeben, operiert mit einer Kontrastarmut, die den Leser in den Text zwingt. Diese Wirkung lässt sich durch ein unruhiges Schriftbild steigern. Die Frage ist allerdings, ob die Leser denn die Anzeige auch lesen wollen.

Im journalistischen und werblichen Layout sind für die Fetten andere Maßstäbe anzulegen. Fette Schriften, hier sind speziell Groteskschriften gemeint, ziehen den Blick an und wirken durch ihre Schwere kraftvoll, laut und dynamisch, besonders bei den schmalfetten Grotesken. Die Blickfangfunktion wird vor allem bei den Überschriften wirksam, deshalb ein kleiner Tipp: Fett gesetzte Überschriften sollten mit einem reduzierten Zeilenabstand gesetzt werden, weil die Headline dadurch als kompakte Einheit besser wahrgenommen wird. Überhaupt ist es so, dass der Zeilenabstand bei fett gesetzten Zeilen wegen des Hell-/Dunkelkontrastes größer wirkt als bei normalen oder leichten Schriften. Bei einzelnen, nicht an einen Standardzeilenabstand gebundenen, fetten Textabschnitten ist also zu überlegen, ob deren Zeilenabstand nicht etwas reduziert werden kann.

Etwas schwierig ist der Einsatz von fetten Antiquaschriften in der Werbung, weil sie oft zu breit und zu plump wirken. Klassische Antiquas wurden in ihren Ursprüngen nie mit fetten Auszeichnungen entworfen, so dass besonders die fetten Barock- und Klassizismusschriften jede Eleganz vermissen lassen und im Abbild stark an einen Entenpopo erinnern. Bei den neueren Antiquaschriften der letzten Jahrzehnte ist das Problem weitgehend behoben, wenn man davon absieht, dass die Schriftzeichen der meisten fetten Headlines zu breit aussehen. Dazu ein kleiner Tipp: Die gesamte Headline sieht eleganter aus, wenn sie ein klein bisschen gestaucht wird, wenn also die Schriftzeichen auf zirka 95 Prozent verschmälert werden (und die Laufweite eventuell um einen winzigen Betrag angehoben wird). Das ist typografisch zwar streng verboten, führt bei vorsichtiger Anwendung aber oft zu einem besseren Resultat.

29 Weiße Schrift auf einem hellen Grund wirkt leicht und zurückhaltend – schade nur, dass sie dann schlecht zu lesen ist. Um gut lesbar zu sein, sollte möglichst auf Versalien und auf Blocksatz versichtet werden. Auch eine leichte Erhöhung der Buchstabenabstände würde hier Wunder wirken.

Negativschriften – die für den Augenarzt

Negativschriften fallen ganz eindeutig in den Bereich der aktiven Auszeichnung, wobei es weniger die Schriften sind, die schon beim Betrachten einer Seite auffallen, sondern eher der Fond, auf dem sie stehen. Diese Wechselbeziehung von Fond und Typografie ist es, die Negativschriften interessant oder zum Schrecken werden lassen. Denn was grafisch attraktiv wirkt, muss noch lange nicht gut lesbar sein. Wie auf Seite 179 beschrieben, kann ein ungeeigneter Hintergrund die Aufnahme des Inhaltes wirkungsvoll sabotieren, besonders wenn er unruhig oder zu kontrastarm ist. Nicht unbedingt besser wird es, wenn der Text auf einem schwarzen Untergrund steht, da die Farbe Weiß die Eigenschaft hat, schwarze Flächen zu überstrahlen. In Bezug auf den Satz bedeutet dies, dass eine Negativschrift unscharf und zu eng gesetzt wirkt. Soll das vermieden werden (und das sollte es wirklich), sind negative Schriften zu spationieren, also in ihren Buchstabenabständen zu erweitern. Gleiches gilt für die Zeilenabstände, weil eine Negativschrift mit großem Zeilenabstand deutlich besser lesbar ist.

Negativsatz hat ein Problem, das immer dann auftritt, wenn ein grafisches Prinzip zu mächtig wird und somit auch für fette Schriften oder Alphabete gilt, deren Buchstabenformen sehr ähnlich sind: Der Leser muss sich mehr auf die Schrift als auf den Inhalt konzentrieren – er wird damit zum »Jäger des verlorenen Satzes«.

Gott sei Dank sind Negativschriften selten als Fließtext anzutreffen (wenn man von Ausrutschern in Focus, Geo, Spiegel und Stern absieht), sondern auf Headlines und manchmal auf Bildunterschriften beschränkt. Ihre Funktion beziehen sie aus ihrer Wirksamkeit als Blickfang, zum Beispiel in Boulevardblättern. Um diese Funktion nicht abzumildern, wird zur Erzielung des größtmöglichen Kontrastes geraten: Schrift und Umfeld müssen kontrastierende Farben haben, und die Proportionen, die Formen und deren Größen sollen sich in der Wirkung steigern.

30 Die lausige Lesbarkeit von Negativschriften lässt sich instrumentalisieren: Ist die Grafik ansprechend und weckt das Bildmotiv die Neugierde, werden die Leser versuchen den Text zu entziffern. Ist dieser allerdings blöde, machen sie sich die Mühe kein zweites Mal.

31 Negativschriften bieten sich für eine lebhafte und kraftvolle Gestaltung an. Gut, wenn die Typografie durch verschiedene Schriftstärken, Schriftgrößen und den Zeilenfall das kontrastreiche Layout mitträgt. Zum Problem Lesbarkeit: Die Leseleistung von Negativschriften wird durch Versal- oder Kapitälchensatz gemindert.

[Das Raster mit Leben füllen] *Farbige Schriften*

Farbige Schriften – die für teuer oder billig

Ein weiteres Mittel der Auszeichnung ist die Farbe. Sie hat einerseits einen starken visuellen Reiz und somit einen hohen Aufmerksamkeitswert. Andererseits kann sie aus eben diesem Grunde eine Botschaft ruinieren, wenn sie durch falschen Farbeinsatz unseriös wirkt. Gemäß den auf Seite 132 beschriebenen Anhaltspunkten ist zu bedenken, dass die Wirkung einer Farbe sehr stark von ihrem Umfeld abhängig ist. Wichtig ist vor allem die Farbwirkung durch das Papier, denn die Tönung des Papiers sowie seine Beschaffenheit lassen eine farbige Auszeichnung völlig unterschiedlich zur Geltung kommen. Auf einem matten oder leicht getönten Naturpapier werden Farben grundsätzlich wärmer und gedeckter als auf einem hochweißen Bilderdruckpapier erscheinen. Ebenso entscheidend sind die Flächen- und Farbanteile: Farbe wirkt als Fond wesentlicher dunkler und kräftiger, denn als Schrift, besonders, wenn diese in kleineren Graden gesetzt wird. So kann eine im Farbfächer knallrote Farbfläche als Schrift zu Schlüpferrosa mutieren. In jedem Fall ist zu bedenken, dass eine Schrift ihre Farbwirkung mit ihrer Stärke und ihrer Dimension ändert: Ist sie groß und fett, ist sie auffallender und präsenter; ist sie klein und mager, wirkt sie zurückhaltend bis blässlich, weil sie vom Weiß des Untergrundes überstrahlt wird.

Monitore und viele Farbdrucker (besonders Tintenstrahldrucker) sind als Probedrucker für eine genaue Wiedergabe wenig geeignet, besonders, wenn farbige Drucke auf einem Naturpapier simuliert werden sollen: Die Bildschirme sind quasi Lampen und scheiden dadurch als Proofmedium sowieso aus. Dafür neigen die meisten herkömmlichen Drucker zu einer idealisierten und »schönen« Farbausgabe – die zwar das Herz erfreut, aber mit dem späteren Druckausfall nur wenig zu tun hat.

32 Farben bieten sich in der Typografie zum inhaltlichen gliedern und rhythmischen gestalten zugleich an. In diesem Artikel des Zeit-Magazins über die Pizza-Connection (ein Treffen von CDU- und Grünen-Politikern) werden die Farben für das Zuordnen der Gesprächspartner und das lebendige Layout eingesetzt.

33 Eine markante Typografie ist ein hervorragendes Bindeglied für Serienlayouts, egal ob in der Werbung oder für Periodika: Farben sind hierbei ein sehr gutes Gestaltungsmittel. So wurde in dieser Anzeigenserie mit jedem Motiv die Auszeichnungsfarbe gewechselt, während die Fondfarbe konstant blieb.

197

Farbige Schriften [Das Raster mit Leben füllen]

34 Die Wahl der Schrift bestimmt auch die Wirkung ihrer Farben. Wird eine feine und elegante Schrift eingefärbt, bleibt auch die Farbe entsprechend hell und leicht. Der Fond leistet ähnliches, weil eine helle Schrift auf einem hellen Hintergrund zurückgenommen aussieht, auf einem dunklen Fond hingegen kräftig leuchtet.

35 Harmonische und in der Farbwahl geschlossene Layouts lassen sich erzielen, indem die Farben für die Schrift und die grafischen Elemente mit der »Pipette« aus den Fotos herausgemessen werden. So findet sich das dunkle Grün in den Bäumen, und das Beige im Weg hinter der Brücke wieder.

Sperrung, Schattierung & Co. – Typografie aus dem Giftschrank

Der menschlichen Phantasie ist in Bezug auf das Schmücken keine Grenze gesetzt – Gott sei Dank oder leider – abhängig davon, wie das Ergebnis aussieht. Mit einer besonderen Variante kann man eben viel falsch machen oder einen gekonnten Effekt erzielen. Die folgenden Beispiele sind eher dazu gedacht, darauf hinzuweisen, dass Ungewöhnliches oder normalerweise »Verbotenes« als Stilmittel durchaus seine Berechtigung hat. Das Ergebnis muss ja nicht jedem gefallen – besonders jenen nicht, denen das regelgerechte Setzen als höchstes Gut gilt.

Etliche Hervorhebungen sind ihrer eingeschränkten Lesbarkeit wegen verschmäht – und sind genau deswegen als Blickfang oder zur Bildung von verbindenden Konstanten geeignet, die mehrere Layouts augenfällig miteinander verknüpfen. Spiegelverkehrte Schriften, Sperrungen und Zerrungen, Schattierungen und PhotoShop-Filter haben eben einen eher bildhaften Zugang zur Schrift. Aber gerade wenn mit ihnen gespielt wird und wenn der Betrachter sich beim Entziffern etwas anstrengen muss, bleibt die Headline besser hängen. Eine Maßgabe sollte sein: Das Endprodukt darf dem inhaltlichen und gestalterischen Konzept nicht widersprechen, es muss also möglichst »Sinn machen«. Einfach nur hingewollte Grafik sieht wirklich schlecht aus, oder, wie es ein Kollege so schön ausdrückt: »Wo viel Schrift, ist viel Schatten!«

36 Schriften vergurken ist generell übel. Ausnahme: Wenn die Modifikation Sinn macht, die inhaltliche Aussage verstärkt wird und das Ergebnis gut aussieht, ist schriftenverkrumpeln manchmal in Ordnung. Hier wird die Geschwindigkeit gut visualisiert. Was zum Henker ist bloß ein schneller Film?

Sperrung, Schattierung & Co [Das Raster mit Leben füllen]

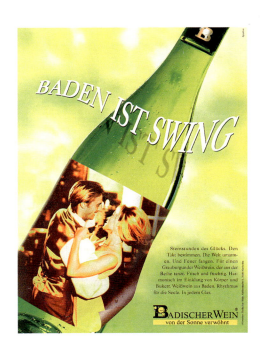

38 Jeder Typograf weiß, dass das Sperren von Schriften verboten ist. Dennoch kann es innerhalb eines Designkonzeptes berechtigt sein. Wenn die Generallinie ein ungewöhnliches, kontrastreiches, eher experimentelles und dynamisches Layout vorgibt, werden auch Regelverstöße eingebaut.

37 Kaum ist die Flying-Logo-Kultur im Fernsehen beendet, kommt sie durch die Printmedien wieder zum Vorschein. Auch wenn der Satz entlang einer in die Weiten des Alls weisenden Linie typografischer »Worst-Case« ist, so funktioniert er mit seiner Bildhaftigkeit hervorragend als verbindendes Element von Kampagnen und Serien.

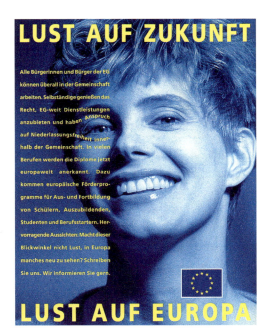

39 Innerhalb von seriellen Entwürfen sind typografische Auszeichnungen interessant, die sich erst auf den zweiten Blick erschließen. Sind sie einmal gelernt, werden sie vom Betrachter immer wieder gesucht. In diesem Rahmen haben Schriftmodifikationen ihre Berechtigung.

[Das Raster mit Leben füllen] *Schriftmischung*

Schriftmischung – für Rhythmus und Leben

Eine der häufigsten Arten der typografischen Auszeichnung ist das Mischen unterschiedlicher Schriften. Die Gründe dafür, und somit die gestalterische Bandbreite, hängen vom Zweck der Schriftmischung ab. In Publikationen, und hier insbesondere in journalistischen Periodika, wird die Mischung der Schriften durch ihre typografischen Funktionen als Headline, Bildunterschrift, Dachzeilen usw. bestimmt. Auch in Büchern hat die Schriftmischung neben ihrer bildhaften Wirkung vor allem eine ordnende Funktion, bei der sich unterschiedliche Schriftfamilien in harmonischer Weise ergänzen müssen. Hier sind zuweilen Gliederungen, Querverweise und Ergänzungen anzutreffen, die den Leser leiten und ihm ein selektives Lesen ermöglichen.

Bei dieser Art der Schriftmischung ist es möglich, ein paar grobe Empfehlungen für die Schriftmischung zu geben, weil sie auf gelernten Anwendungsregeln beruhen, die vom Leser mühelos verstanden werden. Solange diese Konventionen eingehalten werden, funktionieren die Kriterien der Schrift-Partnerwahl. Die erste Maßnahme bei der Suche nach mischbaren Familien ist das Aufspüren von Verbindendem und Trennendem, und zwar in gleichem Maße: Einerseits erfordern die Gesetze der Harmonie einen Gleichklang, andererseits muss der Unterschied zwischen den Schriften sofort sichtbar sein, damit überhaupt ein Kontrast entsteht.

Beides ist am ehesten gegeben, wenn verschiedene Schriften ein und desselben Typedesigners verwendet werden, denn sie haben, wie jeder andere Designer auch, stilistische Eigenheiten, die sich durch ihr ganzes Œuvre ziehen. So sind in sehr unterschiedlichen Alphabeten eines Schriftdesigners die gleichen Vorlieben für bestimmte Zeichenformen, Strichstärken, Weiten, Höhen, Kontraste und Abstände zu finden, auch über die Klassifikationsgrenzen hinweg.

40 Die beliebteste Schriftmischung – das kleine Gedeck der Typografen sozusagen – ist der Mix von Antiqua und Grotesk. Im Idealfall haben sie Trennendes und Verbindendes in gleichem Maße. Die Gemeinsamkeit lässt sich auch über die Schriftauszeichnung herstellen, zum Beispiel durch die Farbgebung oder den Versalsatz in den Headlines.

41 Die Doppelseite aus der deutschen Ausgabe der Rolling Stones zeigt, dass Schriftmischungen dann besonders interessant werden, wenn sie sehr gegensätzlich sind. Die coole, überdimensionierte Grotesk erdrückt fast die zittrige modifizierte Schreibschrift, deren S Fraktur-Elemente aufweist. Zwischen Bild und Schrift bestehen formale Ähnlichkeiten: Der gruftige Akzent der Schrift entspricht der sich in der Kutte verbergenden Erscheinung von Patti Smith, wiederholt sich noch mal in der Zeile des Fotografen. Die angedeutete Hintergrund-Architektur wirkt ebenso blockig wie die gestopften Schriftblöcke. Für den Fließtext wurde die Antiqua gewählt, wieder ein Kontrast zur groben Grotesk.

Die Mischung von Schriften eines Schriftdesigners ist zwar recht kommod, führt in der Regel aber zu sehr braven Ergebnissen, die zuweilen eher einer erweiterten Schriftauszeichnung gleichkommen. Soll das Mischungsergebnis kräftiger sein, ist die Suche nach Verbindendem und Trennendem auf augenfälligere Merkmale auszudehnen. Schriftbreiten sind hier ein guter Anhaltspunkt, da sie die Optik insgesamt stark beeinflussen. So lassen sich gleich laufende Grotesk- und Antiquaschriften gut mischen. Ebenso verhält es sich bei gleichen vertikalen Proportionen, zum Beispiel, wenn die Mittellängen recht klein ausfallen, die Ober- und Unterlängen hingegen groß. Bei gleichen Grundformen hingegen ist der Kontrast oft schon wieder zu gering, kann aber sehr spannend sein, wenn jede der beiden Schriften eine deutlich andere Fette aufweist.

Damit kommen wir zur plakativeren – und damit optisch deutlich interessanteren – Schriftmischung. Sie wird angewandt, um ein Gestaltungselement besonders hervorzuheben, um eine Arbeit mittels visueller Gegensätze zu beleben oder um eine emotionale Steuerung des Betrachters vorzunehmen. Für diesen Bereich sind feste Regeln nur bedingt brauchbar, da die Gründe für einen Schriftenmix zu unterschiedlich sind.

[Das Raster mit Leben füllen] *Schriftmischung*

42 Spannend sind Mischungen, deren Schriften keine gemeinsamen grafischen Merkmale tragen, sich aber dennoch in der Anmutung ähnlich sind. So wirken beide Partner dieser Schriftmischung kraftvoll und dynamisch und steigern sich dadurch gegenseitig in der Wirkung.

43 Das Spannungsfeld in Bezug auf Trennung und Gemeinsamkeit kann sehr weit gefasst sein: So wirkt die Schreibschrift dieser Anzeige ebenso linear wie die Grotesk und hat etwa die gleichen Proportionen bei Mittel- und Oberlängen. Haben beide Schriften einen Stand, aber andere Farben, kommt noch ein kleines Rhythmuselement hinzu.

44 Statt nach trennenden und verbindenden stilistischen Gemeinsamkeiten zu suchen, kann auch der ganz harte Bruch erwogen werden: Zwei Schriften miteinander zu kombinieren, wie sie gegensätzlicher nicht sein können. So ist der obere Teil der Anzeige durch seine Kalligrafie im freien Zeilenfall das Gegenteil der mittelachsialen Blöckchenschrift.

203

Und die Inhalte?
Typoelemente im Raster

Ein Biologiefilm, der mich als Schüler stark beeindruckte, zeigte Experimente, mit denen der Orientierungssinn von Vögeln erforscht wurde. In einer Versuchsreihe wurden den Piepmätzen halbierte Tischtennisbälle oder Ähnliches über die Augen geklebt. Anschließend sollten sie ihren Weg finden – was sie auch prompt und zielsicher taten. Ich hingegen verlief mich stets, besonders auf dem Weg zur Schule.

Eigentlich besteht kein Grund zum Neid auf die Orientierungsleistungen der nach Süden strebenden Vögel, denn ähnliche Leistungen werden täglich von Millionen Kindern erbracht, wenn auch bei minimalem Körpereinsatz. Schlagen Sie einfach einmal ein Lehrbuch für Englisch, Französisch oder Italienisch auf (es kann auch ein anderes Schulbuch sein oder das Gesangbuch der bayerischen evangelischen Kirche): Sie werden mit einer Unzahl typografischer Auszeichnungen konfrontiert, die von aberwitzig kleinen Zeichnungen, grafisch aufbereiteten Merksätzen, Icons und tabellenartigen Gebilden begleitet sind. Neben der auf den Inhalt bezogenen Auffassungsgabe wird der jugendlichen Leserschaft eine hochkomplexe Orientierungsleistung abverlangt. Und sie weiß diese uns Erwachsene verwirrende grafische Vielfalt zu verstehen und damit umzugehen. Kein Wunder, dass die Brut mühelos Filmen folgen kann, die offensichtlich im Mixer geschnitten wurden.

Auf das Verstehen und Interpretieren von üblicher Typografie bezogen können die Leser das meiste aufgrund von gelernten Konventionen richtig einordnen: Sie wissen zum Beispiel, welche Zeilen in einer Zeitschrift die Überschriften oder Dachzeilen darstellen und welche als Bildunterschriften, Einleitung oder Fließtext fungieren. Das funktioniert unabhängig von der Sprache, der Schrift (russische, arabische, indische Zeitungen etc. haben den gleiche Aufbau), dem Inhalt oder dem Grafikdesign. Kurz: Das einmal erworbene Wissen über die Typografie ist unabhängig vom Inhalt und vom kulturellen Background anwendbar.

Auf diesen Raster in den Köpfen können wir uns bei unserer Arbeit so lange stützen, wie wir im üblichen typografischen Umfeld bleiben. Das bedeutet nicht, dass wir uns im Layout selbst beschränken müssen, im Gegenteil: Wenn die Leser die typografierten Inhalte einordnen und lesen können, bleibt uns mehr Freiraum für das Design. Zudem haben die typografischen Gestaltungselemente neben ihrer eigentlichen Funktion auch immer eine ästhetische Komponente, denn schließlich ist es nicht egal, wie die Headline, die Marginalie oder die Bildunterschrift aussieht. Innerhalb des typografischen »Verständnisrahmens« ist jede Menge Raum für eigene Designlösungen, für das Spiel mit Schriften, Größen, Formen und Farben. Dass die Ergebnisse dann oft nicht in unseren Gestaltungsraster passen, ist eine andere Geschichte.

Überschriften – sagen, was Sache ist

Überschriften haben inhaltlich eine relativ einfache Funktion, die mit einem großen Freiraum in der Gestaltung einhergeht. Zunächst markieren Überschriften lediglich den Beginn eines neuen inhaltlichen Abschnitts und erleichtern dadurch die Orientierung im Text sowie die Entscheidung, ob jemand den folgenden Text überhaupt lesen will. Daneben geben sie durch ihre optische Signalwirkung den Seiten eine Gliederung, in der die Artikellängen erkennbar sind, die Seiten ruhiger oder lebhafter erscheinen und die Leser durch das Blatt oder die Broschüre geleitet werden.

Dabei haben die Größen, Fetten und anderen Auszeichnungen eine Steuerungsfunktion, die bei Gelerntem ansetzt. Zum Beispiel bei der Tageszeitung: Große Headlines stehen in der Regel über wichtigeren Artikeln, Kommentarüberschriften sind oft kursiv gesetzt, die Headlines des Feuilletons hingegen aus einem leichten Schnitt. Der Sportteil ist zwar mit fetten Überschriften versehen, allerdings sind diese im Unterschied zum allgemeinen Politik- oder Kommunalteil linksbündig und aus einer Groteskschrift gesetzt. Diese Üblichkeiten sind von den Lesern ebenso gelernt wie die Größenverhältnisse in Headline-Gebilden, denen zufolge die Überschriften etwa ein Drittel größer ausfallen als etwaige Dachzeilen oder Subheadlines. Keine Regel ohne Ausnahme: Die Zürcher Zeitung verzichtet in ihren Überschriften auf jegliche Unterscheidung oder Gewichtung.

45 Headlines sind hervorragende Rhythmuselemente, die durch ihre Größe, Stärke und Farbe das Layout gliedern und den Blick des Betrachters – meistens auf ein Foto – leiten. Die Kulturzeitung De:Bug zeigt die Überschriften zudem als hervorragendes Medium zur Farbanordnung, weil sie zusammen mit den roten Infokästen ein Wechselspiel ergeben.

Für die Gestaltung von Headlines haben sich einige typografische Gewohnheiten herausgebildet, deren Berücksichtigung die Arbeit vereinfacht. Ausgehend davon, dass eine Überschrift als kompakte Einheit wahrgenommen wird, sollte zunächst der Zeilenabstand reduziert werden, wobei der kompresse Satz ein gutes Ausgangsmaß ist (kompress bedeutet, dass die Maßangaben von Zeilenabstand und Schriftgröße identisch sind). Unter Umständen ist dieser Abstand, besonders bei ultrafetten Schriften, immer noch zu großzügig, so dass der Zeilenabstand geringer als die Schriftgröße ausfallen kann. Eventuell passen dann die Headlines nicht mehr in den vorgegebenen Zeilenraster; dann muss eben eine andere einheitliche Lösung gefunden werden, bei der der Satzspiegel unbedingt einzuhalten ist.

Überschriften [Das Raster mit Leben füllen]

Oft wirken normale Schriften als Headlines etwas zu breit und behäbig. Hier hilft eine leichte Reduktion der Zeichenbreiten um etwa 5 Prozent weiter. Das ist zwar streng verboten, sieht aber manchmal besser aus. Bei den horizontalen Bemaßungen großer Überschriften oder Initialen kann die Vorbreite, also der nicht druckende Raum links des einzelnen Schriftzeichens, problematisch werden, weil die betreffenden Zeichen im Druck zu weit nach rechts gerückt erscheinen. Dementsprechend kann es sinnvoll sein, große Headlines oder Initialen so zu setzen, dass sie etwas links außerhalb des Rasters beginnen und mit dem Fließtext optisch bündig stehen.

Überschriften werden in der Regel im Flattersatz gesetzt; zum einen, um einen guten Kontrast zum Fließtext zu bilden, zum anderen, weil eine im Block gesetzte Headline unterschiedliche, unordentlich aussehende Wortzwischenräume mit sich bringt.

Nun sind die allseits bekannten Überschriftordnungen den Lesern im Allgemeinen geläufig – und wirken schon zu abgenutzt, wenn das Aktive, Lebendige und Pulsierende grafisch in den Vordergrund rücken soll. Soll eine Überschrift einen Seriencharakter haben oder als Aufmacher für eine Artikelstrecke dienen, ist es hilfreich, sie so zu gestalten, dass sie auf den Folgeseiten ein Eigenleben entfalten kann. Hier bieten sich neben grafischen Elementen, Farben und besonderen Schriftgrößen vor allem Schriftarten an, die auch in Initialen oder Seitenansprachen repetiert werden können. Gleiches gilt für den Stand einer Überschrift: Obwohl üblich und durch den Namen impliziert, muss eine Überschrift nicht immer oben stehen – sie kann ebenso gut am Fuß einer Seite oder mittendrin positioniert sein oder auch vertikal verlaufen. Ein gekonnter Zusammenklang aller dieser Elemente sichert die visuelle Tragfähigkeit einer Überschriftenkomposition auch über eine große Strecke.

Für viele Bereiche reicht eine Überschriftenebene inhaltlich nicht aus, so dass Unterüberschriften (merkwürdiger Name: unter oder über?) oder Subheadlines benötigt werden. Gestalterisch sind sie an die Headlines angelehnt, indem sie wichtige typografische Parameter wie die Satzart oder die Headlinefarbe übernehmen. In Bezug auf den Gestaltungsraster werden die Subheadlines praktischerweise jedoch in das Zeilenregister integriert (siehe Seite 38).

[Das Raster mit Leben füllen] *Überschriften*

46 Soll es zurückhaltender sein, reicht es, auf die Fette in der Headline zu verzichten – ihre Größe reicht auch bei drei Überschriften zur Differenzierung aus. Das Journal für die Frau zeigt (wie immer) einen kreativen Umgang mit Headline und Initiale – schön, dass ihre Höhe genau über die Dachzeilen reicht. Wer sagt eigentlich, dass Überschriften immer oben stehen müssen?

47 Die klassische Überschrift in ihrer aktiven Variante: Schmalfette Schrift ist durch ihre Kompaktheit ein guter Farbträger und bietet sich für den Rhythmus Schwarz – Farbe – Schwarz – Farbe etc. an. Die Schriftfarben sind aus dem Foto der Zeitschrift Petra ausgemessen, deren Fotomodell das Aktive durch ihre Körperhaltung zusätzlich betont.

48 Eine besonders große Headline ist eher grafisches Element als reiner Informationsträger. Die englische Zeitschrift Glamour verknüpft sie gerne mit Formen und Farben, die dort erstmals vorgestellt werden, und dann den folgenden Inhalt begleiten. Eine neben einem Porträt stehende Headline entfaltet ihre größte Wirksamkeit auf Augenhöhe.

49 Das Jugendmagazin Jetzt ist für seine Headlinetypografie – hier in einer bildnerischen Variante – bekannt. Die Fette und Größe machen die Buchstaben zu bedrohlichen Grafikelementen, deren Komposition zum geraden Bildaufbau passt und den Hell-dunkel-hell-Rhythmus schön fortsetzt. Der Blick einer fotografierten Person auf die Überschrift lässt diese kraftvoller wirken.

Initialen – der schicke Start

Ein Initial ist ein Anfangsbuchstabe, der durch seine Größe, seine Schrifttype oder seine Farbe und Ausschmückung klassischerweise den Beginn eines neuen Textes, Kapitels oder Gedankengangs markiert. Aber auch nur klassischerweise, denn seit einigen Jahren ist zu beobachten, dass in vielen Layouts die Initialen in Form eines Dreiecks angeordnet sind oder sich zumindest diagonal gegenüberstehen. Und die Wahrscheinlichkeit, dass immer drei Gedankengänge auf einer Seite stehen und dann noch an den gleichen Positionen beginnen, ist ja wohl eher gering. **Kurz:** Initialen übernehmen immer mehr eine reine Schmuckfunktion im Sinne einer aktiven typografischen Inszenierung. Ihre Wirkung ist dabei vom grafischen Umfeld abhängig, denn eine ruhige Seite braucht nur einen geringen Aufwand, damit das Initial zur Geltung kommt.

Üblicherweise wird ein Initial aus der normalen oder halbfetten Schrift des Fließtextes gesetzt, wobei es den Raum von drei oder fünf Zeilen einnimmt und bündig mit der untersten dieser Zeilen abschließt. Darüber hinausgehend beginnt dann der typografische Feinschliff, zum Beispiel durch das Versetzen der linken Satzkante über den Gestaltungsraster hinaus, damit eine Serife oder Ähnliches leicht über die linke Satzkante ragen kann und der Satz gleichmäßiger wirkt. Oder man setzt den Fließtext auf der rechten Seite des Initials so, dass er dessen Buchstabenkontur folgt.

Es gibt nahezu unendliche Spielmöglichkeiten mit Initialen: Etwa durch die Wahl einer abweichenden Schriftart und das Wiederaufnehmen der Headlineschrift oder -farbe im Initial. Es kann auch eine ganz andere Schrift sein oder ein Anfangsbuchstabe in einem besonders gestalteten Feld oder gar eine Abbildung. Manchmal lassen sich die Autoren zu einem Spiel überreden, dann ergeben die Initialen hintereinander gelesen ein Wort oder einen Sinn, oder alle Initialen sind aus dem gleichen Buchstaben, oder die Initialen nehmen mit dem Fortschreiten des Artikels rapide zu. Oft sind besondere Schmuckformen anzutreffen, zum Beispiel wenn Bildunterschriften ihr eigenes Initial erhalten, dessen Formen und Farben besonders gut mit dem jeweiligen Bild harmonieren.

50 Die Gestaltung eines Initials hängt von seinem Inszenierungsgrad ab. Gute Aufmerksamkeit ohne großen Aufwand erzielen ungewöhnlich große Kleinbuchstaben. Stehen sich, wie auf dieser Seite des Journal für die Frau, ein Initial und ein anderes großes Element gegenüber, und das in gegensätzlichen Formen, ist der Aufbau perfekt.

51 Initialen müssen nicht unbedingt aus Buchstaben gesetzt sein, denn auch Bilder, Symbole oder Ziffern können diese Funktion übernehmen. Das Journal für die Frau verbindet Bilder und Ziffern in einer klassischen Dreiecksanordnung – allerdings in einem etwas eigenwilligen Spaltenraster. Und das in einem Artikel, in dem es um das Schaffen von Ordnung geht.

52 Eine ruhiger gestaltete Seite der Petra, auf der wichtige Zutaten des Seitenlayouts klassisch arrangiert sind. Das Initial bildet den Auftakt und wird durch eine gleichartige, diagonal positionierte Seitenansprache aufgenommen; beides wird durch eine Bildunterschrift zum Dreieck ergänzt. Das Bild ist fein eingepasst, weil es durch die Körperhaltung und den Blick alle drei Elemente ansteuert.

53 Je größer ein Initial ist, desto mehr wird es zu einer reinen Grafik, die in der Regel einen großen Weißraum für sich beansprucht. Diese Seite der Zeitschrift Weltbild zeigt eine gute Einheit aller Elemente: Alle Flächen, Bilder und Textteile sind großflächig, großzügig und grafisch-gerade angelegt. Das Initial spiegelt dies mit seiner klaren Form gut wieder.

54 Das ehemalige FAZ-Magazin zeigte häufig kleine Spezialitäten der Initialtypografie. Eine Besonderheit (auch nach diesen Maßstäben) waren diese Initialen aus Moniereisen. Zum einen bilden sie einen guten Kontrast zu dieser sehr linearen Typografie, zum anderen wird diese durch die Form und Farbe der Moniereisen aufgegriffen.

55 Die Originalausgabe der Musikzeitschrift Rolling Stone hat einen eigenen Umgang mit Typografie, der sich dadurch auszeichnet, dass alle Bestandteile zur jeweiligen Musik passen. In diesem Artikel über die Country-Rock-Band Wilco wurde um alles mehrfache Schmuckrahmen gelegt. Hier hat das Initial die bloße Aufgabe, dieses Prinzip aufzugreifen und zu verstärken.

Seitenansprache [Das Raster mit Leben füllen]

56 Ist eine grafische Form gefunden, lässt sie sich mühelos repetieren, wobei gilt: Je einfacher die Form, desto anpassungsfähiger ist sie. Die britische Glamour zeigt dies in einer simplen Variante, denn die wenigen gemeinsamen Merkmale der Seitenansprache sind ihre Kistenfarbe, die Typo darin sowie das vorsichtige Überschreiten des Satzspiegels, die sie mit dem Foto verbindet.

Seitenansprache – der kleine Einblick

Seit einigen Jahren hat sich im journalistischen Bereich eine eigene typografische Sonderform etabliert, die Seitenansprache. Sie steht im oder über einem Haupttext, greift zitierend Passagen auf und gibt diese typografisch hervorgehoben wieder. Dadurch bietet sie nach der Headline einen weiteren Leseanreiz für den Text, zum Beispiel indem sie seine inhaltliche Tendenz besonders betont. Diese Form wird besonders gerne verwendet, um visuell impulsarme Zeitschriftenseiten, etwa solche mit Interviews oder Streitgesprächen, aktiver gestalten zu können. Dabei sind die Texte oft nicht mit dem originalen Wortlaut identisch, sondern reduzieren ihn sinngemäß auf die Länge von Headlines.

Auch der Satz ist dem von Überschriften angenähert, hat also reduzierte Zeilenabstände und manchmal eine minimal reduzierte Zeichenbreite. Die Schriften der Seitenansprachen entstammen in der Regel den Schriftfamilien der Headline (aber einem mageren oder schmalen Schnitt) oder dem Fließtext (mit einem kursiven oder fetteren Schnitt). Oft sind die Seitenansprachen in An- und Abführungszeichen gesetzt, von einem Rahmen umgeben oder mit einem kleinen Foto der zitierten Person verknüpft.

In jedem Fall werden Seitenansprachen ihrer bildhaften Wahrnehmung entsprechend gestaltet, zum Beispiel durch das Aufgreifen der Headline- und Initialtypografie oder deren Farbigkeit. Ebenso wie ihre Impulsgeber lassen sich die Seitenansprachen selten in den Gestaltungsraster einpassen und müssen oft mittels einer einheitlich handhabbaren Sonderkonstruktion positioniert werden.

[Das Raster mit Leben füllen] *Seitenansprache*

57 Dieser Artikel im ehemaligen Spiegel-Reporter zeigt die klassisch-einfache Form der Seitenansprache: Ein in An- und Abführungen gesetztes Zitat wird durch seine Überschriftengröße überhöht. Dabei gilt die Faustregel, dass ein großes Bild eine große oder sehr präsente Seitenansprache benötigt.

58 Die wirksame Seitenansprache kann entweder einen Kontrast zu den anderen Elementen einer Seite bilden oder diese aufgreifen. In dem Magazin Futur des Aventis-Konzerns führen die Seitenansprachen das eckige, waagerechte und dennoch linear-bewegte Layout fort, indem sie sich den vorhandenen Formen und Farben anpassen.

211

59 Seit einigen Jahren sind zunehmend fette und längere Bildunterschriften zu sehen, die zuweilen die Funktion von (ohnehin sehr kurzen) Artikeln übernehmen. Auf dieser Geschenkseite der Petra ist gut zu sehen, dass sich die Bildunterschriften gut in die aktive Gestaltung integrieren und sich allein durch ihre Ausrichtung gut den Abbildungen zuordnen lassen.

Bildunterschriften und Marginalien – das Kleine groß herausbringen

Wir Menschen haben uns nach und nach eine neue Wahrnehmung für Bilder erworben und wurden damit auch in Bezug auf das Lesen neu sozialisiert. Das schlägt sich natürlich in der Gestaltung der von uns konsumierten Medien nieder, denn hier haben die Bilder dem Text häufig den Rang abgelaufen und ihn in den Printmedien zurückgedrängt. Gleichzeitig beeinflusst das journalistisch geprägte Layout das Design von Broschüren und teilweise von Büchern. Mit der Präsenz der Abbildungen erhält auch die Bildunterschrift eine neue Bedeutung, denn sie wird noch vor dem Fließtext gelesen und kann damit weitere Leseanreize bieten.

Die typografische Auszeichnung von Bildunterschriften hängt von deren Zweck ab. Soll sie lediglich ihrer beschreibenden Funktion in einem zurückhaltenden Layout gerecht werden, wird sie normalerweise in einem kleineren Schriftgrad der Grundschrift oder in ihrem Kursivschnitt gesetzt. Derzeit werden Bildunterschriften in einem aktiveren Layout wirksam inszeniert und sind daher in einem kleineren Schriftgrad und einer fetten Schrift gehalten. Mitunter stehen sie auch in eigenen Farbflächen oder -balken oder werden sogar mit einem eigenen Initial aufgewertet.

Des reduzierten Schriftgrades wegen werden auch die Zeilenabstände von Bildunterschriften vermindert; damit sind sie kaum in das Zeilenregister eines Gestaltungsrasters einzupassen. Hier ist es sinnvoll, einen einheitlichen Abstand zum Bild zu definieren, der in der Vertikalen etwa dem Raum zwischen den einzelnen Zeilen der Bildunterschrift entspricht. Ihre kurzen Zeilenlängen ermöglichen in der Regel nur einen Flattersatz, da bei einem Blocksatz die unregelmäßigen Wortzwischenräume zu sehr auffallen.

Bildlegenden, zum Beispiel von Diagrammen und Landkarten, werden meistens wie Bildunterschriften behandelt. Da sie aber oft mehrere Schriftstärken benötigen, ist es ratsam, diese an die Abstufungen des Fließtextes anzupassen.

[Das Raster mit Leben füllen] *Bildunterschriften und Marginalien*

60 Die Wirtschaftszeitschrift Impulse zeigt, dass sich unterschiedliche Dinge wie eine Bildlegende und eine Bildunterschrift mühelos verbinden lassen. Dazu bedarf es lediglich einer grafischen Klammer, die in Form und Farbe zur Abbildung passt. Eingebunden wird das Ensemble durch Achsen, denn die Bildunterschrift endet auf Initialhöhe und die Kiste schließt bündig mit dem Lead ab.

61 Ein Rahmen kann Dinge so verbinden, dass sie grafisch und inhaltlich zu einer Einheit werden. Wenn, wie auf dieser Seite des Spiegel-Reporters, die Bildunterschrift und das Konterfei durch eine gemeinsame Mittelachse verbunden werden, ist das Ensemble perfekt. Schön ist der diagonale Stand des Initials, weil dadurch die Strenge aufgehoben wird.

Als ergänzende Textform ist die Marginalie ebenfalls mit der Bildunterschrift verwandt. Unter einer Marginalie wird ein kurzer, gewöhnlich in den Außensteg gestellter Text verstanden, der sich auf eine im Haupttext stehende Stelle bezieht. Außer Randbemerkungen können Marginalien auch Randtitel, Zeilenzähler, Jahresangaben in geschichtlichen Büchern oder Paragraphen in juristischen Werken sein sowie Zitate und Hinweise auf Tafeln. Marginalien stehen aufgrund des benötigten breiten Randes meistens in einem großzügigen Layout und haben eine elegante Wirkung, der sich ihre typografischen Parameter unterordnen. Als Schrifttype kommt demzufolge meistens eine verkleinerte Grundschrift oder deren Kursive in Frage. Dabei wird der Zeilenabstand ebenfalls verringert und die obere Zeile der Marginalie liniehaltig mit der ersten Textzeile der Textstelle gesetzt, auf die sie Bezug nimmt. Damit lässt sich nur die erste Zeile der Marginalie in das Zeilenregister stellen. Klassischerweise werden Marginalien so im Flattersatz gesetzt, dass sie vom Haupttext aus wegflattern.

62 Eine Marginalie kann neben ihrer gestalterischen Aufgabe viele inhaltliche Funktionen erfüllen. In diesem Deutschlehrbuch des Klett-Verlages sind den Marginalien Aufgaben oder Worterklärungen zugeordnet, die sich jeweils auf den direkt danebenstehenden Text beziehen. Ihre spezifische Funktion wird durch die Schriftauszeichnung deutlich und ist schnell gelernt.

63 Eine Marginalie benötigt nicht unbedingt eine eigene Spalte, die ansonsten weitgehend frei bleibt. In diesem Artikel der Computerzeitschrift Wired ist die Seitenansprache/Marginalie fast komplett in den Fließtext geschoben. Dass sie dennoch gut sichtbar ist, liegt an ihrer abweichenden Auszeichnung und ihrer Farbe. Gut gelungen ist, dass beide Heftseiten eine Ausrückung etwa auf gleicher Höhe haben.

64 Auf der Seite des Slow-Food-Magazins ist gut zu sehen, dass eine Marginalie eine rein gestalterische Funktion übernehmen kann: Headline, Autorenzeile und Seitenansprache (Marginalie) bieten einen schönen vertikalen Rhythmus, dessen Takt in der Waagerechten durch die Folge von Marginalie, Illustration und Weinglas-Pegel auf dem Foto fortgeführt wird.

65 Das Werkverzeichnis des Berlin-Verlages zeigt, dass eine Marginalspalte als Container für sehr unterschiedliche Inhalte dienen kann: Ein Bild des Autors nebst seinem Kurzlebenslauf, eine knappe Inhaltsangabe sowie mögliche Marketingaktivitäten stehen in einer Reihung. Ihre Bestimmung wird durch Repetieren und Schriftauszeichnung deutlich.

Lead und Fußnoten – das A und O

Anfang und Ende eines Textes werden – räumlich gesehen – häufig durch zwei typografische Sonderformen markiert. Im journalistischen Bereich, aber auch zunehmend bei Broschüren und Büchern werden längere Texte mit einigen Textzeilen eingeleitet, die einen Kurzüberblick über das Folgende oder einen Leseanreiz bieten: dem so genannten Lead. Typografisch kann der Lead sehr unterschiedlich behandelt werden. In einem einfachen Layout wird er als ganz normaler Text gesetzt, der lediglich in einer halbfetten oder fetten Schrift gehalten ist. In aufwändigen Arbeiten kann ein Lead eine eigenständige Komposition sein, die in unmittelbarer Nähe zur Überschrift einen Übergang zum Fließtext bildet. Im ersten Fall ist der Bezug auf den Gestaltungsraster in jedem Fall gegeben, im zweiten gelten die Regeln für die optisch recht ähnliche Seitenansprache.

Das Ende eines Textes wird in wissenschaftlichen Werken oder Lehrbüchern häufig durch Fußnoten dargestellt. Fußnoten sind Erläuterungen, die entweder innerhalb des Satzspiegels am unteren Teil der Seite stehen, auf die sie Bezug nehmen, oder sie sind im Anhang eines Kapitels oder Werkes zu finden. In manchen Büchern sind sie so überbordend, dass das Bonmot vom deutschen Professor gilt, »der keinen Schritt tun kann, ohne eine Fußnote zu hinterlassen«. Fußnoten werden normalerweise wie der Fließtext gesetzt, allerdings mit verringertem Schriftgrad und Zeilenabstand. Das macht das Einpassen in einen Gestaltungsraster nicht leichter, da dieser nun von zwei Seiten her aufgebaut werden muss: Von oben kommt der reguläre Fließtext, während der Fußnotentext unten an der Satzspiegelunterkante beginnend nach oben ragt. Zwischen diesen beiden Texten sollte dann ein Zwischenraum von zirka einer Blindzeile stehen bleiben. Dadurch ist zum einen die optische Geschlossenheit der Kolumne gewährleistet, zum anderen wird ein versehentliches Hineinlesen in die Fußnote verhindert.

66 Es ist oft sinnvoll, die Typografie des Leads als visuelle Klammer noch einmal innerhalb des Textes zu wiederholen. Auf dieser Doppelseite der Lifestylezeitschrift Pur besteht die Korrespondenz zwischen dem Lead und den kleinen Subheads; bei Interviews werden gerne die Fragen in der Schriftauszeichnung und -farbe des Leads wiedergegeben.

67 Stehen mehrere Artikel auf einer Seite, lässt sich die Verbindung zusammengehöriger Elemente am besten über die Farben sowie die Ausrichtung der Schrift darstellen. Wie auf dieser Doppelseite der Mitarbeiterzeitschrift Impuls zu sehen ist, haben lange, und in fetter Schrift gesetzte Leads den Vorteil, dass sie besonders intensive Farbträger sind.

Fußnoten werden wie Fließtext gesetzt, aber mit veringertem Schriftgrad und Zeilenabstand.

Eingenordet – die Satzausrichtung

Mit der Ausrichtung ist die Anordnung und der Lauf von Textzeilen entlang von Achsen, zum Beispiel den Begrenzungen des Satzspiegels, gemeint. Hierbei sind weniger die maßtechnischen oder geometrischen Komponenten interessant, sondern die mit ihnen erzielte optische Wirkung: Mit der Ausrichtung von Zeilen können Eigenschaften wie Ruhe, Lebendigkeit, Reserviertheit oder Spannung ausgedrückt werden. Hier sind die Leser in Bezug auf ihre Erwartungshaltung – dem Raster im Kopf also – stark geeicht. Hier finden die auf den ab Seite 94 beschriebenen Wahrnehmungs- und Gestaltungsgrundlagen eine gut nachvollziehbare Anwendung.

68 In der ehemaligen Zeitschrift Weltbild ist über die Schriftausrichtung ein Gegenmittel geschaffen worden zu dem geraden, grafischen Aufbau, der durch die Körperhaltung, die Geste und den direkten Blick noch unterstrichen wird. Die Raumverteilung ist klar gelöst, die Headline folgt der Geste oder umgekehrt.

69 Diese Seite aus dem Journal für die Frau zeigt die relevanten Ausrichtungsarten auf einer Seite, wobei der rechtsbündige Satz eine für ihn typische Schwäche offenbart. Enthalten rechtsbündig gesetzte Zeilen Interpunktionszeichen (siehe linke Spalte), machen diese sich durch Löcher oder unruhige Kanten bemerkbar. Das lässt sich allerdings mit etwas Aufwand korrigieren.

Linksbündiger Satz

Der linksbündige Satz wird immer als lebendig und aktiv empfunden, beginnt er doch links an einer gleichmäßigen Satzkante und flattert mit seinen unterschiedlich langen Zeilen nach rechts aus. Dies gilt verstärkt bei einem mehrspaltigen und linksbündigen Schriftsatz, weil hier ruhige und unruhige Kanten direkt und kontrastreich aneinander stoßen. In einer seit einigen Jahren anzutreffenden typografischen »Kunstform« werden die linksbündigen Zeilen in abwechselnder Länge gesetzt: auf eine etwas kürzere Zeile folgt eine etwas längere, dann eine kürzere usw. Bei dieser Lang-kurz-lang-kurz-lang-Form entsteht ein optisch sehr angenehmes Grundrauschen, das aber ein paar Nachteile mit sich bringt. Zum einen müssen die Zeilen mühselig von Hand umbrochen und getrennt werden, was sich bei Korrekturen als fatal erweist, wenn der betreffende Text komplett und ein weiteres Mal bearbeitet werden muss. Zum anderen fordert diese Satzart den Lesern einiges ab. Klassischerweise werden alle Zeilen so getrennt und umbrochen, dass die Silbentrennung gemäß dem Wortstamm und -sinn erfolgt. Dies gilt beim linksbündigen Satz besonders, weil ein nicht sinngerechter Zeilenumlauf mit schlechten Trennungen eher sichtbar wird als beim Blocksatz.

In diesem Zusammenhang ist der Rausatz erwähnenswert. Darunter wird ein Flattersatz mit einer geringen Flatterzone verstanden, der zu einem ruhigeren Schriftbild führt. Er ist in der Form harmonischer als ein normaler Flattersatz, aber wegen der höheren Anzahl an Trennungen unter Umständen schwerer lesbar. Rausatz hat den gleichen Raumbedarf wie Blocksatz, womit wir bei einem kleinen Trick wären. Man kann im Flattersatz einzelne Zeilen, die fast bis an die rechte Satzkante reichen, als Blocksatz setzen. Damit lässt sich das Satzbild etwas harmonisieren, besonders bei mehrspaltiger Anordnung mit schmalen Zwischenschlägen. Darüber hinaus lässt sich noch manche Silbe auf die vorhergehende Zeile ziehen, weil ein Blocksatz den Wortzwischenraum reduzieren darf.

70 Die ehemalige Zeitschrift Weltbild fiel durch ihr interessantes Layout und die hohe Satzqualität auf. Hier ist gut zu sehen, dass sich mit einem linksbündigen Satz wahlweise ruhig oder lebendig setzen lässt. Dabei gewinnt ein Negativsatz zusätzlich, wenn er auf einem Farbfond steht, aus einer fetteren Schrift und mit einer großen Flatterzone linksbündig typografiert wird.

71 Linksbündiger Satz ist Bewegung pur, die sich durch den rhythmisierten Höhenunterschied der Spalten noch verstärken lässt. Ähnliches ist seit einigen Jahren – wie in dieser Designdokumentation – in der Mikrotypografie zu sehen: Auf eine längere Zeile folgt eine kurze, dann wieder eine längere, dann wieder eine kurze, dann wieder ... Das sieht gut aus, macht aber mächtig Arbeit wenn Korrekturen kommen.

Blocksatz

Ein Blocksatz ist ausgewogen, er hat den Charme, die Ruhe und die Neutralität eines Rechtecks. Damit ist seine gestalterische Funktion schon sehr umfassend beschrieben. Er ist ein absolut neutraler, vom Inhalt losgelöster Textcontainer, und deshalb die mit Abstand beliebteste Ausrichtungsart bei Büchern, Zeitungen und Zeitschriften. Bei Letzteren ist ein besonderer Murks anzutreffen, der darauf zurückzuführen ist, dass der Trend im Seitenlayout derzeit zu einer Vielzahl schmaler Spalten geht. Die Folge sind Satzbreiten von weniger als 30 Zeichen, so dass beachtliche Löcher in die Zeilen und Wörter gerissen werden. Aus dem gleichen Grunde sollen auch keine Überschriften, Marginalien und kurzen Bildunterschriften im Block gesetzt werden. Da ein Blocksatz durch seine Ruhe wirkt, sollte das Ziel die gleichmäßige Verteilung der Wortabstände sein. Dabei dürfen die Wortzwischenräume bis maximal 50 Prozent verringert bzw. auf 200 Prozent erweitert werden.

Um diesem Ziel eines ruhigen Satzbildes näher zu kommen, wird bei einem Blocksatz etwas mehr Großzügigkeit bezüglich der inhaltlich korrekten Silbentrennung nach Wortstämmen etc. geübt. Ein Blocksatz erhält eine geschlossenere Form, wenn Punkt, Komma, Bindestrich sowie die An- und Abführungszeichen ein wenig außerhalb der Satzkanten stehen. Die Satzmethoden, die zum Erreichen dieses Zieles notwendig sind, gelten als recht aufwändig, daher ist diese besonders profimäßige Form selten anzutreffen. Der hohe Aufwand muss allerdings nicht sein, da sowohl InDesign als auch FreeHand diese so genannte hängende Interpunktion mit einigen Einstellungen mühelos bewerkstelligen. Haben Sie in der Aufzählung Ihr bevorzugtes Satzprogramm vermisst? Uns geht es ähnlich: Wir vermissen in dem nicht genannten Satzprogramm auch vieles.

72 Blocksatz eignet sich hervorragend zur Darstellung von Ruhe, zum Beispiel in diesem harmonisch, aber nicht langweilig gestalteten Artikel der Zeitschrift Pur über Meditation. Dabei steht der Blocksatz in einem angenehmen Verhältnis zu den kürzeren – und damit linksbündigen – Zeilen. Auch die mittelachsial scheinende Headline mit den Dachzeilen fügt sich ruhig ein.

73 Purer Blocksatz wirkt wirklich kastenartig, besonders wenn die Bildformen oder Motive ebensolche Formen tragen und die Farben aus dem gleichen Klima kommen. Um die Starre zu gliedern, wurden in diesem Interview der Zeitschrift Pur die ebenfalls kastenartigen Fragen farblich und durch darüber stehende Blindzeilen abgesetzt.

Zentrierter Satz

Die auch »Mittelachsialer Satz« oder »Satz auf Mitte« genannte Satzform wird meist dann gewählt, wenn Zurücknahme oder Ehrfurcht dargestellt werden, weil sie durch das Vermeiden von Seitenrändern immer etwas losgelöst und abgehoben aussieht. Dem entsprechen die bevorzugten Einsatzgebiete Buchinnentitel, Überschriften im Feuilleton, Hochkultur-Plakate, Urkunden oder Briefpapiere von Kanzleien und Vorständen. Aus diesem Grunde sollte der Mittelachsensatz möglichst nicht in Verbindung mit dynamischerem linksbündigen Flattersatz verwendet werden, weil das aufgrund des inhaltlich-formalen Widerspruchs immer etwas unmotiviert aussieht. Zentrierter Satz ist lausig lesbar und bietet sich nur für kurze Textpassagen an, zum Beispiel für Überschriften oder Titelseiten. Wie gut, dass in diesen Bereichen ohnehin Vorsicht bei der Silbentrennung geboten ist, denn eine Trennung im Mittelachsensatz sieht ziemlich schlecht aus und liest sich auch nicht gut.

Die Leser beurteilen einen Satz auf Mitte auch nach seiner Form, denn die wird vom Betrachter wesentlich stärker als bei den anderen Ausrichtungsarten mitbewertet: Das Fehlen fester, sofort erkennbarer Achsbezüge sorgt dafür, dass zentrierte Zeilen als Formgebilde erscheinen.

Hier ein Tipp für das Setzen größerer Überschriften: Oft stehen an den Enden eines zentrierten Satzes Interpunktionen wie Gedankenstriche etc. Dies ist in großen Graden ebenso auffällig wie lästig, weil die schöne Symmetrie hin ist. Nun der Trick: Das dem Satzzeichen gegenüberliegende Zeilenende bekommt das gleiche Zeichen, nur negativ gesetzt, also unsichtbar. Dadurch steht die Zeile wieder in ihrer optischen Mitte.

Was fast immer lausig aussieht: Zentrierte Headline kombiniert mit linksbündigem Satz.

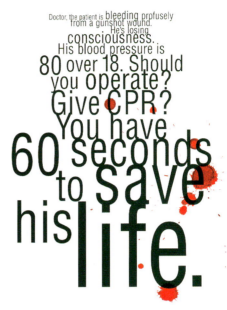

74 Das inszenierte Drama bedient sich einer Mittelachse, die keine ist. Diese tut nur so als ob und ist dadurch lebendig bis aufgeregt. Der Betrachter wird in das Chaos hineingezogen und durch die sich öffnende Perspektive direkt angesprochen, die mit den nach unten (sprich vorn) immer größer werdenden Schriftzeilen hergestellt wurde. Das untere Viertel der Seite bietet dadurch einen formalen Gegensatz, weil alles in einen Block gepresst wurde. Dennoch sieht dieser Block einfach nur schlecht gestaltet aus.

Rechtsbündiger Satz

Die optisch aktivste Form des Zeilenfalls ist der rechtsbündige Satz, das heißt, dass die verschieden langen Zeilen an einem gemeinsamen rechten Spaltenrand enden und nach links flattern. Dadurch wirken die Zeilen kraftvoll – so, als wollten sie gegen die gemeinsame Satzkante drücken. Oder als wären sie auf der Flucht, wie die Überschrift des Artikels über Schirinowskij auf Seite 171 zeigt.

Da rechtsbündiger Satz links flattert, hat das Auge Schwierigkeiten, den Beginn der nächsten Zeile zu finden. Das ist nicht so toll für die Lesbarkeit und Grund genug, den rechtsbündigen Satz auf Marginalien, Bildunterschriften oder effektvolle Headlines zu beschränken.

Hinzu kommt eine ästhetische Komponente, weil die an der rechten Kante stehenden Interpunktionen gut sichtbare Löcher in den Satz reißen. Deshalb sollten auch Silbentrennungen möglichst gemieden werden.

75 Die gut gestalteten Literaturempfehlungen der ehemaligen Zeitschrift Weltbild zeigen, dass die Zuordnung von Text und Bild gut über die Ausrichtung funktioniert. Dabei lässt sich das Rechtsbündige in kleinen Portionen gut lesen. Durch die ansonsten formal gleichartige Behandlung aller Texte fällt das Rechtsbündige kaum ins Auge.

76 Dieses gestreut wirkende Layout des Journal für die Frau hat links- wie rechtsbündige Subheads so behandelt, dass die unterschiedliche Ausrichtung erst auf den zweiten Blick auffällt: Die Grüne Farbe und die Ausrückung der Zweizeiler sind als gliederndes Gestaltungsprinzip übergeordnet. Gut gelungen ist das Aufgreifen des Bildhorizontes als Achse im Layout.

Freier Zeilenfall

Unter einem freien (verschobenen) Zeilenfall wird ein Satz verstanden, dessen Zeilen unterschiedlich lang sind und keine erkennbaren gemeinsamen Begrenzungslinien aufweisen. Dadurch ist er nicht so gut lesbar, also eine Domäne der Überschriften-Typografie, besonders in der Werbung. Besonders gut wirken bei diesem Zeilenfall dynamisch und rhythmisch gestaltbare Kombinationen aus verschieden großen, fetten oder farbigen Head- und Subheadlines. Die fehlenden Begrenzungslinien müssen nur scheinbar fehlen, denn das Satzbild wirkt interessanter, wenn Headlines im freien Zeilenfall indirekt auf Achsen im Layout Bezug nehmen. So kann die Hauptzeile in einer Flucht mit einer Abbildung oder einem markanten grafischen Element stehen. Bei einer rein typografischen Gestaltung kann jede zweite Zeile an der gleichen Position wie der Satzspiegel oder eine anderen Zeile aus der gleichen Satzgruppe beginnen oder enden.

77 Zwei Formen des freien Zeilenfalls auf einer Seite der Lifestyle-Zeitschrift Pur. In der Mitte steht der klassische freie Zeilenfall, um ihn herum wandert der Bogensatz in einer dynamischen Form aus mehreren Textblöcken. Für dessen Lesbarkeit ist die Leserichtung entscheidend. Oben von links nach recht; Rechts von oben nach unten; unten wieder von links nach rechts; links von unten nach oben.

78 In den Farbüberschriften dieses Kataloges der Werkakademie ist der freie Zeilenfall in einer minimalistischen (links) und einer großzügigen Variante (rechts) zu sehen. Ein freier Zeilenfall wirkt besser, wenn er durch eine behutsame Orientierung am Gestaltungsraster wieder etwas Halt bekommt.

Gestürzte Zeilen [Das Raster mit Leben füllen]

79 Gestürzte Zeilen bieten sich hervorragend als Verstärkung vertikaler Gestaltungen an. In dieser Seite der Designerzeitschrift AGD-Quartal wird dieser vertikal-bewegte Effekt durch die schmalen Textspalten, ihre frei erscheinende Positionierung erzielt. Verstärkt wird dieses typografische Ensemble durch die feine Linie sowie die Verschiebungen der Schriftzeilen, besonders bei der Bildunterschrift.

Gestürzte Zeilen

Lesetechnisch gesehen sind gestürzte Zeilen nicht der Hit, werden bei kurzen Zeilen aber sofort erfasst und verstanden, zum Beispiel auf der oft senkrecht stehenden Außenwerbung der Geschäfte in unseren Fußgängerzonen. Das liegt neben den Windlasten vor allem am Platzmangel. Damit wären wir beim zweiten Einsatzgebiet der senkrechten Zeilen, dem Buchrücken: In Deutschland steht die Schriftlinie meist rechts, weil der Betrachter die Rückenzeilen in einem Bücherregal von unten nach oben besser lesen kann. Der Rest der Welt hat die Schriftlinie links, damit sich auf der Tischplatte liegende Bücher anhand ihrer Rücken leichter identifizieren lassen.

Im Printbereich haben die gestürzten Zeilen mit ihrer steil aufragenden, eher unüblichen Form innerhalb eines Broschüren- oder Zeitschriftenlayouts den Vorteil, sofort aufzufallen. Eine weitere Domäne sind Plakate, auf denen ein gestürzter Satz die Betrachter zwingt, sich die Information zu erarbeiten. Da senkrechte Zeilen hier besonders häufig auf Plakaten von Illustratoren und Fotografen zu sehen sind, kann es auch sein, dass sie dort stehen, um das schöne Bild nicht »kaputt zu machen«.

Absatzgestaltung

Absätze stellen Gedankenfolgen dar, wobei der Beginn eines neuen Gedankenganges oder Inhaltes mit dem Beginn einer neuen Zeile gekennzeichnet wird. Zur deutlichen Markierung dienen – besonders in der Broschüren-, Zeitungs- und Zeitschriftengestaltung – Einzüge oder Absatzzwischenräume.

    Der Einzug ist der unbedruckte Raum, der die erste Zeile des Absatzes oder auch den ganzen Abschnitt nach rechts versetzt beginnen lässt. Es gilt die Regel, dass der Einzug mindestens eine Geviertbreite oder ein Zwölftel der Zeilenlänge betragen soll. Dabei können, besonders bei einem großzügigen Zeilenabstand, lange Zeilen einen größeren Einzug vertragen als kurze. Einzüge in einem linksbündigen Flattersatz sehen immer etwas merkwürdig aus, weil das Satzbild sehr unruhig wird. Aus diesem Grunde sei dazu geraten, Einzüge bei dieser Ausrichtung nur bei langen Zeilen zu verwenden, was dann wiederum recht gut aussieht.

    Unterhalb einer Titelzeile sollte auf den Einzug ruhig werden, da die formale Notwendigkeit nicht besteht, denn ein ganz neuer Inhalt muss nicht gleich mit einer Lücke beginnen. Dies gilt besonders unterhalb einer zentrierten Titelzeile – das sieht einfach hässlich aus. Auch bei einem Satz mit vielen kurzen Absätzen (zum Beispiel einem Dialogsatz) stören Einzüge nur, weil die Geschlossenheit einer Kolumne gestört wird.

80 Große Einzüge passen gut zu großen Zeilenlängen (wobei die Satzbreiten dieser Broschüre für Mecklenburg-Vorpommern die Lesbarkeitsgrenze locker erreichen). Die Einzüge gliedern die linke Satzkante recht angenehm und geben dem Wortwechsel in einem Gespräch eine passende Form, zumal hinter jedem Einzug eine kontrastierende, fette Spitzmarke steht.

Absatzgestaltung [Das Raster mit Leben füllen]

Einzüge müssen durch ein Geviertzeichen oder einen Tabulator gesetzt werden, da das leider häufige Setzen des Einzugs durch Leerzeichen üble Folgen im Blocksatz hat: Der Einzug würde sich mit jedem Absatz verändern, je nachdem, ob die Wortzwischenräume der betreffenden Zeile vergrößert oder verkleinert werden.

Eine Besonderheit ist der »hängende Einzug«, auch oder »negativer Einzug« genannt. Hier hat die erste Zeile die volle Zeilenlänge, die folgenden Zeilen sind um einige Millimeter eingerückt. Dadurch wird der Beginn eines neuen Absatzes mit einem sehr markanten Stilmittel dargestellt. Abgesehen von dieser etwas ungewöhnlichen Designvariante eignet sich der negative Einzug im Wortsinne herausragend, um eine Textstelle schneller zu finden. Aus diesem Grunde wird diese Einzugart besonders gern im Reihensatz von Lexika und Kleinanzeigen verwendet. Etwas Pfiff bringt auch hier der Satz der ersten Wörter in kursiver, fetter oder einer abweichenden Auszeichnungsschrift.

Der Absatzbeginn wird deutlicher, wenn anstelle des Einzuges ein zusätzlicher Raum zwischen die Absätze eingefügt wird. Bei der Festlegung dieses Zwischenraumes ist mit Bedacht vorzugehen, da ein Zuviel eine Seite auseinander fallen lässt. Die Faustregel lautet: Je länger die Zeile, desto größer darf der Absatzzwischenraum ausfallen. Der Absatzabstand bietet sich immer dort an, wo eine etwas dröge geratene Seite typografisch wieder flott gemacht werden soll. Daneben erlauben Absatzzwischenräume eine inhaltliche Gliederung, zum Beispiel, um in einem Interview Fragen und Antworten zu Blöcken zusammenzufassen, die durch Blindzeilen von anderen Blöcken getrennt sind (siehe Abbildung auf Seite 220 oben).

Immer wieder anzutreffen, aber gestalterisch nicht so recht befriedigend ist die Gestaltung eines Absatzes sowohl mit einem Einzug als auch mit einem zusätzlichen Zwischenraum. Das sieht meistens etwas flirrend und doppelt gemoppelt aus (so wie bei alten Herrschaften, die Gürtel und Hosenträger zugleich tragen).

Etwas problematisch ist die Festlegung des Absatzzwischenraumes, weil sich hier das Gestaltungs- und das Rasterdenken leicht in die Quere kommen können (siehe Seite 46). Der rastermäßig einfache Absatzzwischenraum von einer Blindzeile reißt große Löcher in die Kolumne, die grafisch befriedigenden halben Blindzeilen hingegen lassen sich mit dem Raster und dem Register nicht so recht in Einklang bringen.

[Das Raster mit Leben füllen] *Absatzgestaltung*

81 Aus der Zeitschrift Brand Eins ist dieses Layout, das Absatzzwischenräume als Gestaltungselement benutzt. Bewegung und Dynamik der Waagerechten werden hier betont, dadurch wirkt der Text nicht wie ein geschlossenes Feld, sondern er formt Linien. Die Ziffern am Ende der Zeilen in der fetten Grotesk akzentuieren die Zeilen als Abschlusspunkte und verstärken die Zielrichtung.

82 Im Corporate Design der Bundesregierung sind deutliche Einzüge vorgeschrieben. Optional besteht die Möglichkeit – wie bei diesem Jahresbericht – negative Einzüge als Gestaltungs- und Gliederungsinstrument einzusetzen. Wenn gleich mehrere typografische Funktionselemente nach links aus dem Block herausragen, entsteht der Rhythmus von selbst.

83 Ist ein Satz aufgrund seiner inhaltlichen Struktur oder des Fehlens von Abbildungen sehr ruhig geraten, ist das Setzen von Absatzzwischenräumen neben dem Flattersatz die erste Maßnahme zur Wiederbelebung der Seite. In dieser Diplomarbeit der Fachhochschule Hannover waren die Absätze zudem sehr lang, so dass nur Farbunterleger bzw. -streifen sowie fett gesetzte Aufzählungen Bewegung auf die Seite bringen konnten.

Kapitel 7
**Halten oder weichen? –
der Umgang mit Rastern**

Halten oder weichen?
Über den Versuch, einen Pudding an die Wand zu nageln

Meike Winnemuth hat für die Zeitschrift AMICA den britischen Modedesigner und Kaufmann Paul Smith interviewt. Er macht mit seiner Mode weltweit jährlich 350 Millionen Euro Umsatz und freut sich seiner zurückgelegten 30 Millionen. Journalisten führt er gerne in sein Spielzimmer, hingerissen von dem witzigen Kram und der Fülle der Anregungen, fangen seine Besucher dort meistens gleich an zu spielen. »Da gibt es keine langweiligen Situationen oder Gespräche«, begründet der Designer seine Offenheit. Hier zelebriert er mit ihnen ein Spaß-Brainstorming. Seine Auffassung ist, »You can find inspiration in everything«, und »Wenn einem nichts einfällt, hat man nur nicht genau hingeguckt. Es gibt ein Bergwerk von Möglichkeiten, das nur noch abgebaut werden muss«.

Seine Spezialität ist subversiver Humor, kombiniert mit perfekter britischer Schneiderkunst: »Classic with a twist.« So kreiert er ein dunkelblaues Jackett mit groß gepunktetem Innenfutter; ein schlichtes schwarzes Hemd, dessen Knopflöcher mit violettem Garn genäht sind; ein weißes Oberhemd trägt ein aufgesticktes Pin-up-Girl auf der Innenseite der Manschette – es tritt nur bei aufgekrempelten Ärmeln in Erscheinung. (Damit hat Tony Blair seine Kabinettsmitglieder zu Fans von Paul Smith gemacht.) Über sich selbst sagt er: »Ich bin ganz okay im Design und Verkaufen, aber weder in dem einen noch im anderen außergewöhnlich. Viel wichtiger als das Talent für Design ist ein Talent für das Leben. Zu wissen, wie die Leute ticken, was sie langweilt, was sie amüsiert.«

Das trifft es, obwohl es unschädlich ist, ein Designtalent zu sein. Aber wenn man weiß, was läuft, gesellt sich die Idee dazu, sie muss nur noch gegriffen werden. So geht's uns. Und dieses Vertrauen in die eigene Kreativität wächst aus seinen Kinderschuhen, gewinnt Sicherheit durch Erfahrung – Entspannung winkt.

Und hier kommt wieder unser Raster ins Spiel, denn jede Art von Erfahrung führt automatisch zu einem Raster. Sei es im übertragenen Sinne, also in Bezug auf unser reflexhaftes Verhalten oder unsere visuelle Wahrnehmung. Oder sei es der Raster als Entwurfshilfe, weil er die gestalterischen Vorlieben festschreibt, repetiert und somit zum eigenen Stil werden lässt. Hier ist ein Raster hilfreich.

Wenig hilfreich ist es, erst einen Raster anzulegen und zu hoffen, dass nun der Stil über einen komme. Das tut er nicht, weil die schöpferische Eigenleistung fehlt: Das Resultat wäre bloß ein Soda, weil der Raster einfach so da ist, mehr von Transpiration denn von Inspiration kündend. Versuche, den Raster selbst zum Stil auszurufen und ihn zur eigenständigen typografischen Form zu erhöhen, hat es genug gegeben. Hier wurden alle Inhalte und Bilder zurechtgestanzt und damit passend für das Design gemacht (womöglich noch in quadratische Rasterfelder). Diese Art Rastertypografie zeugt von unerfüllter Sehnsucht nach mehr Mathematik und sieht aus, als wäre sie aus der Schweizer Fahne entwickelt worden. Also: Wir müssen zuerst eine Gestaltung im Kopf haben. Dann erst helfen uns eingeblendete Lineale und Hilfslinien weiter.

[Der Umgang mit Rastern] *Halten oder weichen?*

Gleiches gilt für Ideen. Wird die Entwicklung oder Umsetzung einer Idee durch den Raster behindert statt erleichtert, ist der Raster das Problem und nicht die Idee.

Ein Raster ist ein Hilfsmittel. Wenn er Sachzwänge zur Folge hat, die das Design in seiner Qualität sichtbar beeinträchtigen oder die Betrachter in die Irre führen, war es auch hier schlicht der falsche Raster: »Gehen Sie zurück auf Los, ziehen Sie keine 4000 Euro ein.« Eine Gestaltung ist unstimmig, wenn sie typografischer Hilfskonstruktionen bedarf, die wiederum auf Kompromissen basieren – nur damit das Hauptdesign funktions- und überlebensfähig bleibt. Das Ergebnis sind oft verstylte und mit Elementen überfrachtete Designs, die eventuell einer Erläuterung und Läuterung bedürfen. Berüchtigt sind hier Fachzeitschriften, Fremdsprachenlehrbücher und das evangelische Gesangbuch der bayerischen, thüringischen und mecklenburgischen Landeskirchen. Also: Ein Raster darf nie dazu führen, dass eine Idee oder Informationsaufnahme abgebogen wird und das, was vermittelt werden soll, durch Kompromisse abgeschwächt wird.

Das alles ist meistens nicht ganz einfach und erinnert an den Versuch, einen Pudding an die Wand zu nageln. Aber es geht, dieses Buch ist voller gelungener Beispiele.

Ein beliebter, weil einfacher Vergleich ist, genialischen Entwerfern wie dem Modedesigner Paul Smith die routinierten Profis gegenüberzustellen, umgeben mit dem Nimbus, souverän, aber etwas uninspiriert zu sein. Nehmen wir zum Beispiel einen uns unbekannten, aber charismatischen Sozialarbeiter, der seinen Beruf schon in den Genen hat (oder seinem Helfersyndrom folgt). Er hat in seinem Studium einiges mitgekriegt; in der Praxis hat er sich bereits investiert, sein Wissen erweitert und abgeschliffen. Wenn man so jemanden im Freundeskreis hat, kann man sich darauf verlassen, dass er ein brisantes Streitgespräch entschärfen kann und zur konstruktiven Kritik führt, wortkarge Mauerblümchen auftaut und den falschen Fuffziger so entlarvt, dass dieser noch eine Chance hat. Will sagen: seine Berufserfahrungen sind so in sein tägliches Leben integriert, dass er nicht erst darüber nachdenken muss, in welchem Fachbuch er etwas zur Situation Passendes suchen muss.

Der Profi, sei er Sozialarbeiter oder Zeitschriftenlayouter, ist sich seiner Sache sicher. Er weiß einfach blindlings, wie er eine Situation bewältigt, wie er mit den Spielregeln und Gesetzmäßigkeiten seines Metiers umgehen kann. Zu den professionellen Kniffen gehört manchmal ein etwas lockerer Umgang mit diesen Gesetzmäßigkeiten, in unserem Fall mit dem Gestaltungsraster.

Da wären zunächst die kleinen Kniffe, mit denen die Gestaltung im Raster präziser und »richtiger« aussieht. Einige Elemente stehen im Layout metrisch korrekt (besonders wenn die Hilfslinien eingeblendet werden), sehen aber im Ausdruck verrutscht aus. Um diesen Mangel zu beheben, müssen manche »typografische Funktionsträger« wie Headlines oder Initialen ihrer Vorbreite wegen etwas aus dem Raster gezogen werden, damit alles wieder stimmig aussieht. Ähnliches gilt für die Zeilenabstände von frei gestalteten Überschriften, von Bildunterschriften und Marginalien – auch hier führt unrasterisches Verhalten oft zum optisch besseren Ergebnis. Ein guter Grund, warum der erzwungene Grundlinienraster nicht einmal für den Fließtext ein Dogma sein darf. Freistehende grafische Elemente wie Seitenansprachen, Symbole oder kleine Abbildungen wirken im Druck unter Umständen versetzt, weil uns unser Auge mitunter narrt, besonders in der Vertikalen. Hier hilft wie bei den Headlines eine minimale Korrektur ebenso, wie größere Verschiebungen, die gar nichts mehr mit dem Raster zu tun haben, aber als Resultat wesentlich besser aussehen als ein Dem-Raster-verhaftet-Sein.

Diese grafisch oder inhaltlich motivierte Laxheit ist völlig in Ordnung, wenn das Design hinterher besser und stimmiger aussieht. Möglichkeiten, etwas »legal« und nicht nur korrigierend aus dem Raster zu ziehen, gibt es viele: Versetzte Abbildungen wirken interessanter, Texte, die nicht im Raster stehen oder mit halber Spaltenbreite gesetzt sind, fallen eher auf etc. Wer seinen Raster gut kennt, kann also mit ihm spielen und ihn auch mal professionell ignorieren.

Auch für den erfahrenen Profi gilt, dass gutes Design zu 10 Prozent Inspiration und zu 90 Prozent Transpiration ist. Selbst er braucht bei allem Wissen die tragende Designidee – sonst schafft er seine Arbeit lediglich zu 90 Prozent.

Bei unserer Arbeit an diesem Buch haben wir gemerkt, dass unser Unwille dem Raster gegenüber ein bisschen damit zu tun hat, dass wir keinen Thron für ein Werkzeug zimmern wollten, der das Missverständnis erzeugen könnte, dass es einen Regierungsanspruch hätte. Wir wissen, wie es geht, aber wir reden außerhalb des Buches selten darüber. Das Wesentliche ist eben nicht der Raster, er dient – es sei hier ein letztes Mal gesagt – lediglich als Hilfsmittel. Andererseits arbeiten wir selbst schneller und grafisch lebendiger, seitdem wir unser Wissen anderen zugänglich machen. Die Zusammenhänge und Mechanismen sind uns dadurch selber noch einmal deutlicher ins Bewusstsein gerückt.

Zehn Tipps zum gelungenen Rastern

1. Betrachten und bewerten Sie das Ihnen zur Verfügung gestellte Text- und Bildmaterial und formulieren für sich die Gestaltungsaufgabe. Welche Standards sind zur berücksichtigen, wie sind Textvolumen, Bildgrößen und -qualität beschaffen?

2. Bedenken Sie, was der Raster für Sie bei der aktuellen Aufgabe leisten soll in Bezug auf die Gestaltung, die Wirtschaftlichkeit, die Zeitersparnis. Wie wandlungsfähig, vielfältig und komplex soll er ausfallen und muss er in unterschiedlichen Medien funktionieren?

3. Machen Sie sich ein Bild von der späteren Verwendung ihre Entwurfes, seines gestalterischen Umfeldes sowie der produktionstechnischen Bedingungen in Bezug auf das Format und die Weiterverarbeitung.

4. Probieren Sie vor Anlage des Rasters verschiedene Schriften, Zeilenabstände und Laufweiten aus. Dann überlegen Sie sich, in welchem Bemaßungssystem Sie den Gestaltungsraster anlegen werden, und bedenken Sie bei der Konstruktion, dass die Verwendung glatter, teilbarer Maße Ihre Arbeit erleichtert.

5. Beachten Sie, dass die Betrachter Ihres Entwurfes stilistisch und typografisch konditioniert sind und dass jedes Medium seine eigenen, auch den Raster betreffenden Gesetzmäßigkeiten hat.

6. Planen Sie die Dramaturgie Ihres Objektes: Wie ruhig, lebendig, edel, preiswert, großzügig, kompakt, leicht oder schwer soll es wirken? Setzen Sie über die Elemente, Farben und Bildgrößen einen dem Objekt angemessenen Spannungsbogen, der der Erwartungshaltung der Betrachter gerecht wird.

7. Positionieren Sie in Ihrem Gestaltungsraster zuerst die festen Standardelemente wie Rubriktitel und Informationskästen, dann die definierten grafischen Variablen wie wiederkehrende Linien oder Balken. Platzieren Sie danach die großen und dunklen Elemente im Layout, zum Beispiel die Abbildungen und die Headlines. Probieren Sie dabei aus, wie die unterschiedlichen Bildkombinationen und -positionen wirken.

8. Zuletzt wird die Typografie des Fließtextes und der beigeordneten Konsultationstexte bearbeitet. Wählen Sie eine Schriftauszeichnung und -ausrichtung, die der Aufgabe, dem Objekt und Ihren Intentionen entspricht.

9. Wenn Sie der Raster zu Kompromissen zwingt oder sich als zu komplex, zu einengend für Ihre Aufgabe und zu hemmend beim Entwerfen erweist – löschen sie ihn einfach und ohne Reue.

10. Entwerfen Sie für Ihre Kunden. Und dann für die Kunden Ihres Kunden. Danach erst sollten Sie und Ihre Kollegen drankommen.

Kapitel 8
Zu guter Letzt – der Anhang

Abbildungsverzeichnis

Das Abbildungsverzeichnis offenbart: Dieses
Buch ist ein Denkmal des unbekannten Art
Directors. Viele Kollegen bleiben anonym
(besonders im werblichen Bereich), denn sie
tauchen in keinem Impressum als Urheber
auf. Daher sind wir zum großen Teil auf Vermutungen angewiesen und haben zumindest
und soweit bekannt die Designbüros oder
Art Directoren aufgeführt. Deshalb die Bitte:
Wer mit einer Arbeit dargestellt aber nicht
genannt wurde, möge sich bitte bei den
Autoren zwecks Namensnennung in Folge-
auflagen melden.
Die Aufnahmen in den Exkursen zeigen im
Wesentlichen das, was die am Buch Beteilig-
ten im Urlaub und bei Familienfesten so
alles fotografieren.

Achterkamp, Susanne: Spiegel-Reporter
    105, 114 (33), 115 (77, 78), 160 (12),
    211 (57)
Adey, Gabriele: Umschlag, Vorsatzpapier,
    Zwischentitel
Albieri, Dante: Slow Food-Magazin
    109 (22–24), 111 (27), 214 (64)
Arendt, Daniel: 7 × 70 145 (67)

Bellot Kommunikationsagentur: Broschüre-
    Putbus 158 (7)
Bergen, Jeanette: Anspitzer (Diplomarbeit)
    225 (83)
Bozell: Jeep 189 (20)
Breitenbach und Pötschick: OBI 142 (60)
Brouns, Jesta: Petra 207 (47)
Brunner, Reto: Madame 63 (19, 20),
    161 (16)
Bucan, Robert: Blindenbildung 67 (28)
Bucher, Markus und Troisi, Ercole: Smart-
    Imagebroschüre 106, 107, 158 (9)
Büro für Gebrauchsgraphik: Leitsystem
    Quartier 205 91
Büro für Gestaltung: AGD-Quartal 222
Büro Hamburg: Greenpeace-Magazin
    143 (61)

[Anhang] *Abbildungsverzeichnis*

Cyan: Stiftung Bauhaus Dessau 69 (33)

De:Bug: 144, 205
Designagenten: Energie- und Umwelt-
   zentrum 68
Deutsche Post, Zentrale Konzern-
   kommunikation: 67 (29), 136
Die Zeit: 155 (1, 3), 156, 163, 164 (22),
   169 (29), 170, 171, 197 (32)

Enterprise IG: Quelle 70, 71

Factor Design: Neugierig 2 58 (5)

GGK: Jaeger-LeCoultre 188
Giger, Frédéric und Liechti, Tamara:
   TeensMag 119 (45), 122 (49)
Girlatschek, Karin: 58 (6), 60, 61, 160 (13)
Grey CC: AOL, Nord/LB 159 (10b), 189 (19)
Groothuis & Consorten: Büchergilde
   Gutenberg 117
Grüter, Herlinde: Bäcker Blume 25

Hartert, Philine: Journal für die Frau
   207 (46), 208 (50, 51), 220 (76)
Haviland, Judi: Harvard Business Review
   165 (25)
Heidrun Schell: Netmanager 62, 63 (16)
Hildebrandt, Anja: Mecklenburg-
   Vorpommern 223

Jung von Matt: BMW, Sixt 100, 182

Ketchum: Renaissance Hotels 192
Khezri, Jasmine: Jetzt 121, 137, 157 (6),
   207 (49)
Klett-Verlag Leipzig: Leo 214 (62)
Kruse, Volkart: Econy 146 (69), 157 (5),
   159 (10a, 11), 166 (24)
Krybus, Thomas und Lehnen, Lin: Deutsche
   Volleyball Zeitschrift 183

López, Manel: Qué Leer 122 (52)
Lussier, Paul: Next 64, 65

Maxbauer & Maxbauer 26, 57 (4), 67 (30),
   75–77, 104, 109 (25), 116 (39–41),
   118 (43), 139, 140, 143 (63), 145 (65),
   147 (73), 162 (18, 19), 172, 173 (34),
   215 (67)
McCann-Erickson: Print wirkt 19–21
Meiré und Meiré: brand eins 111 (28),
   114 (35), 116 (40), 145 (66), 225 (81)
Melle, Pufe, W, H, S: EKD Evangelische
   Kirche 193
Merian (Borowski, Astrid: Hinrichs, Andrea
   und Reale, Dora): 114 (34), 118 (44),
   147 (71), 158 (8), 166, 173 (33)
Meyer, Corinna: Eden 134–136, 138,
   198 (35)
Milch & Zucker: Prinzenrolle 140
Mues, Melanie und Schmidt, Ulrike:
   Positionen zur Gestaltung 217 (71)
Müller, Willi-Marcel: Impulse-Wirtschafts-
   magazin 62, 143, 160 (14), 201

Nolte, Gertrud: Type Directors Club of New
   York 78

Odeon Zwo Werbeagentur: 69 (34), 81, 83,
   111 (29, 30), 114 (36), 200 (38), 225 (82)

Peter Saville Studio: Design-Museum 141
Plunkett, John und Kuhr, Barbara: Wired
   109 (26), 112, 119 (46), 146 (70),
   214 (63)
Prehn, Kerstin: Fleurop (Diplomarbeit)
   162 (17)
Propyläen Verlag: Helmut Kohl 189 (18)
Public: Verpoorten 203 (43)

Rothfos, Nina und Gabler, Patrick: Berlin
   Verlag 214 (65)

Salomon-Prym, Andreas: DB Mobil 147 (74)
Schaller, Snowden: Macmagazin 63 (17, 18)
Slagman's: Busse und Bahnen 197 (33)
Sowa, Michael: Uhu-Kuh 151
Spaniol, Werner: Weltbild 122 (51),
   209 (53), 217 (70), 220 (75)
Sportive: Badischer Wein 200 (37)
Springer & Jacobi: Mercedes-Benz 198
Steinhausen, Thomas: Schädelspalter
   122 (50)
Steinig, Anja: Pur 102, 113, 120, 164 (23),
   215 (66), 218, 221 (77)
Stier, Tobias: Future 143, 211 (58)

Tetsuya, Tamano: Colors 161 (15)
Tosch, Priska: Zeit-Punkte 164 (22)

Unger, Susann: Test-Spezial Ernährung
   169 (30)

Walter, Lutz-Olaf: Pschyrembel – Klinisches
   Wörterbuch 57 (3)
Warring, Geoff: Glamour 207 (48), 210
WIR Design: Logos Maxbauer & Maxbauer
   79
Woodward, Fred: Rolling Stone 209 (55)

Stichwortverzeichnis

Abbildung 43, 156
Absatzzwischenraum 39, 226
Ausrichtung 218

Bildkombination 163
Bildunterschrift 212
Bindung 52
Briefbogen 74
Broschüre 67
Buch 56

Corporate Design 72

Digitale Medien 85, 180
DIN-Format 27

Einzug 225
Erwartungshaltung 54

Farb- und Rasterfläche 144
Farbe 132
Format 27, 31
Formatlage 26, 31, 168
Fußnote 217

Geschäftsausstattung 72
Gestaltungsumfeld 24, 53
Grafischer Stil 18

Illustration 167
Informationskästen 142
Initiale 160, 208

Kolumnentitel 217

Layout 154, 168
Lead 216
Leitsystem 89

Marginalie 214

Pagina 217
Papierformat 27, 31
Pica 32
Point 32
Proportion 26, 31

Rasterfeld 43
Rasterkonstruktion 35
Rubrik 142

Satzausrichtung 218
Satzspiegel 48
Schriftauszeichnung 184
Schriftwahl 178
Seitenansprache 160, 210
Seitenstruktur 103
Spaltenabstand 40
Spaltenanzahl 40, 108
Steg 49
Stil 18

Typografie 18

Überschrift 205
Umbruchmethoden 123
Umfeld 24, 53

Wirtschaftlichkeit 20

Zeilenabstand 36
Zeilenregister 39
Zeitschrift 62
Zeitung 123
Zwischenüberschriften 39

[Anhang] *Literaturverzeichnis*

Literaturempfehlungen

Aicher, Otl: *Typographie*. Ernst & Sohn, Berlin 1989;
Edition Druckhaus Maack, Lüdenscheid 1989

Bellantoni, Jeff; Woolman, Matt: *Type in motion – Innovative digitale Gestaltung*. Verlag Hermann Schmidt, Mainz 1999

Bosshard, Hans Rudolf: *Der typografische Raster*.
Verlag Arthur Niggli, Niederteufen 2000

Bringhurst, Robert: *The elements of typographic style*. 2. Aufl.,
Hartley & Marks, Pint Roberts (USA) 1997

Forssman, Friedrich; Jong, Ralf de: *Detailtypografie – Der Typo-Knigge*. Verlag Hermann Schmidt, Mainz 2002

Gewerkschaft Druck und Papier (Hrsg.): Satztechnik und Typografie,
Bände 1–5,
1. Band: *Typografische Grundlagen*, 2. Band: *Satztechnik und Typografie*, 3. Band: *AVOR Text und AVOR DTP*,
4. Band: *Formenlehre*, 5. Band: *Typografie am Bildschirm*;
GDP-Verlag, Bern 1997

Jute, André: *Arbeiten mit Gestaltungsrastern. Die Struktur im Grafikdesign*. Verlag Hermann Schmidt, Mainz 1999

Kinross, Robin: *Large and small letters: authority and democracy*.
In: Octavo 5 1988, S. 2–5

Luidl, Philipp: *Grundsetzliches*. SchumacherGebler, München 1994

Müller-Brockmann, Josef: *Rastersysteme für die visuelle Gestaltung*.
Verlag Arthur Niggli, Niederteufen 1996

Ruder, Emil: *Typographie, ein Gestaltungslehrbuch*,
Verlag Arthur Niggli, Niederteufen 1967

Spiekermann, Erik: *Ursache & Wirkung – Ein typografischer Roman*.
Verlag Hermann Schmidt, Mainz 1994

Tschichold, Jan: *Schriften 1925–1947* (Band 1), *Schriften 1948–1974*
(Band 2). Verlag Hermann Schmidt, Mainz 1991

Weidemann, Kurt: *Wo der Buchstabe das Wort führt*.
Cantz Verlag, Ostfildern 1994

Wildbur, Peter; Burke, Michael: *Information Graphics – Innovative Lösungen im Bereich Informationsdesign*. Verlag Hermann Schmidt,
Mainz 1998

Willberg, Hans Peter; Forssman, Friedrich:
Erste Hilfe in Typografie – Ratgeber für Gestaltung mit Schrift.
Verlag Hermann Schmidt, Mainz 1999
Lesetypographie – Ein Handbuch für die tägliche Praxis,
nicht nur ein Lehrbuch. Verlag Hermann Schmidt, Mainz 1997

Willberg, Hans Peter; Sauthoff, Daniel; Wendt, Gilmar: *Schriften erkennen*. Verlag Hermann Schmidt, Mainz 1996

Andreas Maxbauer, Regina Maxbauer und Karin Girlatschek (von oben und von links nach rechts).

Andreas Maxbauer

Jahrgang 1959, ist gelernter Schaufenstergestalter mit anschließendem Grafikdesign-Studium an der Fachhochschule Hannover. Andreas Maxbauer führt gemeinsam mit seiner Frau ein Designbüro bei Hannover. Er entwickelte das meistverkaufte Typomaß Deutschlands und ist in typografischen Fachverbänden aktiv tätig. Andreas Maxbauer hat als Fachautor rund 70 Artikel verfasst und lehrt Typografie sowie Corporate Design.

Regina Maxbauer

Jahrgang 1946, hat an der Kunstschule Alsterdamm in Hamburg und der HBK Braunschweig Grafikdesign studiert. Sie führt gemeinsam mit ihrem Mann ein Designbüro mit den Schwerpunkten Corporate Design, Broschüren- und Zeitschriftengestaltung, in dem sie als Grafikdesignerin und Illustratorin tätig ist. Regina Maxbauer ist als Dozentin für Gestaltungsgrundlagen sowie als Kunst- und Zeichenlehrerin tätig.

Karin Girlatschek

Jahrgang 1963, studierte Visuelle Kommunikation mit dem Schwerpunkt Grafikdesign an der Fachhochschule für Gestaltung in Bielefeld. In Holland und im »Ländle« spezialisierte sie sich auf die Gestaltung und Herstellung von Büchern. Sie erhielt mehrere Auszeichnungen, u. a. den Förderpreis für junge Buchgestalter. In Ihrem Hamburger Büro Typografik gestaltet Karin Girlatschek in Kooperation mit Partnern aus anderen Fachgebieten. Zu ihren Kunden zählen Verlage, Museen, Ausstellungsmacher, Künstler, Wirtschaftsunternehmen sowie Institute und Einzelpersonen.

[Anhang] *Danksagung*

Herzlichen Dank

zuerst unserem Verleger für seine Anfrage an uns, dieses Buch zu schreiben. Dann der Gestalterin Karin Girlatschek aus Hamburg. Unsere Freundschaft hat der Zusammenarbeit standgehalten, sie hat sich sogar vertieft. Torsten Kroell vom CrossMediaStudio für die Reprografie – auch der lausigsten Vorlagen – und die Lösung aller vorgebrachten technischen Probleme während vieler gemeinsamer Mittagessen. Ulrich Ahrensmeier für die prompte fotografische Arbeit zu den unmöglichsten Zeiten (die lausigen Vorlagen sind nicht von ihm!).

Unseren Praktikantinnen und Kerstin Demel, Mitarbeiterinnen Simone Baumann, Sarah Heiß, Marion Jaschke, Mareike Schlote und Britta Vollmer danken wir für ihre aufmerksame Begleitung sowie für zahllose Fragen und Anregungen. Danke auch für die gute Stimmung bei der Arbeit und den Spaß beim Manuskriptlesen.

Den Mitarbeiterinnen des Hermann Schmidt Verlages Mainz Brigitte Raab, Susanne Reeh und Jutta Schober dafür, dass sie uns jeden Wunsch vom Monitor abgelesen haben. Den Verlegern Karin und Bertram Schmidt-Friderichs eine herzliche Umarmung für ihre freundschaftliche Begleitung und Unterstützung.

Der Buchbindermeisterin Inka Biedermann, die sich mit dem Binden des Dummys mächtig beeilt hat, damit sie ihn noch lesen konnte. Danke auch unseren erwachsenen Kindern Johanna und Simon für nächtliches Falzen der Musterseiten und die unglaublichen Geschichten, die sie dabei zum Besten gaben.

Unseren Kunden und Kollegen danken wir für ihren Zuspruch, und dafür, dass wir ihre Arbeiten anschauen und als Beispiele verwenden durften, besonders an das Klinikum Hannover, an Thorsten Schneider für sein Leitsystem, an IG Enterprises und Quelle für Informationen sowie Muster, an Odeon Zwo für die Unterlagen zum Corporate Design der Bundesregierung. Danke an den Arbeitskreis Hannover des Forum Typografie für die konstruktive Kritik und an Springer & Jacoby für die Blindtexte.

Allen zusammen danken wir für ihre Geduld – obwohl wir die Termine überzogen haben und keine originellen Ausreden mehr fanden. Während wir diese Zeilen schreiben, fällt uns auf, dass wir während der zweijährigen Arbeit am Buch nur von angenehmen Menschen begleitet wurden.

Regina und Andreas Maxbauer

Der Gestaltungsraster in diesem Buch [Anhang]

   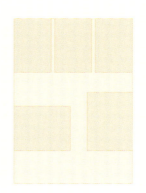

Der Satzspiegel dieses Buches erlaubt ein 2- oder 5-spaltiges Layout. Beide Optionen sind so aufeinander abgestimmt, dass sie auch seitenweise nebeneinander stehen können. Der größte Teil des Satzes umfasst 5 Spalten, von denen mehrere Spalten zusammengefasst werden. Der Fließtext benötigt 2 oder 3 Spalten, der Satz der Exkurse erstreckt sich über 3 oder 4 Spalten. Hochformatige Bilder nehmen in der Regel 2 der 5 Spalten ein.

Die zweite Option ist ein 2-spaltiger Aufbau, von denen die einzelnen Spalten für den Fließtext oder für querformatige Bilder nutzbar sind. Die weiteren Bildformate ergeben sich durch Zusammenfassungen innerhalb des 5-spaltigen Aufbaus.

Weitere Titel zu Typografie und Gestaltung:

 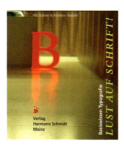   

Horst Moser (Hrsg.)
Surprise me
Editorial Design
288 Seiten
über 1500 Zeitschriftenbeispiele in Farbe
Format 24,5 × 32 cm
Hardcover mit bedrucktem Folienumschlag
Euro 89,- / sFr. 145,-
ISBN 3-87439-612-6

Phil Baines,
Andrew Haslam
Lust auf Schrift!
Basiswissen Typografie
192 Seiten
Format 21,5 × 25,6 cm
fadengeheftete Broschur
Euro 32,- / sFr. 56,-
ISBN 3-87439-593-6

Friedrich Forssman,
Ralf de Jong
Detailtypografie
Nachschlagewerk für alle
Fragen zu Schrift und Satz
376 Seiten
Format ca. 21 × 29,7 cm
Festeinband mit Schutzumschlag
Euro 98,- / sFr. 160,-
ISBN 3-87439-568-5

Hans Peter Willberg,
Friedrich Forssman
Lesetypographie
Das Standardwerk zu allen
Fragen der Buchgestaltung
3. Auflage
336 Seiten mit
unzähligen Abbildungen
und Beispielen
Format 21 × 29,7 cm
Leinenband mit Schutzumschlag
Euro 89,- / sFr. 150,-
ISBN 3-87439-375-5
Vielfach ausgezeichnet,
u. a. Preis der Stiftung Buchkunst, ausgezeichnet unter
den »schönsten Büchern aus
aller Welt«

Hans Peter Willberg,
Friedrich Forssman
**Erste Hilfe
in Typografie**
Ratgeber für
Gestaltung mit Schrift
3. Auflage
104 Seiten mit mehreren
100 Abbildungen und
Beispielen
Format 21 × 29,7 cm
Fadengeheftete Broschur
Euro 12,80 / sFr. 23,40
ISBN 3-87439-474-3
Ausgezeichnet unter den
»schönsten deutschen
Büchern«.

 Verlag Hermann Schmidt Mainz
Der führende Fachverlag für Typografie, Grafikdesign, Werbung
www.typografie.de   info@typografie.de

240